养老金帝国Ⅱ

——长期资本战略的百年传奇

刘云龙 编著

中国财政经济出版社

图书在版编目（CIP）数据

养老金帝国．Ⅱ，长期资本战略的百年传奇/刘云龙编著．—北京：中国财政经济出版社，2011．12

ISBN 978－7－5095－3131－0

Ⅰ．①养… Ⅱ．①刘… Ⅲ．①养老金－社会保障制度－研究－世界②养老金－社会保障制度－研究－中国 Ⅳ．①F249．12②F249．213．4

中国版本图书馆CIP数据核字（2011）第188518号

责任编辑：卢关平　　责任校对：李　丽
封面设计：厚积文化·朱江　　版式设计：董生平

中国财政经济出版社出版

URL：http：//www.cfeph.cn

E－mail：cfeph@cfeph.cn

社址：北京市海淀区阜成路甲28号　邮政编码：100142
发行处电话：88190406　财经书店电话：64033436
北京富生印刷厂印刷　各地新华书店经销
787×960毫米　16开　20.75印张　327 000字
2012年3月第1版　2012年3月北京第1次印刷
印数：1－5000　定价：42.00元
ISBN 978－7－5095－3131－0/F·2652
（图书出现印装问题，本社负责调换）
本社质量投诉电话：010－88190744

谨以此书献给我的祖母王顺贞女士

——一位与坎坷命运苦苦抗争了七十二年的坚强女性

民主、法治、养老金，治国安邦的三大法宝。

养老金是连接国民与国家的纽带，是提升国民幸福指数的载体，是汇聚长期资本的源头。

实施长期资本战略，实现从人口红利到养老金红利、资本红利的伟大跨越，是建设“可爱的中国”、“伟大的中国”之财经基础！

——刘云龙

目　录

第一部分　人口结构的百年变迁

人口即命运，资本定成败!
人口与资本是世界经济发展的两大永恒主角。
资本力量的背后是伟大的人口力量和生育力量。

谁来养活地球人？曾经的人口膨胀让人心惊胆战。
空空的摇篮谁来睡？如今的人口负增长同样让人胆战心惊。
经济增长低速度、国防安全无保障、民族存亡遭考验，都是人口老化惹的祸！

第二部分 养老金制度的百年变迁

养老金制度的百年变迁，带来养老金资产的百年汇聚。

人口力量转变为资本力量，人口红利转变为养老金红利，长期资本的汇聚推动了长期经济增长。

从家庭保障到社会保障，是人类文明史上一件惊天动地的大事。

民主、法治、养老金，成为现代国家治国安邦的三大法宝。

欧洲“福利社会”建设创造了繁荣，也埋下了“福利病”病根。

今天的欧盟正在建立统一的、可持续的、有竞争力的养老金制度。

人口老龄化最直接冲击、最近距离打击的是社会保障制度。

是人口结构变化决定了社会保障制度改革的最终方向。

参数式改革的经济意义在于：降低了财政支付压力，有利于实现社会保障制度的可持续发展。

筹资模式改革的金融意义在于：养老金资产可以积累起来，可以行走起来，可以飞翔起来！

结构性改革的金融意义在于：以第二、第三支柱为代表的养老金资产，得到突飞猛进的发展，起到了汇聚长期资本的作用。

第三部分 养老金发展汇聚长期资本

一半是海水，一半是火焰。
一端是人口老龄化浪潮汹涌澎湃，一端是养老金资产日积月累。
第二、第三支柱养老金的发展注定要成为汇聚长期资本的主渠道、主战场！

信托精神是投资管理人的“道德情操”和“道德底线”，没有勤勉尽责、诚实信用的优良传统，再多的规章制度也是“笔墨等于零”。

第四部分　汇聚长期资本的百年传奇

养老金制度安排的最大奥妙全在“三支柱”上，“三支柱”是纲，纲举目张。

三个支柱，谁大谁小，谁先谁后，谁主谁次，反映了“养老金治国”的大智慧、大聪明。

德国拥有世界上最古老的第一支柱和最年轻的第二支柱。德国养老金制度只开花不结果，没有积累长期资产。

通过产业竞争力的提升来反哺金融竞争力的不足，也许正是德国养老金发展的金融逻辑。

百年以来，英国政府用了50年的努力，做大做强了第一支柱；又用了50年的努力，做小做精了第一支柱。

是100年的轮回吗？不是！是浴后重生，是凤凰涅槃。

美国养老金制度如花似玉，三大支柱个个强健壮美，人人都是世界冠军，长期资本发展的威力无与争锋。

美国养老金发展，展示了美妙绝伦、历时弥新的“养老金治国图”、“养老金强国画”。

日本养老金体系的第一支柱一树独大，第二支柱弱不禁风。

庞大的人口红利没有沉淀为庞大的长期资本，日本错失了成为金融大国、金融强国的历史性机遇。

第五部分　中国长期资本发展战略

实现从人口红利到养老金红利、资本红利的伟大跨越、惊险一跳，正是中国未来40年的发展方向。

通过资本市场国际化，在全球范围内分散老龄化危机，实现伟大的跨期套利、跨境套利，是中国未来40年的核心发展战略。

前　言
治国安邦的养老金

21 世纪全球最宝贵的资产是什么？
是子女和子弟！
21 世纪全球最强大的资本是什么？
是养老基金和保险基金！
21 世纪全球最大的经济奇迹是什么？
是养老金奇迹！
21 世纪全球最大的经济大坝是什么？
是养老金大坝！
21 世纪全球最缺失的经济信心是什么？
是养老金信心！
21 世纪全球最严重的经济负债是什么？
是养老债务！
21 世纪全球最严重的经济挑战是什么？
是人口与资本的百年战争！
21 世纪全球最伟大的经济战略是什么？
是长期资本战略！
21 世纪全球发展的最大特点是什么？
是养老基金推动金融和资本结构变迁！

——刘云龙：《九问 21 世纪》

纵观现代国家治理的百年发展历程，我们可以发现治国安邦有三大法宝：民主、法治、养老金。

民主和法治，无论从理论还是实践上看，已经为包括中国老百姓在内的世界各国民众所熟知。但是，养老金的命运就不一样了。在西方国家，特别是工业化国家那里，养老金早已深入人心、大快人心。在中国，人们对养老金制度可以说是知之甚少，即使是专家学者，对此也少有研究。应该讲，这是一件令人十分遗憾的事情。

养老金的百年发展史，反映的是财丁难以两旺、人口与资本的百年战争的历史。养老金治国曾经创造了轰轰烈烈的养老金盛世、养老金繁荣，养老金误国同样诞生了吵吵闹闹的养老金革命、养老金政治。

养老金的百年发展，成为汇聚长期资本的百年传奇，它改变了金融结构，改变了资本结构，崛起了资本市场，推动了长期经济增长，如同万里黄河长江，“青山遮不住，毕竟东流去”，最后东归入海，年复一年、日复一日地流向金融市场，注入金融海洋！

其实，养老金是个好东西！

发展养老金的基本逻辑是：宽严皆误，过犹不及；审时度势，量入为出。

人口与资本的百年战争

人口与资本是我们理解当今世界发展变化的一把钥匙，几乎可以打开社会经济迷宫的每一扇门和每一扇窗。

百年以来，从人口结构变迁开始，经过养老金制度变迁，经过金融结构变迁，经过资本结构变迁，最后导致国家竞争力兴衰变迁。

百年以来，人口与资本的关系以一种崭新的姿态出现在世人面前：一端是人口老龄化汹涌澎湃，另一端是以养老金为代表的长期资本日积月累。

早在 19 世纪初期，法国著名社会学家、实证主义之父孔德就提出“人口即命运”的伟大命题，把人口发展（主要是人口规模）同国家发展、国家兴衰、大国崛起联系在一起。

时隔 200 年之后，笔者提出“老龄化即命运”、“长期资本即命运”① 两个命题，把人口发展（主要是人口结构）同社会保障制度改革、养老金制度变迁、金融和资本结构变迁、国家竞争力兴衰联系在一起。

这既是笔者声嘶力竭的学术呐喊，又是笔者苦口婆心的政策疾呼。

笔者把人口与资本的百年战争划分为三大战役，分别是：人口发展之战、养老金治国之战、长期资本发展之战。同时，笔者选取美国、日本、英国三大经济体作为人口与资本的百年战争的主角。可以说，本书是 20 世纪的财经《三国演义》！

---

① “长期资本即命运”也可以称之为“养老基金即命运”。

老 子 像

广土众民出竞争力

中国先贤对人口与资本的关系认识得很早。他们提纲挈领，大而化之，一分为二，直接选用人口与土地两大要素来描述他们心中的理想国建设。

虽然他们的表述十分简洁，关心的主题更加高远，但是他们的观点入木三分，穿越时空，至今让人回味无穷。

老子讲小国寡民①，“邻国相望，鸡犬之声相闻，民至老死不相往来。”今天，北欧富裕的小国，如瑞典、芬兰都符合这一原则。

当然，如果以1亿人口为标准（笔者自己也认为这个标准过于苛刻），今天人口只有6000多万人、早在1930年就迈入人口老龄化国家行列的英国，可以称得上是小国寡民的首席代表。

孟子讲广土众民②，他认为国土面积要广，人口规模要大，这样有利于大国崛起、国运昌盛，老百姓生活其中会更加安全和富裕。今天，美国、中国、印度、巴西、墨西哥、俄罗斯都符合这一原则。

① 笔者将老子的观点称之为“小国寡民”模型。

② 笔者将孟子的观点称之为“广土众民”模型。

不过，今天的俄罗斯由于人口出生率低、人口死亡率高，导致人口规模锐减，很快就要被划入大国寡民的行列了。不得不与加拿大、澳大利亚为伍，成为大国寡民的三大代表。

明治维新之前的日本可以说是小国寡民，为了广土众民、开疆拓土，日本走上发动侵略战争、进行殖民掠夺的道路。二战结束后，日本被打回原形，又退回到小国寡民境地。

二战后，日本出现了婴儿潮，成为小国众民。由于人口红利集中释放，日本得以成为“世界工厂”，出现了举世瞩目的“日本奇迹”。

也许是“财丁不能两旺”的宿命，富裕之后的日本家庭竟然不愿意生儿育女了，于是人口增长急转直下，在短短的数十年时间里，日本就陷入“老气横秋”、“日薄西山”的人口发展境地，迅速由人口红利期进入人口负债期，储蓄率、消费率、投资率掉头向下，经济发展陷入长期的衰退和停滞。

百年来日本人口增长“过山车”现象让世界为之震惊，出现了“经济发展过山车”与“人口发展过山车”的双重局面，这一局面让日本政治家焦头烂额、手足无措，让日本家庭爱恨交加、一筹莫展。现在，老龄化问题、少子化问题不但绑架了日本经济，而且绑架了日本政治。

一句话，今天的日本已经是“小国众老民”，出现了“逝去的10年”、“逝去的20年”，还不知道要“逝去多久”。

与英国的小国寡民不同，美国是典型的广土众民之国。

1915年美国人口突破1亿人，距离1776年美利坚合众国成立用了139年时间。1967年突破2亿人，第二个亿人口的增长用了52年时间。2006年10月突破3亿人，第三个亿人口的增长用了39年时间。美国人口普查局预测，美国人口最早于2043年达到4亿人，估计只用37年时间①。

与日本的“小国众老民”不同，美国是“万国之国”。

依靠大量移民和人口出生率稳定，美国人口规模持续增长，呈现出“人口结构相对年轻化”的特点。

很显然，广土众民之“民”不是指“众多老民”，而是指“众多青民”，是指以年轻人为主的、充满生机活力的社会。

---

① 黄安年：《2006年10月17日美国人口突破3亿意味着什么?》，黄安年博客。

笔者认为，拥有“广土众青民”① 的国家，是全球老龄化时代先进生产力的代表、国际竞争力的代表、长期经济增长的理想国。

中国20世纪80年代有一首十分流行的歌曲叫《趁你还年轻》，歌词这样写道：“也许你不相信，你也许没留意，有多少人羡慕你；羡慕你年轻，这世界属于你，只因为你年轻……”

实际上，不光我们每个人有自己的生理年龄，一个国家也有自己的人口年龄。一个国家的人口年龄，往往用人口年龄中位数来代表，同样是“这世界属于你，只因为你年轻”。百年以来的世界发展历史，也充分证实了这个观点。

世界主要工业化国家先后进入人口老龄化国家行列的时间顺序是：法国是1875年，德国是1925年，英国是1930年，美国是1945年，日本是1970年。从中可以粗略地看出这些国家在20世纪竞争力变迁的轨迹。

如果我们采用“广土众青民”这样一个标准，可以把当今世界的大国进行一个有趣的分类和排名：

美国：广土众民，相对年轻化。

中国：广土众民，相对年轻化。

印度：广土众民，年轻化。

巴西：广土众民，年轻化。

墨西哥：广土众民，年轻化。

日本：从小国众老民走向小国寡民，老龄化。

德国：小国寡民，老龄化。

英国：小国寡民，老龄化。

法国：小国寡民，老龄化。

俄罗斯：从广土众民走向大国寡民，老龄化。

加拿大：大国寡民，老龄化。

澳大利亚：大国寡民，老龄化。

尽管这个分类和排名，非常简略和粗糙，但是其逻辑与结论，与美国著名管理学家波特的国家竞争力“钻石”模型、美国著名学者保罗·肯尼迪的大国竞争力标准，有异曲同工之妙。只不过，它是基于中国老祖宗“大而化之”

① 笔者称之为“广土众青民”模型，包括广土、众民、年青三大要素。

的分析思路所提炼出来的国家竞争力模型。

根据这个模型，既可以排名全球国家竞争力，也可以帮助中国政府优先选择投资目的地、配置别国资产、发展经贸关系、开展境外投资。可以说，中国企业实施“走出去”战略、中国资本实施“出海投资”战略，至关重要的就是要选择人口红利、资源红利庞大的国家或者地区。

中国政府于2000年10月建立中非发展论坛，于2007年6月成立中非发展基金，推动民间资本向非洲投资，这是一个非常具有战略眼光的重大举措，不亚于世界银行提议的“援助非洲的马歇尔计划”。

“广土众青民”模型的结论，与当前国际经济学家们的观点同样如出一辙。

2001年美国高盛集团公司的首席经济学家吉姆·奥尼尔首先提出了“金砖四国”的概念，如今他的预测成真，巴西、俄罗斯、印度和中国（四国英语单词首个字母组合为BRIC，意即“砖头”）成为过去十年全球经济增长最快的新兴市场。

2010年4月底，英国汇丰集团首席执行官纪勤在一个论坛上提出了他眼里的新兴增长力量——哥伦比亚、印度尼西亚、越南、埃及、土耳其和南非，他把这六个国家称为“灵猫六国”（六国英语单词首个字母组合为CIVETS，意即“灵猫”），并且指出：“这六个国家都有大量增长的人口、多样化的经济，而且政治局势相对稳定。”

不论是“金砖四国”的说法，还是“灵猫六国”的提法，无不体现和重视人口发展的伟大力量。

财丁为何难以两旺？

中国著名社会学家潘光旦先生在20世纪20年代曾经写过一篇有名的文章，发表在《新月》杂志上，留下了一句名言：“财丁不能两旺”。

通俗地讲，就是人们一旦获得财富、走向上流社会之后，生育小孩的数量就少了，结果家庭和家族就逐步走向衰落。

潘光旦先生在中国江南农村观察到的现象，在世界上其他地方也有相同的表现。西欧作为全球最早工业化的地区，结果在国富民强之后，人们普遍不愿意多生育小孩了，“白发欧洲”因此而起，欧洲竞争力开始下降。

今天，这一幕也开始在中国更大范围内上演。中国已经富裕起来的沿海地区、大中城市，那里的人们率先致富，如今他们生育小孩的意愿也大大降低了，如“白发上海”即是代表，区域竞争力也开始大打折扣。

放眼全球，只有在贫穷的欠发展的国家或者地区，才可以看到人口出生率还在增长。放眼中国，只有在不富裕的偏远的农村地区，人们还在热情高涨地盼望高生育率。

“财丁不能两旺”的说法，也许过于绝对和武断，似有宿命论的嫌疑，不过它提醒我们要关注人口老龄化与现代化的共生性、因果性。

实际上，潘光旦先生讲述的就是人口与资本之间的矛盾，只不过他采用的表达方式是从我们老祖宗那里借来的，而不是从他的美国老师那里借来的。

丁和财，正好符合我们老祖宗创立的“阴阳学说”：丁是阴，财是阳，丁生财，财养丁。丁少则财弱，丁多则财旺。

丁少财弱的现象就是经济学大师凯恩斯所言的“有效需求不足”。在凯恩斯看来，人口增长导致有效需求增加，人口增长停滞导致有效需求减少。

丁多财旺的现象就是推动经济增长的人口红利。由于婴儿潮、人口增长，导致储蓄率、投资率、消费率增长，从而导致经济增长。

但是，一切皆有度，过犹不及。丁过多则耗财，财过多则伤丁。

丁多耗财的现象就是“人满为患”①，用今天的话来讲就是：社会抚养压力大，对自然环境和资源的压力大；用老祖宗的话来讲就是：人地矛盾，人地冲突。人地矛盾过于严重和激烈的时候，就会民不聊生，就会导致国内或者国家之间的战争，这时候就会由于“人满为患”导致“兵满为患”的现象发生。

财多伤丁的现象就是“土满为患”，有地无人种，有荒无人开。原因是人们富裕之后，奢靡之风盛行，人们热衷于舒适享乐，普遍不愿意生儿育女、拖家带口了，于是人口锐减，土地过剩乃至荒芜。

---

① 中国古代学者有“三满为患”之说，即人满为患、兵满为患、土满为患。笔者在此对“三满学说”进行现代经济学的阐释。

理解了我们老祖宗深邃的思想和简单的表述，再来看看 20 世纪百年间世界发展走过的道路，我们就会更加豁然开朗！

大而言之，过去的 100 年里，人们在追求现代化，它包括我们今天所说的工业化、城镇化、市场化、国际化（以下简称“新四化”）。现代化是贯穿 20 世纪的主旋律和主浪潮，其显著特点是财富增长的速度前所未有。

一方面，原先蕴藏在地下的石油、天然气、矿产、矿藏等资源被源源不断地勘探和挖掘出来，纳入到当前的财富体系中。另一方面，在资本市场和金融市场的作用下，未来的财富创造能力贴现为当前的财富规模。于是，原有资源价值的重估和未来生产价值的贴现，成为财富增长的“双轮驱动”，财富规模蔚为壮观。根据美国伯克利大学经济学家德隆的研究，人类历史上（从旧石器时代到公元 2000 年）97% 的财富是在过去 250 年创造的（从 1750 年到 2000 年），也就是说人类用了万分之一的时间创造了 97% 的财富。同时，世界的人均 GDP 在 2000 年底达到 6600 国际元（这是按照 1990 年国际购买力核定的一个财富度量单位），是 1750 年 180 国际元的 37 倍。也就是说，在过去的 250 年间财富增长了 37 倍①。

但是，在过去的 100 年里，还有一大浪潮，那就是人类自身正在走向老龄化。以银发世界和“空空的摇篮”为标志的老龄化浪潮汹涌澎湃，向现代化发起冲击。

正如社会学家本 · 瓦滕伯格所形容的那样：在过去的 600 年中，自黑死病爆发以来，出生率和生育率从未下降得如此之多、如此之快、如此之久，且发生在如此广的地方。

西方社会学则把老龄化、低出生率现象与工业化、市场化进程联系在一起，寻找人口结构转变、人口老龄化的深层社会原因，他们得到的结论是：市场体制是避孕药，技术经济是催老剂②。

由于工业化、城镇化、市场化、国际化的影响，孩子在激烈的竞争中不再完全是家庭的财产，也是一种负担；女性文化程度的提高，她们宁可工作也不愿意在家生育和抚养孩子，全球性的离婚率、堕胎率的上升和晚婚趋势……这

---

① 张维迎：《市场经济与财富》（上），《上海证券报》2008 年 1 月 7 日。

② 蔡崇达：《越来越苍老的世界》，《三联生活周刊》总第 321 期。

孟子像

些原因，如同一道道本来互不相干的潮流，最终汇聚到一起，形成了惊人的“人口海啸”！

目前，这股海啸席卷了除美国以外几乎所有的发达国家，包括中国在内的发展中国家也开始感受到“人口海啸”的冲击力。当非洲等不发达地区的高生育率开始下降的时候，“人口海啸”将正式在全球蔓延，全世界的倒金字塔人口结构将会给所有国家的经济发展带来难以估量的灾难。

虽然财丁难以两旺，但是，我们的老祖宗一直希望看到“财丁两旺”的可喜局面、大好局面。关于“财丁两旺”的思想，是老祖宗给我们中国留下来的宝贵思想财富。

“养老可以治国”

“广土众民”的思想，表达了孟子对国家竞争力的最早关心。

“养老可以治国”的思想，表达了孟子对社会竞争力的最早关心。

孟子说：“老吾老，以及人之老；幼吾幼，以及人之幼。”

更加难能可贵的是，孟子还进一步提出了“养老理想国”的建设方略：

“五亩之宅，树之以桑，五十者可以衣帛矣。鸡豚狗彘之畜，无失其时，七十者可以食肉矣。谨庠序之教，申之以孝悌之义，颁白者不负戴于道路矣。”

作为思想家，孟子关于“养老可以治国”的思想，为中国历朝历代的执政者所遵循和重视。今天，中国政府把孟子的思想确定为“老有所养、壮有所用、幼有所教”的治国方略。

作为儒家学说的重要代表人物，孟子还大力倡导孝道文化，为中华帝国的繁荣打下了坚实的精神基础。

家庭里：儿孙绕膝，天伦之乐，子孝媳贤。

社会上：尊老敬贤，尊老爱幼，尊师重教。

国家中：孝爱天下，母仪天下，孝治天下。

于是，孝道文化与养儿防老、居家养老、土地养老等方式相结合，成为农业社会养老模式的主要内容，可以说，是孟子创立了儒家的“养老经济学”！

2005 年世界银行提出养老金五支柱模式，使得古老的中国养老智慧再一次在西方乃至全球盛行开来，正在成为医治西方日益臃肿的养老保障体系“富贵病”的中医中药，颇有“墙内开花墙外香”的味道。

实际上，孟子提出的“养老可以治国”的伟大思想、“养老理想国”建设方略，早已成为绵延不断的中华文明的重要组成部分，早已蜚声古今中外，孟子也因此成为提出“养老可以治国”思想的第一人！

养老金治国与养老金盛世

伴随工业革命而诞生的工业社会，其生产方式和社会关系与农业社会相去甚远，农业社会中人口与土地的矛盾让位于人口与资本的矛盾。

德国于 1889 年成为世界上第一个建立正式的社会保障制度的国家，对世界影响深远。“铁血首相”俾斯麦也成为“养老金治国”的世界第一人！

社会保障制度给退休职工送来了养老金，提高了他们的福利水平和幸福程度，从而最终提高了全社会的福利水平。由国家提供的公开承诺和制度性保障，使得全体国民既无后顾之忧，也无养老之忧。于是，所有国民热情地工作，大胆地消费，告别犯罪，告别革命，憧憬美好的未来。

一句话，社会保障深入人心、大快人心！

继德国之后，以英国《贝弗里奇报告》为开端，欧洲国家建设“福利社会”、“理想社会”的大幕拉开了！

至此，2000 多年前中国孟子所言的“养老理想国”模式，已经在遥远的异国他乡变成了现实，变成了基于工业文明、工业革命辉煌的“福利社会”模式。

欧洲福利社会建设推动了欧洲战后迅速复兴和繁荣，创造了欧洲的“理想社会”。这样，由俾斯麦精心首创，由贝弗里奇大胆推广，由欧洲其他国家迅速借鉴，“养老金治国”的实践风起云涌，遍地开花！

建设“养老保障理想国”，其政策核心是实现养老金治国！

深入人心、大快人心、“攻心为上”是养老金治国之本！

借用中国“手中有粮，心中不慌”的通俗说法，有了社会保障制度的保护，所有国民一定会是“有了养老金，人人都放心”！

第一，养老金治国是人的生命周期变化的需要。

第二，养老金治国是实现人的全面发展的需要。

第三，养老金治国是确保老年经济安全的需要。

很显然，养老金治国最根本的目的在于提高全社会成员的福利水平和幸福程度，既是人类文明和进步的必然要求，同时也是衡量社会治理、政府执政、市场发展水平的一个重要标尺。

建立社会保障制度是养老金治国之始！

用社会保障模式替代“养儿防老”、“土地养老”、“居家养老”模式，把国民养老问题从家庭内部的微观问题和局部问题，提升到通过国家和社会力量来共同解决的宏观问题和社会问题，是工业社会的一大制度发明和伟大创造。它标志着国家干预主义的兴起，是对自由放任市场经济的终结，有助于正确处理公平与效率、政府与市场、福利发展与经济发展之间的关系，同时也标志着现代社会的到来。

于是，市场经济制度、现代企业制度、宏观经济管理制度、现代法治制度、民主政治制度，与社会保障制度、养老保障制度一起，成为现代市场经济条件下的基础性制度安排。

养老金治国之始，即为现代社会发展之始。

当此之时，世界主要工业化国家有德国开风气之先，有英国、日本显慷慨之义，有法国、意大利陈高广之勇，唯美国展中庸之智。

在此之后，各国国内劳资关系顿时和谐，经济发展高歌猛进，社会发展欣欣向荣，人民群众安居乐业，尽享“养老金之治”、“养老金盛世”。

养老金误国与养老金革命

但是，欧洲“福利社会”、“理想社会”的好景不长。

由于“财丁不能两旺”的魔咒，尽管社会财富规模迅速膨胀，但是老龄化浪潮汹涌澎湃，向现代化进程发起绵绵不断的冲击。

于是，“福利社会”模式成为英国、瑞典、法国等欧洲国家的“集体噩梦”，这些国家的政治家们不得不为改革社会保障制度而殚精竭虑，甚至焦头烂额。

有人说，欧洲“福利社会”并非真富贵！

有人说，欧洲“养老金治国”实际上是“养老金误国”！

于是，围绕“养老金治国”与“养老金误国”，从普通民众到企业家，从大学教授到政治家，在全球范围内掀起了一场前所未有的大交锋、大评论！

从20世纪80年代中期开始，英国首相撒切尔夫人通过“金融大爆炸”、“养老金革命”① 来治疗陈年老朽的“英国病”，结果一举改变了英国的经济结构，“金融英国”应声而起，并且东成西就。撒切尔夫人拉开了全球人口老龄化背景下的“养老金私有化改革”大幕！

比英国更早，一个远离欧洲的拉美小国——智利，在美国著名经济学家米尔顿·弗里德曼和哈伯格的帮助下，在“芝加哥小子”的直接操作下，于1981年开始了举世瞩目的养老金改革，从而拉开了拉美国家乃至全球养老金制度结构性改革的大幕！

在英国和智利养老金革命的带动下，世界各国都不同程度地对养老金体系进行了三大改革：

第一，参数式改革。在原有的现收现付制养老金制度体系框架下进行改

---

① 又称之为“养老金私有化改革”或者“养老金市场化改革”。

革，主要包括降低养老金替代率、延迟退休年龄、提高缴费率、放松移民政策，以维持原有养老金制度的收支平衡，减轻政府的财政压力。

第二，筹资模式改革。对现收现付制养老金制度本身进行改革，包括从现收现付制转向基金积累制、从收益确定型转向缴费确定型、从统一账户制转向个人账户制等方面的改革。

筹资模式改革的出发点是应对人口老龄化危机，进一步减轻社会保障支付压力。但是，筹资模式改革的落脚点却在于：养老金资产可以积累起来，可以行走起来，可以飞翔起来！这是筹资模式改革的伟大之处，高明之处。

第三，结构性改革。实现养老金制度体系建设从单支柱到多支柱。

目前，世界上大多数国家都先后建立了三支柱养老金制度。那么，国家在建立、发展、改革养老金制度方面的大智慧、大学问到底是什么？究竟在哪里？

在笔者看来，养老金制度安排的最大奥妙就在三支柱上，三支柱是纲，纲举目张。三支柱当中，谁大谁小，谁先谁后，谁主谁次，学问大得很。可以说，如何摆布、重构三支柱，如何处理好三支柱之间的主次关系、主辅地位，反映了“养老金治国”的大智慧、大聪明。

笔者对英、美、日、德四国养老金制度发展的总体概括是：

英国“甩包袱”，为第一支柱甩包袱，结果甩出第二、第三两个支柱来。在英国50多年的“甩包袱”过程中，既有“四渡赤水”的智慧，又有“明修栈道，暗度陈仓”的计谋，更有“声东击西”的机巧。特别是在经历1986年的那场“冷水浴”之后，英国获得了“浴后重生”、凤凰涅槃。原因是以养老金为代表的长期资本成为行商英国的船只，为英国运回了整船整船的真金白银。

美国“种竹子”，先由民间在1875年种下第二支柱这棵小竹子，结果竹子发芽，长出了两棵大竹子，这两棵大竹子就是第一①、第三两个支柱。如今美国养老金三支柱瑕不掩瑜、如花似玉，个个强壮健美，人人世界冠军。以养老金为代表的美国长期资本力量无与伦比，成为坐商美国的最大筹码。

日本“栽老树”，第一支柱一树独大、根深叶茂，第二支柱弱不禁风，倒是给了远处的第三支柱一个成长机会。长期资本没有让日本成为金融大国，只是货币大

---

① 美国养老金第一支柱即美国社会保障制度建立于1935年，为罗斯福总统创立。

国、流动性大国而已，倒是给坐商美国、全球资本炒家①送去了不少真金白银。

德国与日本一样，同样是主栽第一支柱这颗大树。拥有世界上最古老的第一支柱和最年轻的第二支柱，但是养老金制度只开花不结果，没有积累长期资产。

可以说，英国和美国取得了"养老金治国"的盛名，日本得到了"养老金误国"的骂名。

养老金治国之变，即养老金制度变迁，一方面是对养老金制度发展的修正；另一方面也是对人口和社会经济环境转变的回应。

放眼世界，"养老金治国能手"的荣誉称号应该授予美国，它作为工业化大国，在建立社会保障制度、增加社会公平方面"没有吃亏"；在效率损失、"养老金误国"方面又"躲过了一劫"；在利用养老金推动社会经济金融发展方面还"占了大便宜"。通常情况下，一箭双雕就值得羡慕，美国创造了"养老金奇迹"，竟然一箭三雕！

很多人认为，"养老金误国"是导致"英国病"的一个重要原因。但是，英国政府能够知错就改，不惧刮骨疗毒。曾经深陷"养老金误国"泥潭，如今雄居"养老金治国"高地。因此，笔者认为英国也可以荣膺"养老金治国能手"荣誉称号！

总体来看，工业革命以后的100多年时间里，特别是在20世纪的100年里，"养老金治国"出现了两种截然不同的图景，两种迥然而异的感受：

一是养老金治国安邦，国泰民安，国富民强；

二是养老金误国误民，压力重重，忧心重重。

养老金革命汇聚长期资本

行文至此，笔者忽然想起中国清代学者赵藩在成都武侯祠留下的那首

① 20世纪90年代以后，日本虽然作为全球第二大经济体，但是日元却沦为全球套利货币，因为日元零利率水平，资本炒家借用日元所支付的利率成本接近于0。全球第二大经济体的货币，成为投机货币，这是世界发展史上从未出现过的现象。

“攻心”名联：

能攻心则反侧自消，自古知兵非好战；

不审势即宽严皆误，后来治蜀要深思。

笔者在此对它进行一点改动，也许刚好可以反映笔者所言的“养老金治国”、“养老金误国”之说：

能攻心则反侧自消，自古养老可治国；

不审势即宽严皆误，后来执政要深思。

在笔者看来，“能攻心”正是“养老金治国”的核心贡献、核心解法，是其在社会治理中的核心意义。

“养老金误国”之因首先在宽，过于慷慨的养老保障难以持续，反而成为社会包袱，压得大家喘不过气来，比如欧洲国家、日本。根本原因在于人口结构变迁和人口老龄化。

“养老金误国”之因其次在严，过于苛刻的养老保障难以“攻心”，起不到“攻心为上”、“治国安邦”的作用，比如一些发展中国家。最严重的后果是人心不稳，社会不安，人人自危。

因此，“养老金治国”的奥妙可以概括为八个字：宽严相济，审时度势！

在笔者看来，“能攻金”则是“养老金治国”的新贡献、新解法，是其在社会经济发展中的新作用。“能攻金”是笔者的一种简略表述，它是指养老金制度变迁导致金融结构和资本结构的变迁：一方面，它可以推动金融结构变迁，从商业银行主导型的金融结构转变到资本市场主导型的金融结构；另一方面，它可以推动资本结构变迁，从短期货币存贷为主转变到长期资本投资为主。

纵观世界发展，养老金发展已经成为汇聚长期资本的主渠道、主战场。养老金融（养老基金）继银行、保险、证券之后，正在成为全球金融体系中的第四大支柱，正是养老金制度“能攻金”的伟大表现。

在全球老龄化条件下，养老金制度变迁，推动金融结构变迁和资本结构变迁，是在推动长期经济增长的方式变迁，是在推动国家竞争力的兴衰变迁。

可以预见，在全球老龄化条件下，哪个国家拥有养老金资本、长期资本的数量多、质量高，哪个国家就将拥有最强大的国际竞争力。

可以这样说：

“广土众青民”代表了一个国家铁打的国际竞争力。

“养老金治国”代表了一个国家铜铸的社会竞争力。

“长期资本帝国”代表了一个国家钢构的国际竞争力！

第一部分

人口结构的百年变迁

老龄化正在与工业化、城镇化、市场化、国际化一起成为全球新的经济背景，它将改变传统的经济学和经济政策学。懂得生育和养老的经济学，也就懂得了真正的经济学。

——刘云龙

人口与资本是世界经济发展的两大永恒主题。

与大国崛起相伴的是资本力量的强大，战无不胜、所向披靡的资本力量往往容易迷住政治家和经济学家的双眼。但是，不显山不露水、默默无闻的人口力量、生育力量，恰恰是聪明的商人、高明的企业家之最爱，也是资本之最爱。资本力量的背后，是伟大的人口力量和生育力量。在20世纪以前，世界人口发展一直处于缓慢的增长期，各国人口年龄结构基本上保持着完美的金字塔形状。但是进入20世纪后，世界人口进入了快速的增长时期。到了1999年，世界人口达到了60亿人。但是，就在这100年间，世界人口结构也在不断变化，老年人口所占比重急速上升，1999年也因为65岁以上人口占比超过全球人口总数的7%而成为国际老人年。

在过去不到100年的时间里，包括中国在内的许多国家都经历了人口爆炸，婴儿潮一浪高过一浪。

目前，世界上只有少数欠发达地区的国家还在经历人口爆炸，但是大多数国家都正在经历人口海啸。

人口爆炸“炸出”竞争力，人口海啸“冲刷”经济繁荣。

人口红利“红遍天下”，人口负债“满目疮痍”。

一句话，人口海啸过后，大国沉沦，小国萧瑟。

人口即命运，资本定成败！
人口与资本是世界经济发展的两大永恒主角。
资本力量的背后是伟大的人口力量和生育力量。

第一章
人口结构有奥妙

谁来养活地球人？曾经的人口膨胀让人心惊胆战。

空空的摇篮谁来睡？如今的人口负增长同样让人胆战心惊。

经济增长低速度、国防安全无保障、民族存亡遭考验，都是人口老化惹的祸！

简单而言，人口结构转变或者说人口老龄化，一方面是因为人口预期寿命延长，导致活着的老人越来越多；另一方面是因为人口出生率降低，人们普遍减少生育子女的数量，导致年轻人越来越少。

目前，世界主要工业化国家正在遭遇人口出生率大幅度降低甚至人口负增长的困境。不少国家甚至因为劳动力数量大幅度减少，不得不面临经济增长低速度、国防安全无保障、民族存亡遭考验的严重后果。

曾经的人口膨胀，如今的人口老化，其实都是人口发展变化的现象。

人口增长模式变迁①

人口增长是指人口出生数超过人口死亡数的现象，用人口自然增长率来表示。人口自然增长率是指在一定时期内（通常为一年）人口自然增加数（出生人数减死亡人数）与该时期内平均人数（或期中人数）之比，一般用千分率表示。另外，人口自然增长率还可以用人口出生率与死亡率之差表示。当全年出生人数超过死亡人数时，人口自然增长率为正值，当全年死亡人数超过出生人数时，则为负值。因此，人口自然增长水平取决于出生率和死亡率两者之间的相对水平，它是反映人口再生产活动的综合性指标。

由于人口自然增长率受到自然环境、经济状况、文化观念等多因素的影响，特别是指包括经济发达程度、文化教育水平、医疗卫生条件等在内的经济状况发生重大改变，将导致人口增长模式发生变迁。

从历史发展进程来看，人口增长的变化具有持续性和阶段性的特点。持续性是指世界人口的发展总趋势是人口不断增长。阶段性是指人口增长经历了古代、近代和现代等不同的发展阶段，其人口增长特点又存在着差异。

世界人口增长的历史轨迹为一条“J”形曲线。古代人口增长十分缓慢，

---

① 转引自《人口增长模式和人口合理容量》，资料来源：http：//www.360edu.com/tongbu/gaoyi/8918/gldlx918.htm。

近代人口快速增长，现代人口“爆炸式”增长。21 世纪世界人口将保持继续增长趋势，人口总量会不断增加，增长速度有所下降，人口结构将进一步老化（见图 1－1、图1－2）。

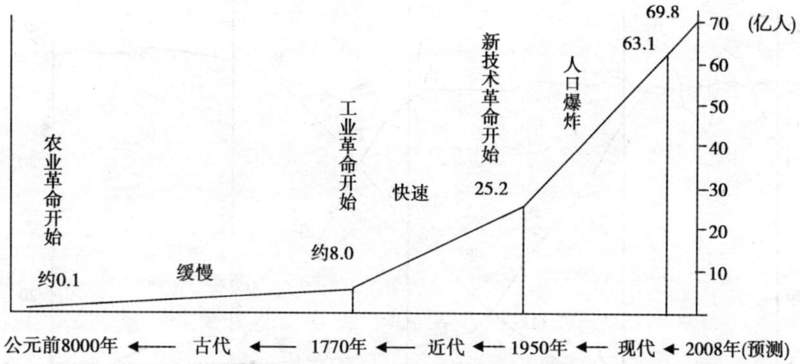

图 1－1　世界人口增长过程图

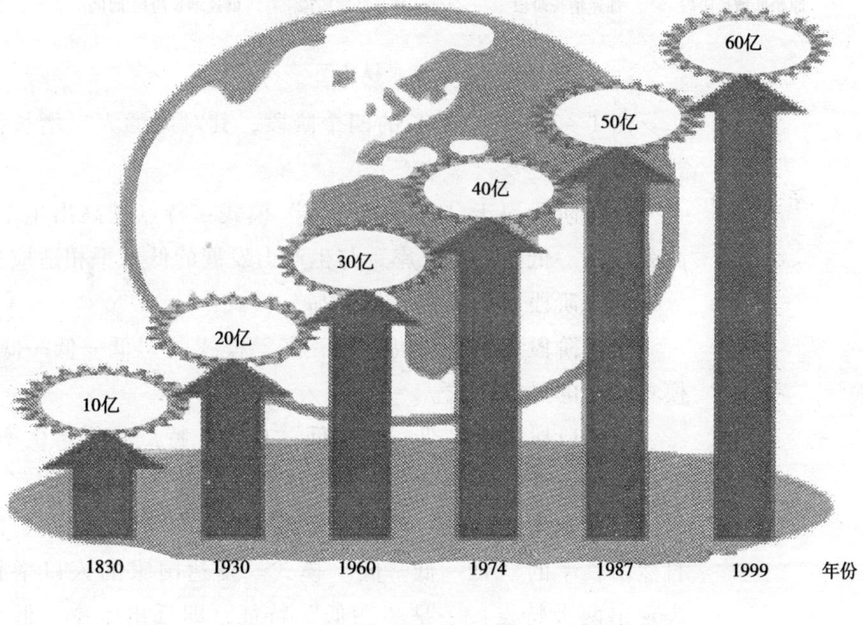

图 1－2　世界 10 亿人口年表

根据人口出生率、人口死亡率、人口自然增长率三大指标的高低，可以将人口增长模式的变迁进行刻画（见图1－3）。

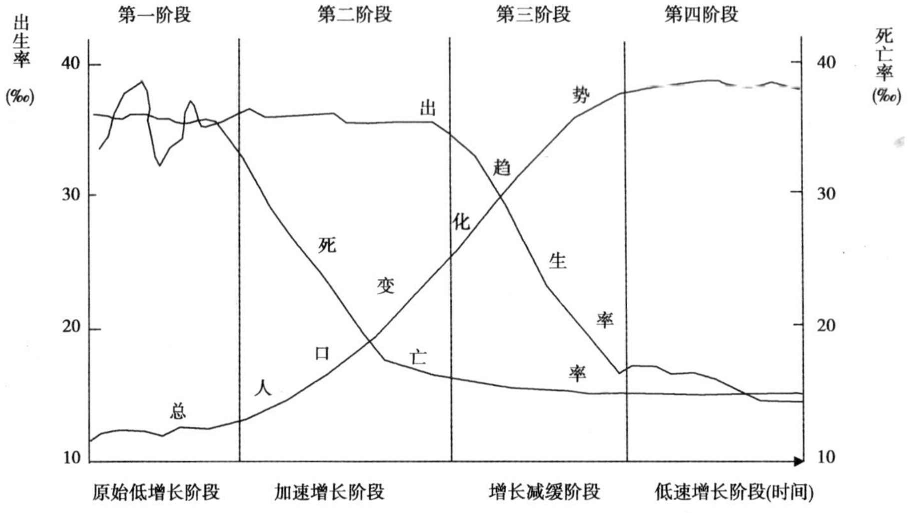

图1－3　人口增长模式图

图1－3中人口增长的四个阶段，其对应的人口增长模式是：

第一阶段属于“高—高—低”模式：特点是高出生率、高死亡率、低自然增长率，与生产力发展的低水平相适应。

第二阶段属于“高—低—高”模式。

第三阶段属于由“高—低—高”模式向“低—低—低”模式转变的过渡模式。

第四阶段属于“低—低—低”模式：特点是低出生率、低死亡率、低自然增长率，与生产力发展的高水平相适宜。

目前，世界主要发达国家属于低出生率、低死亡率、低自然增长率的“低—低—低”模式。发达国家的人口增长表现出两大特点：一是“三低”特征，即低出生率、低死亡率、低自然增长率；二是人口自然增长率仍然保持下降的趋势，不少国家甚至出现人口零增长或负增长。

2011 年 4 月 28 日，中国第六次全国人口普查的主要数据显示①：

全国总人口为 13.71 亿人，其中大陆地区人口共 13.40 亿人，港澳台地区人口共 0.31 亿人。大陆地区人口同第五次全国人口普查时的 12.66 亿人相比，十年共增加 7390 万人。后十年（2000～2010 年）比前十年（1990～2000 年）少增长 5600 万人，年均增长率降低了 0.5 个百分点。大学文化程度者增加了 1.5 倍，每 10 万人中具有大学文化程度的由 3611 人上升为 8930 人。城镇人口 6.66 亿人，占总人口的比重为 49.68%，农村人口为 6.74 亿人，占 50.32%；流动人口达 2.21 亿人，比 2000 年增加了 1.0 亿人。

从第六次全国人口普查的数据来看②，中国的人口增长模式从过去高生育率、低死亡率、高增长率的“高—低—高”的模式，很快过渡到目前的低生育率、低死亡率、低增长率的“低—低—低”的模式，将遭遇人口增长模式的重大变迁。

总和生育率事关民族存亡

总和生育率是指在特定时点上全体妇女按照所在年龄组的生育率度过育龄期（15～49 岁），每个妇女平均生育子女的总数。它很好地说明：当前妇女生育小孩的数量成为衡量生育水平的重要指标和标尺。

一般来说，要保持一个国家的人口既不增加，也不减少，即保持人口学上所说的世代更替水平，总和生育率就要保持在 2.1 个孩子的水平。

从理论上讲，平均每名妇女应该有 2.1 个孩子，才能保证一个国家的总人口保持不变，之所以是 2.1 而不是 2.0，是考虑到出生后的儿童会在成年前死亡，特别是一部分女孩将在育龄前死亡，所以，一名妇女生育的子女数量要维持在 2.1 才能保证维持当前社会人口的规模（见表 1－1）。

---

① 新华社：《中国人口增长进入“三低”模式》，新华网，2011 年 4 月 29 日。

② 新华社：《中国人口增长进入“三低”模式》，新华网，2011 年 4 月 29 日。

表 1-1　　世界总和生育率的历史与预测（1950～2050 年）

年间	总和生育率	年间	总和生育率
1950～1955	4.92	2000～2005	2.67
1955～1960	4.81	2005～2010	2.56
1960～1965	4.91	2010～2015	2.49
1965～1970	4.78	2015～2020	2.40
1970～1975	4.32	2020～2025	2.30
1975～1980	3.83	2025～2030	2.21
1980～1985	3.61	2030～2035	2.15
1985～1990	3.43	2035～2040	2.10
1990～1995	3.08	2040～2045	2.15
1995～2000	2.82	2045～2050	2.02

资料来源：联合国：《世界总和生育率的历史与预测（1950～2050 年），2008 年，转引自：维基百科：《总和生育率》。

目前，世界平均总和生育率为 2.50 左右，这是由于阿拉伯国家以及非洲地区的人口出生率居高不下，但是，当世界人口在 2050 年前后到达峰值 90 亿人左右后，就会急剧下降。

欧洲地区的平均总和生育率为 1.4。从 20 世纪 80 年代德国成为首个总和生育率下降到 1.5 的极低生育率国家开始，意大利和西班牙后来居上，率先跌至 1.2。

在亚洲，韩国和中国台湾地区也以 1.2 的总和生育率跻身世界总和生育率最低国家和地区行列，中国香港地区早在 1991 年就已跌至 1.2 以下。

2005 年，全球已有 34 个国家和地区降至 1.5，另有 30 多个国家和地区已降至 2.1 以下，除非洲以外遍及所有的大洲。

生育率水平的急剧下降开始危及某些国家或民族的生存。2005 年德国以 1.36 的总和生育率位列欧盟排行榜倒数第一，悲观的看法是，这种远低于世代更替水平的生育率，将使德国在 12 代后从地球上永远消失！①

---

① 郭炘：《德国人再经历 12 代将从地球上消失？》，《深圳特区报》2009 年 7 月 26 日。

同样是在2005年，日本的总和生育率也下降到1.25，根据日本的《高龄社会白皮书》显示，日本人口将从2035年开始以每年至少100万人的速度递减，到了2046年将减少到1亿人口以下，从此告别“日本1亿人口”的老招牌。

1989年，日本的总和生育率突然从上一年的1.7左右骤降到1.57，轰动了整个日本社会，人们甚至称其为“1.57危机”。

日本有一位学者曾经发出警告：“如果目前的状况持续下去，再过100年，日本的人口要减少60%，只有4900万人；再过900年，日本恐怕只剩下一个人，还不知是男是女。”①

比日本更早面临种族消亡危机的是曾经的超级大国俄罗斯。早在20世纪末，俄罗斯的总和生育率就已经跌至1.2，跻身世界总和生育率最低国家的行列。莫斯科大学教授、著名人口学家霍列夫曾经指出：种族消亡已成为俄罗斯面临的头号问题②。不少人口学者认为：如果不能提高生育率，到21世纪末，整个俄罗斯将变成坟墓，骁勇善战的俄罗斯民族也将永远成为历史。

出生人口性别比与“消失的女人”

出生人口性别比是指每出生百名女婴相对的出生男婴数。1955年10月，联合国在一份出版物中表达了这样的观点：出生人口性别比偏向于男性，一般来说，每出生100名女婴，其男婴出生数应该为102~107名之间，即出生人口性别比值的下限不低于102，上限不超过107。该值域一直被国际社会公认为正常理论值，其他值域则被视为异常。

为什么会出现这种界定呢？是因为在正常情况下，男婴的存活率要低于女性，因为男婴在成长初期由于疾病、意外事故等原因，死亡率会高于女性。随着男性出生后的数量不断减少，到20岁至壮年这一年龄组时，男女性别比值

① 石志宏：《日本全国总动员紧急应对低生育率》，《现代快报》2007年3月30日。

② 徐向梅：《在梦想与现实之间——俄罗斯复兴的道路还有多远?》，《学习时报》2007年1月31日。

正好趋于大致相等，恰好有利于男女婚配。

在诺贝尔经济学奖获得者、著名经济学家阿马蒂亚·森教授看来，与西方发达国家相比，中国、印度等国少生了整整1亿名女性。他把这种现象称之为“消失的女人”。

针对“消失的女人”这种现象，有学者认为主要是重男轻女的传统文化在作祟。有学者认为是性别间不同的生产回报所致，男性整体上的生产回报一般要高于女性，正是这种畸形的优胜劣汰最终导致“消失的女人”现象。

出生人口性别比例失调、“消失的女人”现象，所产生的一个社会结果就是婚姻挤压。2004年，美国学者瓦莱丽·赫德森和英国学者安德烈亚·博尔在合著的《光棍：亚洲男性人口过剩的安全意义》一书中提出：到2020年，中国将有3000万男人找不到妻子。

与“消失的女人”现象相对应的是“剩余的男子”现象，即“光棍村”现象，它主要出现在一些贫困落后的山区。

造成“光棍村”落户山区、扎根贫困地区的原因是婚姻迁移规律。

婚姻迁移规律的核心是女性梯级迁移。通俗的说法是：山上的姑娘嫁到山脚，山脚的姑娘嫁到邻近的平原，平原上的姑娘嫁到城市郊区，郊区的姑娘嫁进城市。

这样，女性梯级迁移的最终结果就是：过剩的男性将大量集中在山上、山脚等欠发达地区①。

人口金字塔之谜

人口金字塔是反映人口结构的重要图谱，它既可以反映过去和现在的人口结构，也可以预测未来人口结构可能出现的变化。

人口金字塔本质上是一种按人口年龄和性别表示人口分布的条形图，可以形象地表示某一群体的年龄和性别构成，以年龄为纵轴，以人口数为横轴，按

---

① 《15年后3000万光棍找不到老婆?》，《三联生活周刊》2005年1月13日。

左侧为男、右侧为女绘制图形。人口金字塔底部代表低年龄组人口，上部代表高年龄组人口（见图 1－4）。

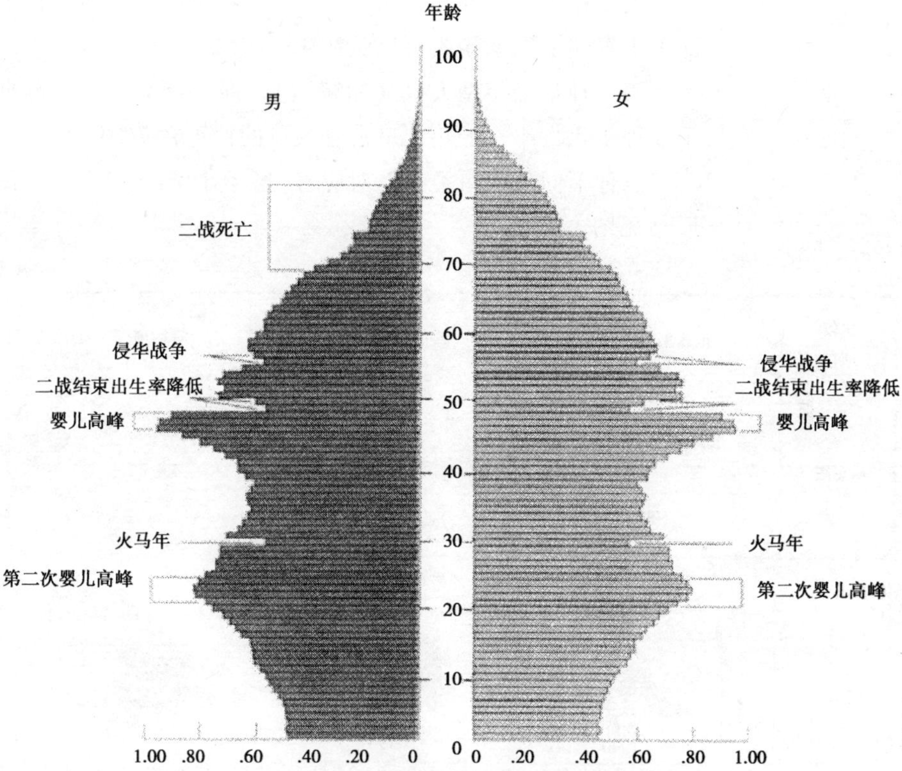

图 1－4　1995 年日本人口金字塔

资料来源：美国人口咨询局：《人口手册》第 4 版，转引自：百度百科：《人口年龄金字塔》。

按照人口年龄结构的构成，一个国家或地区的人口类型可分为三种：

第一种是年轻型人口（增长型），即出生率大大超过死亡率，人口中的青少年（0～14 岁）比例非常大，老年人口①

---

① 按照联合国关于老龄化的界定标准：当一个国家 65 岁以上的老龄人口所占比例达到 7%，或 60 岁以上老龄人口比例达到 10%，即进入老龄化国家行列。

(65 岁及以上）在 4% 以下。

第二种是成年型人口（静止型），即人口的出生率与死亡率大抵相当，劳动年龄人口（15 ~ 64 岁）占社会人口的比重中等偏上，老年人口比例在 4% ~7% 之间。

第三种是老年型人口（缩减型），即人口的出生率略低于或等于死亡率，老年人口占总人口的比重在 7% 以上。

三种不同的人口类型，对应着三种不同的人口金字塔图形（见图 1 –5）。

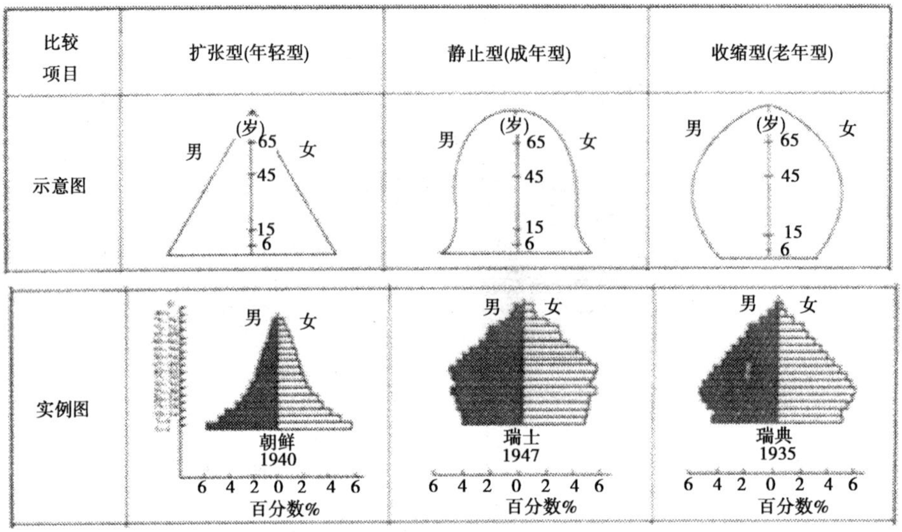

图 1 –5　人口金字塔图与人口增长模式

资料来源：《人口增长模式和人口合理容量》，转引自：http：//www. 360edu. com/tongbu/gaoyi/8918/gldlx918. htm。

伴随着人口预期寿命不断提高和总和生育率不断下降，中国人口年龄结构金字塔塔底不断缩小。2000 年中国 60 岁以上的老年人口已经达到 1.3 亿人，占总人口的比例为 10.7%，占世界老年人口的 1/50，这样，2000 年也就成为中国进入老龄化国家行列的标志性年份，它也表明中国的人口金字塔图已经开始严重变形（见图1－6，共4幅）。

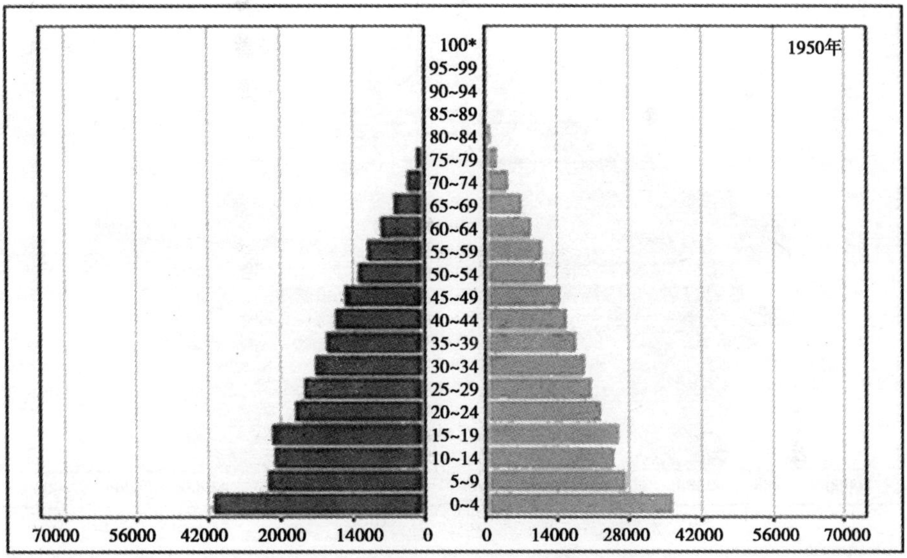

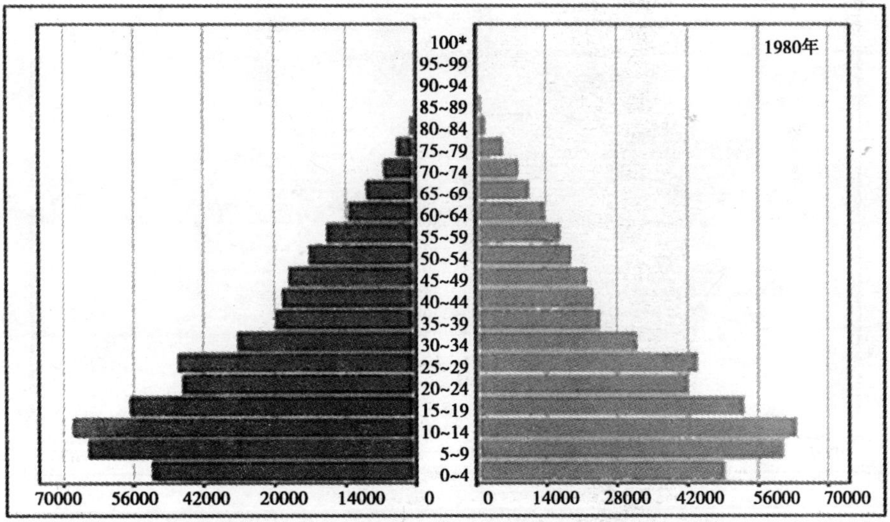

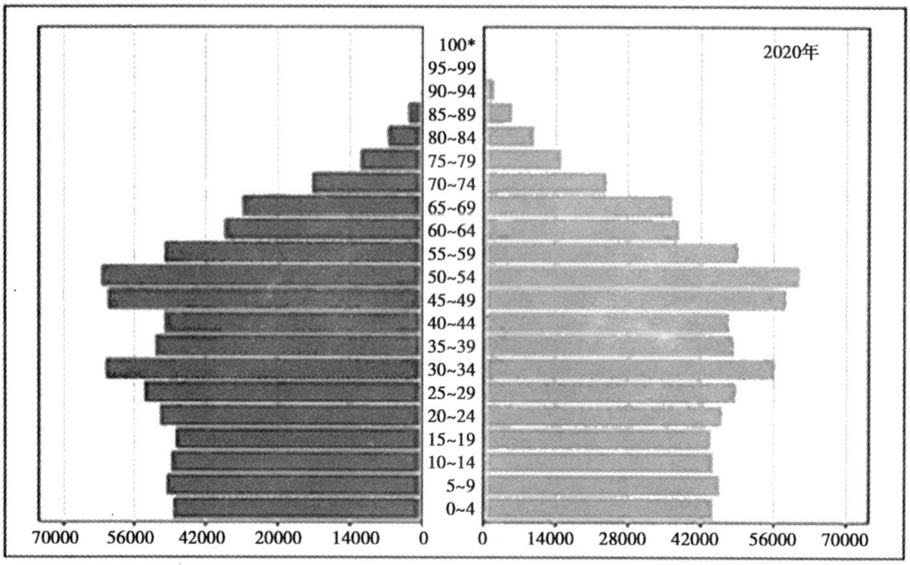

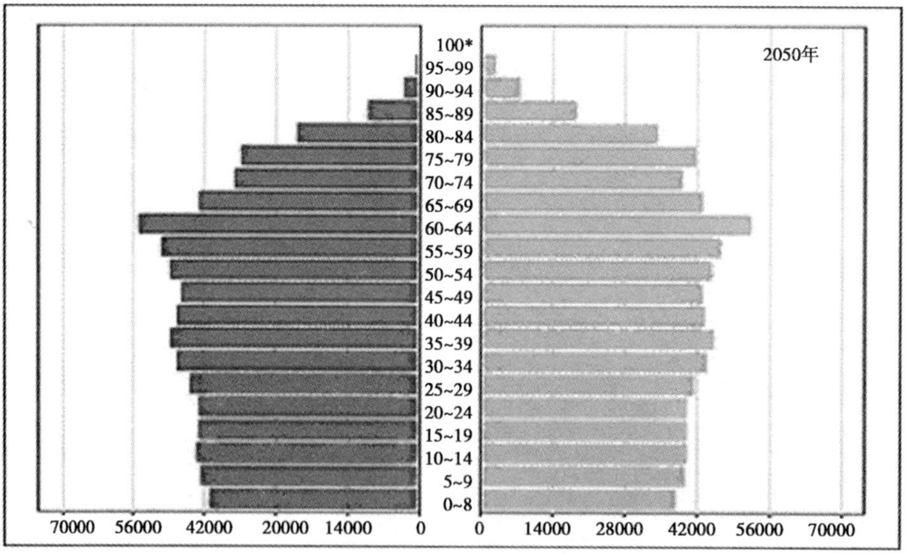

图 1－6　1950～2050 年中国人口金字塔图（共 4 幅）

资料来源：《人口增长模式和人口合理容量》，转引自：http：//www. 360edu. com/tongbu/gaoyi/8918/gldlx918. htm。

根据联合国的预测，到 2050 年，中国的人口结构就会开始向“倒金字塔”即“蘑菇云”形状转变。

世界为什么属于你?

中国 20 世纪 80 年代有一首十分流行的歌曲，曲名叫《趁你还年轻》，歌词这样写道：“也许你不相信，你也许没留意，有多少人羡慕你；羡慕你年轻，这世界属于你，只因为你年轻……”歌曲激励了一代年轻人奋发图强，只争朝夕。

实际上，不光我们每个人有自己的生理年龄，一个国家也有自己的人口年龄，同样是“这世界属于你，只因为你年轻”，一个国家的人口年龄就是用人口年龄中位数来代表。

人口年龄中位数是把总人口按年龄排序后，正好可以依此数分为人数完全相同的两部分。它意味着一个国家恰好有一半人比中位数老，另外，一半人比中位数年轻，值得注意的是：年龄中位数不同于年龄平均数，它是衡量一个国家人口老龄化程度的最主要指标。与人口金字塔严重变形相联系的是人口年龄中位数的攀升，人口年龄中位数越大，说明该国的人口老龄化程度越高。

国际上通常用年龄中位数指标作为划分人口年龄构成类型的标准：

年轻型人口：年龄中位数在 20 岁以下。

成年型人口：年龄中位数在 20 ~ 30 岁之间。

老年型人口：年龄中位数在 30 岁以上。

年龄中位数向上移动的轨迹，反映了人口总体逐渐老化的过程（见表 1 - 2）。

表1-2 2010年世界各国人口年龄中位数（预测）

国家	年龄中位数
日本	44.6
意大利	44.3
德国	43.7
奥地利	42.6
芬兰	42.3
希腊	42.2
比利时	42.0
瑞典	41.7
保加利亚	41.6
西班牙	41.5
瑞士	41.3
荷兰	40.8
加拿大	40.7
丹麦	40.7
英国	40.5
捷克	40.4
法国	39.7
匈牙利	39.7
挪威	39.7
葡萄牙	39.7
乌克兰	39.7
新加坡	39.6
俄罗斯	38.5
波兰	38.2
韩国	37.9
澳大利亚	37.5
新西兰	36.8
美国	36.8
中国	35.2
朝鲜	33.9
突尼斯	29.7
泰国	37.5
智利	31.7

续表

国家	年龄中位数
阿根廷	30.3
巴西	28.9
世界平均	28.4
土耳其	28.1
印度尼西亚	27.9
伊朗	27.6
越南	27.4
墨西哥	26.7
印度	25.9
埃及	24.0
尼日尔	15.2

资料来源：美国中央情报局（CIA）对世界主要国家2010年人口年龄中位数的预测。

转引自：韩书众博客，请参见：http：//www.blog.sina.com.cn/hanshuzhong11。

实际上，人口年龄中位数还是反映社会活力的一个重要指标。一个国家的人口年龄中位数越低，表明该国国民年轻有为，社会活力十足。相反，一个国家的人口年龄中位数越高，表明该国国民暮气沉沉，社会活力不足。

如果用人口年龄中位数来代表一个国家整体的人口年龄，2010年中国人口年龄中位数是32~33岁，正是青壮年时期，在亚洲要远小于日本、韩国、中国台湾和香港地区。

由于一直保持较高的生育率水平和源源不断的移民迁入，2010年美国人口年龄中位数比中国大4岁，为36.8岁。正是由于中国人口比美国、韩国、日本等国都年轻，所以全世界对中国的发展后劲寄予了很高的期望。

但是，值得引起我们警醒的是，人口年龄中位数每时每刻都在变动。1982年中国人口年龄中位数为22.9岁，1990年为25.3岁，2000年为30.8岁。由于计划生育政策的实施，中国人口老龄化速度超越其他国家或者地区，因此，中国人口年龄中位数会以更快的速度提高。

到2050年，日本的人口年龄中位数将从目前的43岁提高到超过56岁，西欧将从目前的40岁提高到50岁。美国将从目前的37岁左右提高到40岁左右。中国将从目前的32岁提高到45岁①。相比中国而言，那时的美国更加年轻，这是一个非常值得我们深思的大问题。

2008年美国“百年一遇”的金融危机爆发后，经济金融遭遇重大打击，不少有识之士对美国发展前景表示了强烈的担忧，甚至有学者预言这次金融危机可能是美国命运的拐点和转折点。

笔者认为，美国确确实实存在许许多多严重的困难和问题，会影响未来一段时间里的经济发展。但是，未来40年间，即到2050年前后，美国在世界大国中反而是人口结构相对年轻的国家。极端而言，以此为据，笔者认为美国仍然会是一个具有强大竞争力的领先国家。

依同样的道理，如果中国在人口发展方面能够有效减缓人口老龄化速度，有效保持人口结构年轻化的长期优势，并且把当前的人口红利有效地转变为资本红利、养老金红利，可以相信，中国崛起的后劲、潜力十分巨大，投资中国比投资黄金还要可靠！可以说中国今后的日子会越来越好。

但是，如果中国人口发展陷入困境，老龄化危机没有得到有效化解，也有可能出现当前和未来“两重天”的差别。

越来越苍老的世界

人口金字塔反映了人口结构变化的整体情况，人口年龄中位数进一步反映了人口结构变化的整体走势。人口预期寿命延长，正是人口金字塔变形、人口年龄中位数攀高的一个重要原因。

人口预期寿命是对在当年出生的人可能存活多少年而做出的预测数字，并且每隔一段时间会对以前年份的平均数据做出修正，因此，它反映在这个时间点上还存活的人的可能寿命。

---

① 王丰：《人口问题：最能影响中国的负增长》，《领导者》（双月刊）2009年6月号，总第28期；新华国际：《灰色海啸威胁全球，老龄化七大思考》，新华网，2010年10月30日；马丁·沃克：《未来50年的世界人口变化》，《威尔逊季刊》2009年春季号。

2006年9月，日本宫崎县老人田锅和先生，以111岁高龄获得当今世界最高龄男子头衔。他出生于1895年9月18日，当时美国莱特兄弟还在为驾驶人类第一架动力飞机升空而努力。田锅和老人至今仍保持健康的生活方式和独特的幽默感。他在接受“吉尼斯世界纪录”证书时半开玩笑道：“这没什么特殊，我已经活得太久了，真不好意思。”田锅和老人的高寿，正是当今世界人口预期寿命越来越高的一个典型现象。

在过去的200年中，人口预期寿命经历了两次飞跃，未来还将经历一次新的飞跃：

第一次飞跃是从18世纪人口平均预期寿命30岁增长到1900年的45岁，主要原因是由于牛痘的发现、推广使用和卫生条件的改善。

第二次飞跃从45岁到1996年的76岁，这得益于医学进步和各种磺胺、抗生素的应用，人类战胜了各种传染病。

第三次飞跃将随着医学、生物学在预防衰老研究方面的突破而产生。

联合国经济及社会理事会人口委员会发表预测，到2300年，男性平均寿命将达到98岁，女性将达到101岁。到那时，人类长命百岁将不再是一个梦想（见图1－7）。

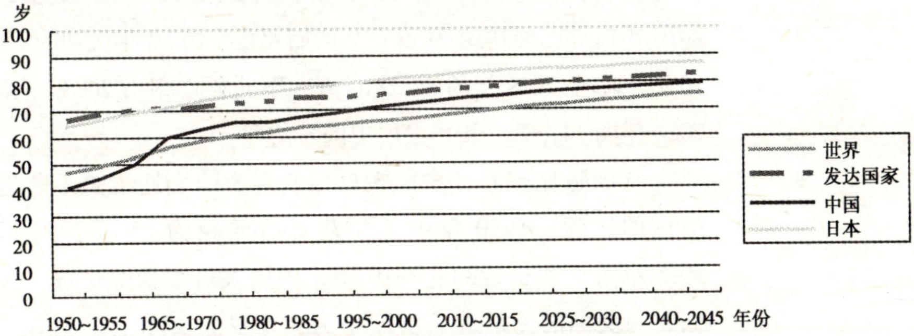

图1－7　1950～2050年各国平均人口预期寿命变化图

资料来源：United Nations Population Division：The 2006 Revision Population Database。

世界上最长寿的国家和地区

根据世界卫生组织公布的《2006年世界卫生报告》显示，日本与欧洲的摩纳哥、南欧的圣马力诺三国，以人口平均寿命82岁并列第一。意大利、瑞士等5个国家则以81岁紧随其后。

日本女性以86岁的平均寿命成为全世界女性平均寿命最高的国家，这一桂冠自1985年归属日本女性后就再也没有更换过；摩纳哥妇女紧随其后为85岁；西班牙、澳大利亚、法国、意大利及瑞士的女性平均活至84岁；英国及美国妇女一般寿命为81岁和80岁。

男性平均寿命最长的国家是圣马力诺，可以活到80岁；澳大利亚、冰岛、日本、瑞典、瑞士的男性平均寿命则为75岁。中国香港地区以81岁的平均寿命排名第5位，中国台湾地区平均寿命为77岁，排名第53位。

2030年中国人口预期寿命将达到80岁①

中国人口的预期寿命，由1949年新中国成立之前的35岁左右，提高到1978年的68岁，再到2008年的73岁，到2010年估计已经达到74岁；孕产妇死亡率由50年代初的1500/10万下降至2008年的34.2/10万，婴儿死亡率由200‰下降至2008年的14.9‰，均居发展中国家前列。

从国际比较看，中国人口预期寿命的变迁也是不断追赶美国的过程。1950年中美预期寿命差距为33岁，到1980年缩小为7岁；1980～2010年，中国人口预期寿命进一步提高，与美国的差距进一步缩小为4.5岁。实际上，上海、北

① 转引自：胡鞍钢、鄢一龙、魏星：《2030中国：迈向共同富裕》，中国人民大学出版社2011年版。

京、杭州等发达城市人口预期寿命已经超过 80 岁，也超过了高收入发达国家的平均水平（2006 年为 79 岁）。

到 2020 年，中国人口预期寿命将提高到 77 岁，与美国的相对差距将由 5 岁缩小为 3.1 岁；到 2030 年，中国人口预期寿命将提高到 80 岁，与美国的相对差距缩小为 1.3 岁，预计在 2040 年左右就可以赶上和超过美国（见表 1－3）。

表 1－3　　中美平均预期寿命与平均健康预期寿命（2002～2030 年）

单位：岁

国家	指标	2002 年	2007 年	2020 年	2030 年
	预期寿命	71.1	73	77	80
中国	健康预期寿命	64.1	66	71	75
	差值	7	7	6	5
美国	预期寿命	77.3	78	80.1	81.3
	健康预期寿命	69.3	70	73.1	75.3
	差值	8	8	7	6
美中差距	预期寿命	6.2	5	3.1	1.3
	健康预期寿命	5.2	4	2.1	0.3

资料来源：2002 年和 2007 年数据，根据世界卫生组织出版的《世界健康统计》（2005 年和 2009 年）进行整理；2020 年和 2030 年数据为估算数；2020 年、2030 年中国数据的估算，参考了卫生部课题组：《“健康中国 2020 战略”研究总报告》，2010 年 5 月；美国数据来自于美国经济和社会事务部人口局以及《世界人口预测》（2010 年版）。

比 GDP 更重要的 HDI

GDP 是国内生产总值的英文缩写，在老百姓看来，它是一组枯燥的统计数字。但是，在经济学家看来，它是“20世纪最伟大的发明数字之一”。

虽然GDP能代表“国富”，却难以全面准确地衡量“民强”。1990年，联合国开发计划署公布了衡量联合国各成员国经济社会发展水平的新指标，即人类发展指数，它的英文简写是HDI。

人类发展指数是用GDP、国民健康、教育水平三个指标来进行综合衡量，因此比单一的GDP概念更完善、更强大。

人类发展指数的具体测算方法是：健康，用出生时预期寿命来衡量；教育获得，用成人识字率（2/3权重）及小学、中学、大学综合入学率（1/3权重）共同衡量；生活水平，用实际人均GDP来衡量。

人类发展指数的具体测算方法和计算公式显示：无论是各项指标还是人类发展指数，越接近1越好。在联合国调查的177个国家里，有31个国家人类发展指数在0.5以下，为低水准人类发展国家；有83个国家为中等水准人类发展国家，人类发展指数为0.51~0.80；指数在0.8以上的国家有63个，为高水准人类发展国家。

1950年中国人类发展指数为0.159，属于世界极低人类发展水平。1980年为0.557，在2003年达到0.755，高于发展中国家平均值0.694和中等人类发展水平国家平均值0.718。同时，中国在世界各国中的排名从1991年的第101位上升到2003年的第85位，2007年上升到第81位。

一般来说，健康指数越高，即预期寿命越长的国家，人类发展指数也越高，我们看到尽管俄罗斯的发展水平远远高于中国，但是其国民预期寿命却低于中国，这也导致其在20世纪90年代初还处于高水准人类发展国家，此后一路下滑，跌为中等水准，发展停滞不前，直到2000年后才有所好转。

不可承受的人口轻重

人口既有生产性，也有消费性。人既能够劳动，创造出生产力，又需要消费，要消耗资产和财富。18世纪的英国经济学家马尔萨斯就是从人需要吃饭这一基本规律出发，认为粮食生产赶不上人口增长速度，结论是会出现贫困和罪恶增长的悲观局面，从而需要抑制人口增长。

罗马俱乐部于1972年发表了题为《增长的极限》的研究报告，认为石油等自然资源的供给有限，将导致经济增长不可持续。实际上，对石油资源的最终消费，还是通过人口来进行。

可见，人口增长过快会对社会、经济、环境、资源等产生巨大的压力。

但是，人口增长过缓、人口结构老化，同样会对经济社会发展产生影响，表现为社会人口抚养比、家庭人口抚养比率、赡养比率失调。

社会人口抚养比又称人口抚养系数或人口抚养比，是指社会人口中非劳动年龄人口数与劳动年龄人口数之比。它表明从整个社会来看，每100名劳动年龄人口需要负担多少名非劳动年龄人口。人口抚养比指标反映不同人口群体之间的抚养关系。

社会人口抚养比通常又被称为总人口抚养比，它可以分为老年抚养比和少儿抚养比。中国的老年抚养比变化可以分为两个阶段，从1950年的7.26%到1970年的7.68%，经过短暂的增长后开始了平稳的下降。但是，从1970年开始，老年抚养比进入了不断上升的阶段。预计到2050年，中国的老年抚养比将达到38.88%，届时劳动年龄人口与老年人口之比不到3:1，即平均3个劳动年龄人口要养活一位退休老人（见图1－8）。

家庭人口抚养比率是指家庭成员中非劳动年龄人口数与劳动年龄人口数之比。当中国独生子女的父母进入老年后，家庭人口抚养比率就会出现大幅度提高的现象，未来中国家庭人口抚养比率的普遍模式将是4:2:1，即一个成年孩子需要负担父母亲2人、爷爷和奶奶2人、外公外婆2人，共计6位长辈。

虽然届时因为养老保障体系的完善有助于缓解家庭的养老负担，但是该模式下的高家庭人口抚养比率仍将严重影响年轻劳动力的收入和支出。

可见，未来中国将面临社会人口抚养比和家庭人口抚养比率过高的双重挑战！

赡养比率是指在职职工和退休职工的数量之比，反映的是在职职工对退休职工承担的养老责任。1990年，中国的赡养比率是10:1；2003年该比率下降到3:1；根据预测，到2020年该比率将继续下降到2.5:1。

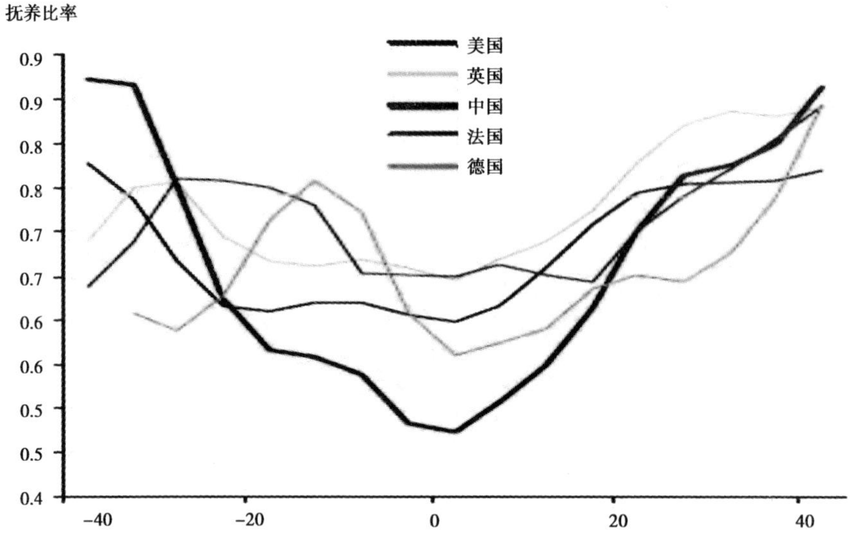

图 1-8 美、英、中、法、德五国人口抚养比比较

资料来源：UNDP，UBS estimates，投资百科网。

“闯关东”还是“下南洋”？

2010 年中国电视连续剧《闯关东》好评如潮，2011 年一部名叫《下南洋》的电视连续剧同样热播。这两部电视连续剧的主题都是关于人口迁移、移民浪潮，只不过前者讲述的是国内人口迁移，后者讲述的是国际人口迁移。

根据世界各国的历史经验，人口稠密的农业国，在工业化初期和中期，都会出现人口大量外流现象。待到工业化进程基本完成、国内就业机会增加、生活条件逐步改善之后，这种现象才逐渐消失，形成了移民潮由低到高再到低的过程。以欧洲为例，其移民潮大约持续了 80～90 年，战后的韩国则用了40年。一般来说，如果移民输出国工资收入与输入国工资收入的比例降到了1∶4，也就是说，如果国外工资水平只有本国工资的4倍，那么移民的意愿就会大幅度降低。

大多数情况下，对于个人和家庭来说，是否选择移民是一项经济决策，需要进行成本和收益的核算。对于国家和政府来说，是否接受移民需要考虑更多的因素，但是同样会进行成本和收益的核算。而且，接受移民可以增加劳动力数量，有利于推动经济发展。接受移民的经济收益，迫使这些人口老龄化严重的工业化国家不得不从实施严格的移民政策转向实施宽松的移民政策。

欧盟实施宽松的移民政策

从整体上讲，欧洲对待移民的态度比较保守，不愿看到固有的社会文化体系受到太大的冲击，因此不愿接受大量移民。但是，欧洲各国也纷纷意识到，如果没有移民，欧盟总人口早已开始下降。因此，宽松的吸引外国劳动人口的移民政策在20世纪末被提上欧洲各国的议事日程。

1997年欧盟《阿姆斯特丹条约》首次提出移民政策合作的构想；1999年芬兰坦佩雷峰会决定，把移民政策纳入未来欧盟“共同司法与安全领域”。

2000年3月联合国公布的《人口替代报告》认为，新的移民潮有可能解决欧洲出生率下降和人口老龄化带来的“人口赤字”问题。因此，通过配额制吸收劳工，通过“智力移民”吸纳高科技人才，是欧洲移民政策发展的方向。联合国人口专家还指出：从2000年到2050年，若要维持20世纪初的劳动人口总量，德国每年需要净迁入49万名移民，意大利需要37万名，英国需要13万名，法国需要11万名。移民已经成为白发欧洲为自己补充新鲜血液的重要手段。

2005年1月11日，欧盟委员会通过了题为《欧盟解决经济移民措施》的绿皮书，意在仿效美国，发放自己的“绿卡”。从而在限制非法移民、控制普通移民的同时，吸引外国劳工，鼓励高技能和高知识结构的人才到欧盟就业①。

① 杨伟国：《人口老龄化挑战欧洲就业》，《求是》2005年第13期。

加拿大成为“移民王国”

根据2007年加拿大公布的全国人口普查结果显示，从2001年到2006年，加拿大人口从3000多万人增至3161万人，这个国土面积居世界第二位的国家，人口总数在世界上仅排名第35位。尽管这5年里加拿大的人口增长率达5.4%，但新增的161万人中有将近120万人为外来移民。

在1960年前，加拿大的人口增长中有70%来自于本国人口增长。但是，到20世纪末该比率已降到50%。到2006年，则只有33%来自于本国的人口增长，海外移民成为了加拿大人口增长的主要来源。

根据加拿大有关人士估计，到2030年，加拿大的人口自然增长率会趋近于零，届时要保持人口不减少，就只能完全依靠外来移民了。

美国移民贡献大

美国作为典型的移民国家，是世界上接受移民最多的国家，而且人口迁入还在源源不断地发生。目前，美国真正的美洲印第安人和阿拉斯加土著人及其后裔只有410万人，仅占全国人口总数的1.5%。人口增长的绝大部分来自于国外的其他种族移民及其后裔。

2002年到2006年，美国平均每年迎来184.257万名移民。也就是说，美国每天接受5040名移民，每小时接受210名移民，每分钟接受3.5人。

大量移民进入美国，对美国的经济发展产生了积极的推动作用。在美国出生的居民所接受的教育状况比较均衡，而外国移民所接受的教育状况正好相反，呈现两头大、中间小的哑铃形状，移民和国内居民正好进行互补。一方面可以提供大量的劳动力，从事劳动密集型产业；另一方面，高素质的移民推动美国科技发展和创新发展。

第二章
人口爆炸崛起大国

中华帝国、英法帝国、沙俄帝国、美国崛起，与人口增长密不可分。

欧洲低增长，日本无希望，中印龙象争，同样与人口发展密切相关。

世界历史上中华帝国、英法两帝国、沙俄帝国以及近代美国的崛起，都与人口发展密不可分。

当前，欧洲、日本等陷入长期经济低增长，中印两国争夺未来世界工厂地位，仍然与人口发展密切相关。

人口爆炸“炸出”竞争力

一位伟大人物的诞生，一定会伴随一位伟大的挑战者。个人如是，国家如是。

英国的崛起，得益于法国与其形影不离的竞争与追赶。实际上，在欧洲历史发展过程中，法国和英国是一对老冤家、老对手。

拿破仑的肖像

从1337年开始，到1453年结束，英法之间爆发了世界史上时间最长、持续百年的著名“英法百年战争”。期间几易赢家，最终以法国的全面胜利而结束。

从1689年开始，经过18世纪直到19世纪，英法之间爆发了同样著名的“英法百年争霸战争”。在这场战争中，英法两国同样展开了你追我赶、长达百年的争霸。不过，最终的胜利属于英国。

英法两次百年战争，特别是“英法百年争霸战争”，直接导致18世纪英法地位的起落变化和强弱逆转，它成为世界经济史上的重要事件，引发了经济学家和经济史学家乐此不疲的深入研究。

同样，英法两次百年战争，也引发了人口学家的研究兴趣，并且有所发现："英法百年战争"爆发于1337年，即14世纪初，当时英法两国都处于人口的增长期，双方势均力敌，僵持不下。但是到战争结束的时候，即1453年前后，法国的总人口超越了英国，结果法国大获全胜。

于是，在"英法百年战争"结束后，法国开始强劲崛起。

到了19世纪初，法国直接或间接统治了欧洲大陆的大部分地区，欧洲大陆的主要国家奥地利、普鲁士臣服于法国，伴随着俄法和谈，拿破仑实际上控制了整个西欧和中欧。

法国崛起的背后不仅有拿破仑卓绝的政治军事才能，更有他对人口资源的重视。法国女作家斯塔埃尔①曾问他喜欢什么样的女子，拿破仑笑了笑说是"最能生孩子的女人"。法国史学家指出："这位皇帝站在哲学家和革命家的立场上，认为人口资源的丰富是国家伟大、繁荣和幸福的象征。"②

但是法国人口增长的好景不长，伴随着拿破仑的远去，法国人口增长开始放缓，而英国人口出现爆炸式增长，并且人口规模超过法国。

从1400年到1900年的500年间，英国人口从400万人增长到4160万人，而法国人口则只从1600万人增长到3890万人。可见在这500年间，英国在人口发展上实现了后来居上。

伴随着英国人口的大幅度增长，英国竞争力大幅度增强，再加上英国的宪政革命、金融革命，三大优势汇聚在一起，综合竞争力远远超过法国。这样，在18～19世纪之间爆发的"英法百年争霸战争"中，英国自然全面取胜（见表2－1、图2－1）。

表2－1　**1500～2000年英、法人口比较**　单位：百万人

年份	1500	1600	1700	1800	1900	1950	2000
英国	4	6	9	16.3	41.6	53.0	62.6
法国	16	20	21	27.5	38.9	41.8	59.3

资料来源：易富贤：《为什么工业革命发源于英国而不是法国》，光明网，2006年10月9日。

① 斯塔埃尔（1766～1817年），法国女作家，著有《论情爱对个人与国家的影响》。

② 王家宝：《法国人口与社会》，中国青年出版社2005年版。

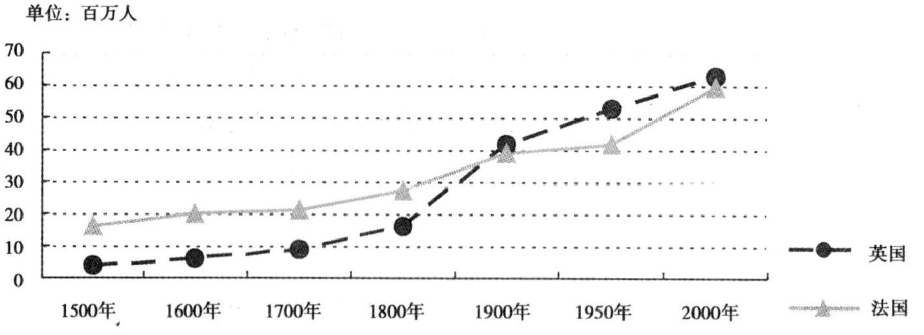

图 2－1　1500～2000 年英、法人口比较

人口增长推动俄国崛起 300 年

俄罗斯双头鹰国徽

俄罗斯拥有辉煌的历史，这与人口兴旺密不可分。

历史上的俄国是东欧一个人口稀少、位置闭塞的小国，在欧洲历史上没有太多发言权，前苏联区域所有国家和地区 1500 年的人口总量只有 600 万人（其中俄国 1500 年时还没有这么多人口），但快速增加到 1600 年的 1300 万人①。

当法国等欧洲国家的家庭在享受现代生活而减少生育的时候，俄国仍然是农奴制国家，普通百姓保持自己东正教的生育文化，人口快速增加，1800 年人口增加到 3550 万人，1815 年人口达到 4500 万人。当时，法国、德国、英国人口分别为 3000 万人、2240 万人、1900 万人，人口规模远远小于俄国。凭借着人口的力量，俄国已经扩张为世界范围内的强国之一。

1814 年，沙皇亚历山大一世被推举为欧洲神圣同盟的盟主，俄罗斯成为欧洲事务的仲裁者，骁勇善战的俄国军队所向披靡。

① 易富贤：《大国崛起的人口因素》，《法治论坛》2007 年第 10 期。

恩格斯曾经这样指出："惊慌的西欧，在伊凡统治之初还不知道北方存在着一个莫斯科公国，现在由于看到一个庞大的帝国出现在东部边境而目瞪口呆。"从1500年到1814年，在这300年里，俄国的人口扩大了十几倍，正是人口的快速增长让俄国在欧洲迅速崛起。

1860年俄罗斯废除农奴制时人口已达7410万人，1900年人口增加到1.33亿人，1917年俄国爆发十月革命的时候人口达到1.85亿人，1990年人口达到2.89亿人。

从1500年俄国地区人口（并不光是当时俄国）600万人，到1990年前苏联解体前夕的2.89亿人，整整增加了48倍，人口的快速增长使得俄国的崛起延续了近300年①。

人口优势助推美国发展

从国际政治经济格局发展来看，美国与欧洲一直是一种竞争合作的关系，但是人口的优势将使美国在发展的道路上走得更快更远。

2002年英国《经济学家》杂志分析②指出：1950年，西欧人口为3.04亿人，比美国人口1.52亿人整整高出一倍。1970～1985年，美国的生育率略低于欧洲。然而，从1980年开始，美国的生育率突然开始扭转其下降趋势并快速增长，到1990年美国的生育率恢复到了略低于2.1的标准，而欧洲生育率却持续下滑。2000年美国人口2.81亿人，西欧的人口还是比美国多出1亿多人。

根据保守的人口学预测，到2040年，美国的人口将超过欧洲。根据更大胆的人口学预测，到2030年，美国的人口就会超过西欧。到2050年，欧洲人口将跌至3.6亿人，美国人口将到达5.5亿人。

目前，美国人均国民收入比欧洲高出1/3。如果这一水平能够维持，那么即使中欧和东欧诸国加入了欧盟，美国的经济也将比欧洲大出一倍多。由于拥有4亿～5.5亿名富裕的消费者，美国市场无疑比现在更重要。

人口学家和经济学家认为，得益于较高的生育率和更多的移民，将产生人口年龄中位数较低、种族融合、充满活力的美国社会。

---

① 易富贤：《大国崛起的人口因素》，《法治论坛》2007年第10期。

② 《人口与西方》，《经济学家》（英国）周刊2002年8月24日，转引自学术论文网。

人口红利"红遍天下"

人口红利期是指在一段时期内一个国家总和生育率迅速下降，劳动适龄人口占总人口比重不断上升，老年抚养比和少儿抚养比的总和即总抚养比相对下降，在老年人口比例达到较高水平之前，形成了一个劳动力资源相对丰富、抚养负担相对较轻、对经济发展十分有利的"黄金时期"，使整个国家的经济处于一个高储蓄、高投资和高增长的可喜局面。

当一个国家中每一位劳动年龄人口需要抚养的老人和儿童数即从属年龄比①在0.5或低于0.5时，人口红利的机遇窗就会悄然打开，开始进入人口红利期（见图2－2）。

在不同的国家和地区，人口红利发生的时间有所不同（见图2－3）。

在西欧，适龄劳动人口的大幅度增加主要发生于19世纪中期，人口结构的这种变化与当时正在进行的第二次工业革命相辅相成，使得欧洲出现了高储蓄、高投资和高经济增长的格局。

北美"新大陆"在19世纪末到20世纪初之间发生了更为可观的人口红利现象。据经济史学家的考证，在1870年到1913年之间，新大陆的人均GDP增长率之所以会比旧大陆高，其主要原因就在于新大陆的人口年龄结构变化，而造成这种变化的主要原因或者说初始原因并不是高生育率，而是劳动人口由欧洲向北美的大规模迁移。有关具体国家的考据进一步验证了人口结构变化的重要性，例如，当时美国的经济增长率之所以高于法国，完全是因为美国的人口年龄优势；意大利之所以难以赶超英国，一个主要原因就在于意大利的人口年龄结构处于劣势②。

---

① 这是社会人口抚养比的另外一种表述方式，请参见第一章中"不可承受的人口轻重"的相关内容。

② 李扬等：《高储蓄率人口结构变化的必然结果》，《中国证券报》2006年4月14日。

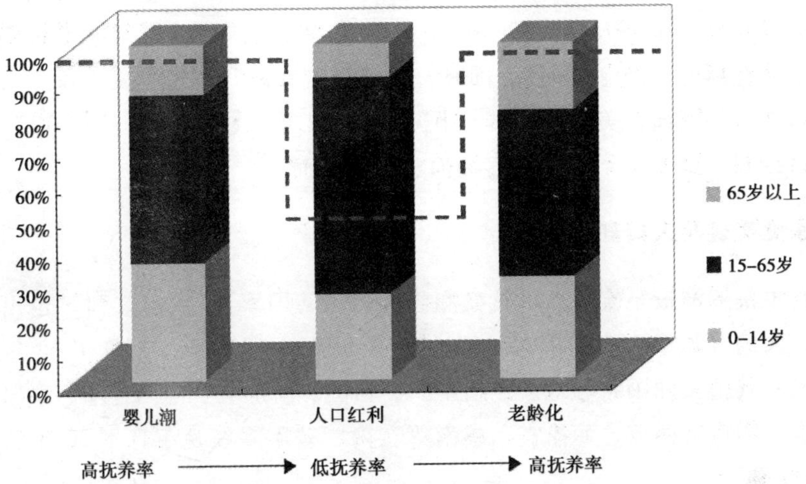

图 2－2　人口结构的周性变动

资料来源：申银万国证券研究所报告，转引自：徐妍：《据说现在孕育着未来》，2007 年 4 月 23 日。

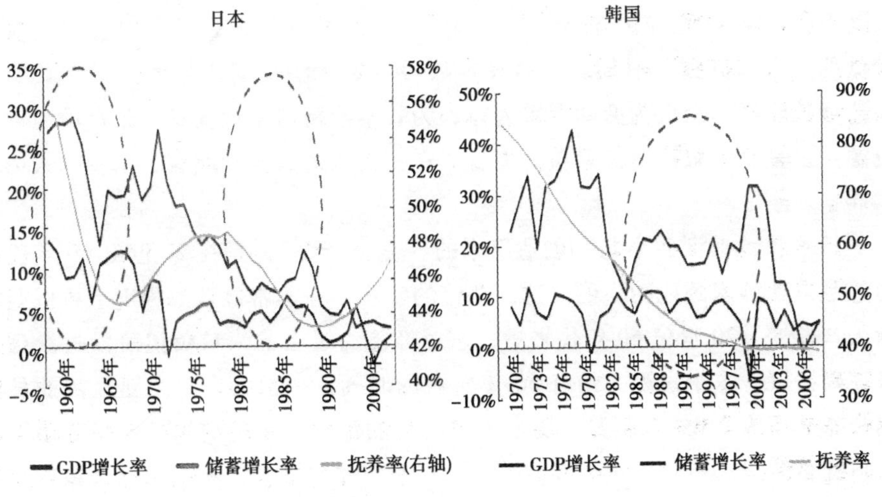

图 2－3　人口红利对东亚经济繁荣的积极作用

资料来源：申银万国证券研究所报告，转引自：徐妍：《据说现在孕育着未来》，2007 年 4 月 23 日。

二战后出现的人口红利现象与婴儿潮现象密不可分。得益于婴儿潮时期出生的大量人口，在1975～2005年的前后30年间，他们给全球经济增长创造了一个十分有利的“黄金时期”。同时，由于“婴儿潮”现象发生在世界大多数国家和地区，例如，美国、日本、中国、“亚洲四小龙”、“亚洲四小虎”出现了人口红利“红遍天下”的可喜局面、大好局面。

东亚奇迹与人口红利

日本是亚洲最早实现人口转变和经济腾飞的国家，“人口红利”也出现得最早，大约开始于1930～1935年，结束于1990～1995年，持续了60年左右的时间。其他亚洲国家和地区包括中国、韩国、新加坡、中国香港、泰国、马来西亚、印度尼西亚、菲律宾和越南等在内，差不多在晚于日本30年后出现“人口红利”①。

在日本经济高速增长过程中，来自人口因素的贡献体现在三个方面：一是人口出生率和死亡率的迅速下降，带来了人口年龄结构的变化。在老龄化相对缓慢的情况下，出生率迅速下降意味着少儿抚养比迅速下降，总抚养比也随之迅速下降，从1950年的68%下降到1970年的45%，进入了人口负担系数比较低的“人口红利”时期。二是日本战后“婴儿潮”时出生的人口在其经济高速增长时期已经成为劳动年龄人口，为日本经济的发展提供了丰富的劳动力资源。三是日本狠抓国民素质，使日本在一代人的成长期间有了丰富的人力资本储备。

日本和“亚洲四小龙”创造出来的“东亚奇迹”，是在20世纪60年代以后追赶发达国家的成功事例。这一奇迹的实现，在非常显著的程度上可以归结为人口转变。20世纪60年代之后，东亚经济由过去的人口负担阶段过渡到人口馈赠阶段，这个过程大约有50年左右的时间。一般而言，东亚经济的长期增长率平均为2.6%；但是，随着人口转变的深化，年龄结构进入高劳动年龄人口比重阶段，劳动力供给和储蓄率都有利于经济增长。根据估算，东亚经济在1966～1990年人均GDP 6%～7%的经济增长中，人口红利的贡献大约为1.4～1.9个百分点，也就是说，相当于这个阶段经济增长率的1/3（Bloom

---

① 张车伟：《“人口红利”必然带来经济增长》，《中国青年报》2007年6月24日。

and Williamson, 1997)①。

在人口结构变化和经济增长的双重推动下，东亚的储蓄率和投资率自1970年的20%强持续上升，20世纪90年代初储蓄率达到32%左右，投资率更是高达近36%。此后，由于日本人口老龄化的拖累，储蓄率有所下降，但依然维持在29%左右。在1997年亚洲经济危机后，东亚地区的投资率迅速下降到24%左右。由于投资率小于储蓄率，整个东亚始终保持着经常项目的顺差②。

中国奇迹与人口红利③

中国著名经济学家、中国社会科学院人口与劳动经济研究所所长蔡昉教授的研究成果表明：中国从1990年开始，从属年龄比即每个劳动年龄人口所负担的非劳动年龄人口比率下降至0.5，人口机遇窗口悄然打开，进入了人口红利期。此后，总抚养比每下降一个单位，经济增长速度提高0.115个百分点。1982~2000年中国总抚养比下降了20.1%，导致经济增长速度提高2.3%，同期人均GDP增速在8.6%左右，相当于人口红利对人均GDP增长贡献在26.8%，即四分之一强。

中国1979年到2003年的经济增长率为9.1%，其中资本贡献了4.4%，劳动力贡献了2.3%，全要素生产率（TFP）贡献了2.7%。充足的劳动力供给和资本积累对推动中国经济增长举足轻重。根据预测，中国的从属年龄比会保持下降趋势直到2015年前后，在此期间，中国的人口红利会不断增加，伴随着中国人口在2033年达到最高峰14.29亿人，中国人口红利也将到达峰值。此后，随着人口老龄化速度上升，中国的人口红利逐渐减少，在2030年前后当从属年龄比再次上升到0.5以上，人口红利期将正式结束，人口机遇窗口将正式关闭。

---

① 王德文、蔡昉：《人口转变与“东亚奇迹”》，载于蔡昉主编：《中国人口与劳动问题报告》，社会科学文献出版社2002年版。

② 李扬等：《高储蓄率人口结构变化的必然结果》，《中国证券报》2006年4月14日。

③ 蔡昉：《中国“人口红利”只剩十年》，《财经》2005年10月。

婴儿潮掀起发展浪潮

婴儿潮本来是生育现象，是指在某一时期、某一特定地区出生率大幅度提高的现象，通俗地讲就是“扎堆生育”。“扎堆生育”带来“扎堆消费”，“扎堆消费”带来“扎堆生产”，给经济增长带来规模经济效应，成为经济增长和经济发展的推动力。因此，婴儿潮掀起发展浪潮。

婴儿潮在美国

“婴儿潮”概念①的首次出现是用来形容美国二战后的“4664”现象，即在1946年至1964年间出生的美国人大约有7500万~7800万人，占美国成年人口的35%。

在婴儿潮一代的成长过程中，曾在美国创造了几大消费浪潮：1950~1970年是婴儿食品、玩具、动画片、迪斯尼乐园和流行音乐消费；1980~1990年是个人电脑和互联网消费；1990~2000年是婴儿潮的收入和消费顶峰期，他们掀起了汽车（婴儿潮一代处于美国汽车市场的高端）、房地产、奢侈品和金融市场的热潮；2000年之后，婴儿潮一代进入老年，他们为旅游、代妆品、药品和医疗服务创造了巨大市场。

总而言之，1965~2000年是美国婴儿潮一代的消费高潮期。在此期间，可口可乐、麦当劳、高露洁和耐克等消费品巨头的股票市值上涨了20~36倍。实际上婴儿潮一代成为推动美国经济、金融文化、消费等多个领域大发展的驱动力。

---

① 摩根斯坦利：《中国式婴儿潮一代将创造消费繁荣期》，中国经济信息网，2007年2月15日。

婴儿潮在日本

日本在二战后也出现了生育高峰①。日本把1946～1951年出生的人称为“团块世代”。在日本，团块世代首先是作为“企业战士”在生产领域建功立业。同时，随着团块世代的收入增长，他们又迅速在消费领域叱咤风云。这样，团块世代为日本经济高速发展作出了巨大贡献。

那时候的日本，城市规模不断膨胀，商品房供不应求，公路和铁路急速扩增，经济不断向新高度跃进，真正推动这些物质财富增长的原动力就是婴儿潮、团块世代带来的人口红利。

团块世代也是最后一批按工龄领取薪金的劳动者，他们分享到了日本经济高速发展带来的收益，不仅在郊外拥有自己的住宅，还拥有数量可观的银行存款。在泡沫经济破灭后，团块世代成为下岗和降薪的对象，但目前已经初步摆脱困境并享有退休年金，因此在经济上是比较富裕的。据估计，他们的退休金总额将高达80万亿日元，难怪一些日本大企业都将团块世代作为开发商品的重点对象。

但是，伴随着团块世代陆续步入退休大军，由于总和生育率的持续走低，日本开始出现劳动力大量减少、技能传承青黄不接、无力支付巨额退休金、国际竞争力下降等现象，日本将由此引发的一系列问题统称为“2007年问题”。

婴儿潮在中国

新中国成立后中国也出现了类似的生育高峰，中国的婴儿潮时期通常是指1962年三年自然灾害结束到1980年实施计划生育前的一段时间。截至2010年，在此期间出生的婴儿潮人口的年龄在30～50岁之间，目前，正是这一代人的黄金发展时期。

根据国家统计局的数据，在2005年末全国总人口130765万人中，婴儿潮人口约占32%，而在15～64岁劳动力人口中，婴儿潮人口约占45%，从1978

---

① 侯乐：《日本“团块世代”一生坎坷》，《世界新闻报》2006年3月9日。

年到1998年，在中国持续20年的GDP高速增长中，劳动力贡献率高达69%①。婴儿潮一代为中国经济发展提供了强大动力。

从20世纪90年代开始，中国婴儿潮一代开始成家立业结婚生子。从1995年到2010年这15年间，由于婴儿潮一代进入消费期，对房屋、汽车及各种产品的需求激增，导致中国的房地产业、汽车产业，乃至整个国民经济得到了空前发展。预计中国婴儿潮一代对经济发展的推动力会持续到2015～2020年前后。

婴儿潮与发展浪潮之歌

为了简略地表述中国婴儿潮与发展浪潮的关系，笔者撰写了《婴儿潮之歌》、《开放潮之歌》、《市场潮之歌》。

《婴儿潮之歌》

五十年前婴儿潮，兄妹五人犹觉少；
赤脚补丁南瓜汤，先苦后甜贡献高。

注：婴儿潮时期，中国总和生育率水平在6.0以上，因此有“兄妹五人犹觉少”的说法。婴儿潮一代幼小的时候吃苦不少，“赤脚补丁南瓜汤”是他们成长历程的真实写照。他们在人生发展过程中经历了上山下乡、下海下岗等诸多甜酸苦辣，他们是劳苦功高的一代人。

《开放潮之歌》

三十年前开放潮，资本技术接力跑；
特区沿海边江地，世界工厂中国造。

注：改革开放之初，举国上下发展生产不缺的是劳动力，缺的是资金、技术和人才。

---

① 奇鹤：《婴儿潮与中国经济：1962～1980年出生的那一代》，《中国房地产报》2006年8月7日。

正如要凑齐4个人才能玩扑克牌或麻将一样，当时的情形就是“一缺三”，即“有一缺三”。于是，举国上下掀起了一场引进资金、技术和人才的招商引资热潮。从1980年起，中国先后建立了经济特区、沿海开放城市、经济开放区、长江沿岸开放城市、边疆开放城市等，这样，中国形成了特区、沿海、沿江、沿边、内陆地区相结合的全方位、多层次、宽领域对外开放的格局。这些对外开放地区，在发展外向型经济、出口创汇、引进先进技术等方面起到了窗口和对内地辐射的作用，中国成为“世界工厂”，“中国造”蜚声国际。

《市场潮之歌》

二十年前市场潮，要素流动遍地宝；
东南西北齐汇通，中国奇迹世称道。

注：1992年，中国正式确立了建立社会主义市场经济体制，并且开启了市场经济建设的伟大征程。要素流动，联通供需，互通有无，汇通天下，出现了遍地黄金、遍地皆宝的可喜局面。从计划经济到市场经济，从地方保护到市场统一，从不可交换到自由流动，创造了伟大的“中国奇迹”。

人口红利过后是人口负债

总而言之，人口结构有力量，人口红利是人口结构的建设力，人口负债是人口结构的破坏力。婴儿潮现象的出现，改善了人口结构，掀起了发展浪潮，创造了人口红利。但是，婴儿潮也不是招之即来、呼之即去的资源。婴儿潮过后是银发浪潮，人口红利过后是人口负债。

所以说，我们千万要当心银发浪潮和人口负债带来的经济压力。

人口结构的变化既然能带来人口红利，当然也会产生人口负债。

人口负债是一个相对于人口红利的概念。由于老年抚养比的上升速度已经远远超过少儿抚养比的下降速度，再加上人口红利期少儿人口比率减少导致的未来劳动年龄人口增幅放缓，甚至出现绝对数量的下降，这种人口年龄结构巨变的结果就是储蓄率、投资率和经济增长率一并降低，出现不利于经济增长的困境。

二战后，西欧的老龄化现象已经非常明显。在1965年到1990年期间，西欧的适龄劳动人口年均增长率只有0.64%，同时，低生育率导致非劳动人口出现了负增长。据预测，从1990年到2015年期间，西欧的适龄劳动人口增长率将降至0.08%，而老龄化将导致非劳动人口增长率达到0.41%。随着适龄劳动人口比重的下降，西欧的储蓄率和投资率大幅度下滑：在20世纪70年代，储蓄率和投资率尚维持在27%左右的水平，到21世纪初，两个比率已经降到20%左右。在企业投资欲望极度衰落和居民为养老进行的预防性储蓄相对稳定的情况下，储蓄率超过投资率，进而导致欧洲的经常项目基本维持在顺差状态①。

东亚国家和地区同样难以避免人口负债压力。根据预测，从1990年到2015年期间，东亚的劳动人口增长率将下降到0.94%，非劳动人口的增长率将上升到0.32%。从2015年到2040年期间，东亚适龄劳动人口将出现负增长，非劳动人口增长率将因人口老龄化而上升1.24%。人口结构的老龄化趋势必然会影响到储蓄率和投资率，这在日本表现得最为明显：在20世纪70年代，日本的储蓄率和投资率高达40%左右；80年代储蓄率和投资率分别下降5个百分点和8个百分点左右；90年代末，储蓄率和投资率已经分别降至27%和24%左右。同欧洲一样，由于预防性储蓄相对稳定，投资极度衰落，日本的经常项目保持了20余年的顺差②。

人口老龄化、人口负债不但打压经济增长，还将带来巨大的社会负担。国际社会一般将支付老年人口的退休金等费用占到国民收入的10%或工资总额的29%定为“警戒线”，超过这一“警戒线”将使国家财政和经济发展陷入困境。

中国离退休人员社会保险福利费用占国民收入的比例，已从1980年的1.4%上升到了1993年的3.7%，13年间上升了2.3个百分点；根据预测，

---

① 李扬等：《高储蓄率人口结构变化的必然结果》，《中国证券报》2006年4月14日。

② 同①。

2030 年人口红利期结束的时候，中国支付老年人口的退休金费用将突破“警戒线”，占到国民收入的 10% 以上，占到国民工资总额的 30% 以上。

目前，中国正处于人口红利的末期①，我们必须更加充分开发和利用人口红利，充分挖掘人口转变的潜在贡献，这不仅是中国获得经济崛起的重要手段，也是迎接老龄化社会到来的当务之急。同时，我们还要想办法，延长人口红利期，让人口机遇窗关闭再晚一点，让中国快速经济增长的持续时间更长一些（见图 2－4）。

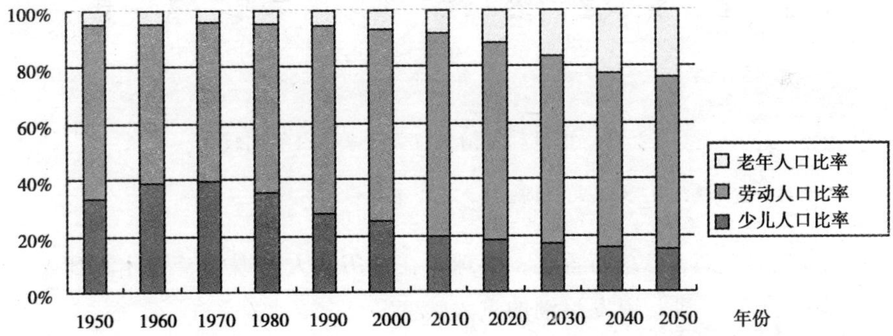

图 2－4　1950～2050 年中国老年、少年、劳动人口比率变化图

资料来源：United Nations Population Division，The 2006 Revision Population Database.

婴儿潮可以带来发展浪潮，人口红利可以推动高储蓄、高投资和高增长，这些都是经济发展所需要的好因素、好环境。但是，这些好因素、好环境在经济发展过程中并不多见，并不常见（见图 2－5）。

① 有学者认为，中国人口红利机遇窗口将在 2015 年前后关闭，并且会在 2015 年前后迎来劳动力增长的“刘易斯拐点”。“刘易斯拐点”是指劳动力由过剩走向短缺的转折点，是指在工业化过程中，随着农村富余劳动力向非农产业的逐步转移，农村富余劳动力逐渐减少，最终枯竭。该概念是由 1979 年诺贝尔经济学奖得主刘易斯在人口流动模型中提出。

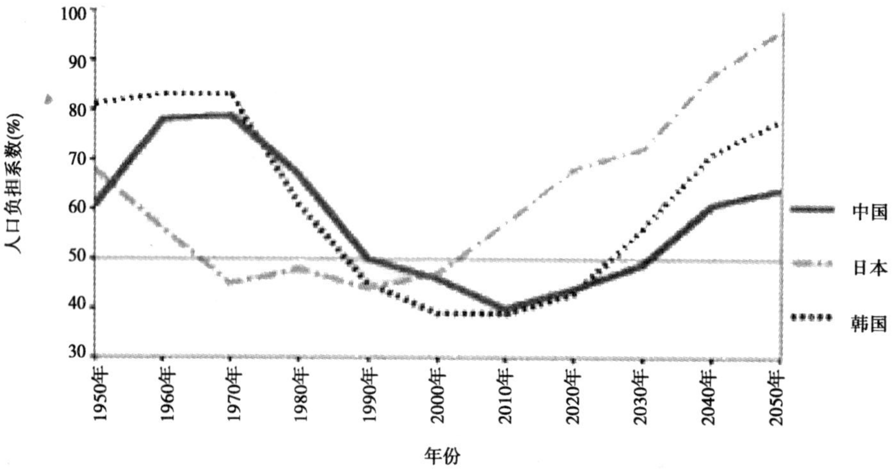

图2－5　中日韩三国人口负担系数百年比较

资料来源：联合国：《世界人口展望》，2001年。

总而言之，全球正在经历从人口爆炸、婴儿潮到人口海啸、银发浪潮的重大转变。

第三章
人口海啸沉沦大国

人口爆炸“炸出”竞争力，人口海啸“冲刷”经济繁荣。

人口海啸过后，大国沉沦，小国萧瑟，满目疮痍。

摇篮空空的白发欧洲

欧盟的强大是因为它的成员国绝大多数为发达国家，较早起步的工业化进程，不仅使这些国家有着雄厚的经济实力，同时，比起二战后才开始发生人口转变的发展中国家，欧盟大多数国家的人口转变历史也很早，人力资本对这些发达国家的崛起功不可没。

欧盟委员会在2005年发表的《欧盟人口绿皮书》显示：到2030年欧盟人口总数将达到4.876亿人，劳动力人口的缺口将达2080万人。届时，2名劳动力人口要养活1名65岁以上的非劳动力人口。到2050年欧洲老年人口占总人口的比例将由20%上升到35%。

目前，世界上老年人口比例最大的国家有五个，分别是意大利、希腊、日本、西班牙和德国，除日本外都是欧洲国家，南部欧洲则将成为世界上最“老”的地区，39%的人口年龄超过60岁①。

在人口老龄化的同时，欧洲的摇篮也空了。早在2003年欧盟所有国家的生育率就全部降至2.1以下了，2030年欧盟的生育率将降到1.48，生育率的不断下降导致欧洲人口急剧萎缩。

美国著名人口专家菲利普·朗曼在《空空的摇篮：生育率下降如何威胁世界繁荣及对策》一书中指出：经济增长总是和人口密切相关的。在意大利，人口统计学家预测，在40年内，该国劳动适龄人口数量会下降40%，这也将是整个欧洲劳动人口下降的比例②。

根据欧盟委员会估计，人口萎缩可能导致欧洲的经济增长从现在的2%～2.25%下降到2040年1.25%左右。欧盟理事会预计，到那时欧盟各国将会出现公共储蓄恶化、资本积累不足以及生产率降低等多种问题，将导致欧洲人均

① 薛涌：《新人口论：全球老龄化与中国的应对》，《怎样做大国》，中信出版社2009年版。

② 杨伟国：《人口老龄化挑战欧洲就业》，《求是》2005年第13期。

GDP 年均下降 0.4%①。

谁威胁俄罗斯国家安全？

俄罗斯海仙女像

美国著名未来学家彼得·斯克沃兹认为是人口决定了前苏联的崩溃，不少学者对此颇有争议。但是，今天的俄罗斯已经成为女儿国、人口萎缩已经威胁国家安全却正在成为不争的事实。

前苏联解体后分裂为俄罗斯、白俄罗斯、乌克兰、哈萨克斯坦等多个国家，后来这些国家又组成独联体。但是，到了21 世纪初，独联体不仅面临劳动力短缺的问题，而且面临总人口递减的问题。独联体的总人口以每年 100 万人的速度递减，相当于每年丧失一个白俄罗斯首都——明斯克市的人口。

俄罗斯已成“女儿国”②。俄罗斯继承了前苏联广袤的土地、丰富的资源、短缺的劳动力，同时在独联体国家中人口减少最为严重。俄罗斯领土面积为 1707.5 万平方公里，居世界首位。在沙皇时代，著名化学家门捷列夫曾下过一个结论：俄国要保住并开发所占领的土地，至少应有 5 亿人口。但是，截至 2006 年 1 月 1 日，俄罗斯人口总数为 1.427 亿人，每平方公

① 薛涌：《新人口论：全球老龄化与中国的应对》，《怎样做大国》，中信出版社 2009 年版。

② 庞昌伟：《俄罗斯人口危机与移民政策透视》，《二十一世纪》（网络版）2006 年 2 月号，总第 47 期。

里不足9人，事实上很多自治专区甚至每10～15平方公里才有1个人。

在人口不断减少的情况下，俄罗斯每年还有20万青壮年男子死于非命，其中酒精是罪魁祸首，例如，酒精中毒死亡、酒后驾车酿成恶性交通事故、醉酒后自杀或杀人等等。专家预测，25年后俄罗斯将会因为人口性别比例严重失调而成为一个地地道道的“女儿国”。最为严重的是，俄罗斯人口已经出现危险的“剪刀差”：在人口出生率下降的同时，伴随着人口死亡率的急剧上升。

按照这种人口发展趋势，2016年俄罗斯人口将降到1.35亿人，到了21世纪下半叶很可能跌破1亿人；甚至有比较悲观的估计，21世纪末俄罗斯人口只剩下5000多万人。那么不用等到下个世纪，俄罗斯可能就没有足够的兵力来保卫自己偌大的国土了。

日本人口“日薄西山”

日本是亚洲最早实现人口转变和经济腾飞的国家，从20世纪90年代前后开始进入人口负债期和经济衰退期，至今经济持续衰退将近20年，人口老龄化已经成为日本经济发展的拦路虎。而且，由于人口出生率大幅度降低，大和民族的种族延续和国家安全受到了前所未有的挑战，维持人口规模正在成为日本政府所要解决的首要问题。

2005年，日本总人口出现负增长，这是日本105年以来第一次出现“生不如死”的新现象。根据日本人口普查报告，截至2005年10月全国总人口为1.2776亿人，比上一年同期减少约1.9万人①。只有一个国家的出生率低于死亡率才会导致人口数量的负增长，日本的出生率降低和老年人越来越多，已经导致人口过度老龄化，现在的日本似乎已经是“老气横秋、日薄西山”了。

---

① 新华社：《日总人口二战后首次负增长，减少到约1.28亿》，新华网，2005年12月27日。

“像狗一样多生儿育女！”这是日本前首相小泉在2006年新年时送给全体日本国民的新年祝福。小泉说：“今年是狗年，众所周知，狗的繁殖能力非常强，而且我听说它们生起小狗来又快又多。当然，我们不可能像狗那样，不过我希望国民也能分享狗的好运气，集大家的智慧多生孩子，共享儿孙满堂、子孙绕膝的天伦之乐。”①

日本曾经被称为是“全民皆保险”的国家，养老保险制度一直是日本人的骄傲。但是，因为日本经济的持续低靡和人口老龄化的不断加剧，曾经被日本人引以自豪的养老保险制度出现了严重的支付危机。

早在2003年，日本就有40%的年轻人对本国的养老保障体系失去信心，并且不愿意按期缴纳养老保险金。面对这种情况，日本国民养老保险局投下6.2亿日元巨款请来女明星江角真纪子做了一条公益广告。江角真纪子在广告中说：“不缴纳养老保险金，别到老了才想哭！”②

令人啼笑皆非的是，广告播出的第二年，江角真纪子这位女明星就被查出在过去两年里没有缴纳养老保险金。丑闻曝光后，人们又把目光集中到政府高官和政治家身上。经调查发现，在当时日本首相小泉内阁的18名成员中，竟然有7人曾经没有缴纳养老保险金，其中日本内阁“大管家”福田也在其中。日本国民在发泄愤怒、严厉批评这些政要的同时，也对本国的养老保障制度产生了更严重的怀疑。可见，上至官员、明星，下至普通百姓，“少子”现象让日本人对自己的养老保障充满了不信任，日本的养老保障体系岌岌可危。

人口锐减、人口海啸的问题正在成为欧盟、日本、俄罗斯等国政府的心腹大患。尤其值得指出的是，“弹指一挥间”就可以把千百年来形成的生育文化和生育环境破坏殆尽，但是用“愚公移山”的力气也未必能够修复好。

---

① 东北新闻网：《日男子生育能力最差，小泉祝像狗一样生儿育女》，2006年6月2日。

② 中国国际广播电台记者：《养老保险引发日政坛地震，社保制度已失民心》，《北京娱乐信报》2004年5月12日，请参见：http：//www.news.cn.yahoo.com/040512/55/22buv_1.html。

马尔萨斯害了法国？

法国著名社会学家、实证主义之父孔德早在19世纪初就提出“人口即命运”的伟大命题，把人口发展（主要是指人口规模）同国家发展、国家兴衰、大国崛起联系在一起，可以说孔德先生成为全球重视人口发展的智者和先行者。然而颇具讽刺意味的是法国竟然成为全球第一个进入老龄化行列的国家。原因正如法国历史学家评论法兰西帝国那样，“尽管当时的经济突飞猛进，但只有帝国的欢庆，却没有家庭的欢乐”。

人口即命运

“人口即命运”的准确表述是：“人口老龄化即命运”（demography is destiny）。该词由华蒂伯格和斯凯曼两位学者在政治学名著《真实的大多数：对美国全体选民的特别检查》一书中创造出来的。他们写道：“借用‘性格即命运’的说法，老龄化即命运。”它是指由于人口老龄化，老年人所占的比重越来越高，老年人作为一股政治力量会影响选举结果。

后来，该说法被归功于法国哲学家奥古斯特·孔德（Auguste Comte，1798～1857）。因为“人口老龄化”一词最先由社会学家之父孔德使用。

资料来源：“*Demography is Destiny*”，Big Apple Corner.

Richard M. Scammon，Ben J. Wattenberg，The Real Majority：An Extraordinary Examination of the American Electorate，Coward McCann & Geoghegan lnc. 1971.

法国自1865年起就正式进入人口老龄化国家行列，随

T. R. 马尔萨斯

即打响“人口结构年轻化保卫战”（或者称之为“反击人口老龄化战役”）的全球第一枪，到2011年已经整整过去了146年，法国再次经历了一场旷日持久、没有硝烟、全民参与的“百年抗战”。然而，它与历史上著名的“英法百年战争”相比，法国至今没有成为真正的赢家。

为人口发展所累的法国，也许永远也不能忘记一个人——一个英国人，他就是马尔萨斯！

马尔萨斯的谶言

经济学家言必讲效率和速度。

怎样才能最有效地让一个敌对的国家快速垮掉？

答案是：派出一批经济学家。

这是经济学界自嘲的一则笑话。

古人讲，一言可兴邦，一言可丧邦。英国经济学家马尔萨斯对法国所作的“贡献”，堪称这句话在现实世界中的经典之作。

原来，马尔萨斯的人口理论在英国无人问津，到了法国却受到夹道欢迎。法国人接受马尔萨斯人口理论的重要后果是：法国从1865年开始进入老龄化社会，成为世界上第一个冲刺老龄化的国家。至今，法国一直为人口发展所累。

马尔萨斯于1798年出版了《人口原理》一书，此书对后世影响巨大，他本人也被誉为“近代人口思想的奠基人”。马尔萨斯在《人口理论》中的主要观点可以归纳为“两个级数”、“两个公理”和“两个抑制”。

“两个级数”即人口按几何级数增长，生活资料却按算术级数增长，所以，人口增长总是快于生活资料增长。生活资料的短缺必然导致贫困和罪恶的增加，医治各种社会弊病的方法只能从人口控制角度出发，并以此反对同时代的葛德文等人提出的着眼于制度变迁的社会改革论。

“两个公理”是说人要吃饭，人还要生殖，这是两条不能改变的公理。

“两个抑制”即马尔萨斯设想的控制人口的办法：一是“积极抑制”，就是用战争、瘟疫和饥荒解决人口过多的问题；二是“道德抑制”，就是无抚养能力的人不要结婚生育。

马尔萨斯先由人需要吃饭与生殖这“两个公理”出发，指出在“两个级数”的作用下，生活资料会被日益增加的人口快速消耗，而吃不饱肚子的人们将“揭竿而起”，罢工、暴乱乃至战争将会此起彼伏，届时整个国家必将走向难以为继的穷途末路。而解决这些困难的方法是实施“两个抑制”。这就是马尔萨斯人口论整体的理论逻辑。

马尔萨斯害了法国？

英国经济学家马尔萨斯写下《人口原理》后，英国人却没有接纳这个理论，但法国人却对这一理论情有独钟。为什么会出现这种“墙内开花墙外香”的奇特现象？主要原因有三：

一是法国文化和传统的影响。法国人热爱浪漫，主张男子“不负家累”，女子无须忍受生育的折磨。

二是社会制度的影响。法国人引以为豪的《法国民法典》1804 年颁布，是第一部资产阶级民法典，以自由和平等作为立法原则，规定遗产在子女间完全平等地进行分配。子女越多，意味着每个子女所继承的遗产就越少，就越有可能输在财富积累的起跑线上。于是聪明的法国人就选择“尽量少生育”的对策，将有限的遗产留给尽可能少的子女，以提高后代的经济地位和社会地位。

三是法国统治者的影响。由于工业革命导致工人过度集中，而劳动和生存环境十分恶劣，工人常常发动罢工斗争。统治者认为劳动者之所以贫困潦倒，主要原因是他们人数太多，如果减少人口出生，那么工人人数必然减少，就业难题可以迎刃而解就可以避免过多的无产者“聚众闹事”，有利于维系社会统治。

马尔萨斯的人口理论，既迎合了民间“少生优生”的思想，又有政府出于自身利益考虑的推动，很快便在法国流行了起来。在此后的两百年里，英国的人口不断增加，并将过剩的人口迁移到广大的英属殖民地，成为了强大的日不落帝国。而法国虽然也积极向外扩张，但是总共也只向外移民了大约280万人，要比英国少得多。随着法国家庭孩子数目不断减少，难怪法国第二帝国的一位省长惊呼："大家根本不知道什么叫多子女家庭。"①

冲刺老龄化的第一国！

法国人接受了马尔萨斯有关"道德抑制"的建议，这对法兰西帝国的影响十分深远。正如一位法国历史学家所说："所以，尽管当时的经济突飞猛进，但只有帝国的欢庆，却没有家庭的欢乐。"②

法国在经历工业革命后，经济总量排位于英国和德国之后。但是，法国在人口老龄化方面却是一枝独秀，成为西方世界第一个进入老龄社会的国家。早在1865年，法国65岁及以上老年人口比例就超过了7%，按照联合国教育、科学及文化（以下简称"教科文"）组织确定的老龄化标准，那时的法国就已经进入老龄化社会，"领先"第二名的瑞典将近30年。

而且，法国的"人口金字塔"也面临倒塌的危险。第一，底端基础逐渐被侵蚀，最下端的新生儿数量由于生育的减少不断缩小；第二，顶部不断扩大，由于社会保障制度的完善，老年人的医疗、生活条件大为改善，法国的老年人口数量不断增加；第三，金字塔的"腰部"（即中部）出现明显缺口，"腰肌劳损"表明法国人口中的青壮年太少，它对法国社会保障体系影响最大，这部分"中流砥柱"的减少，使得法国的赡养比（退休者与在职者的比例）大幅提高，法国中部和南部的大多数省份达到了2∶1，即两个法国劳动者在养活自己及家庭成员之后还要供养一位社会老人，在现存的社会保障制度下，法国人的日子越来越难熬了。

打响"人口结构年轻化保卫战"

马尔萨斯理论使得法国的人口结构从1865年开始就逐渐恶化。曾经像艾

① 普莱西：《从帝国的节日到公社社员墙》，巴黎，1979年，第82页。

② 王家宝：《法国人口与社会》，中国青年出版社2005年版，第39页。

菲尔铁塔一样让法国人民引以为豪的福利制度已经变得难以维系。如何能让社会保障体系像艾菲尔铁塔一样矗立不倒成为法国政府的当务之急。

出于对人口结构日益恶化的考虑，以及当时感到德国的可能威胁，法国于二战前夕终于出台了真正意义上的家庭政策。1938 年，总理达拉第重申了包括《反堕胎法》（1920 年首次颁布实施，旋即废止）在内的有关法令继续有效，翌年通过的《家庭法典》，放宽了婚育补贴的最低限额，扩大覆盖范围。值得一提的是，该法典以内容全面、政策完整而著称，不仅有对婚育的奖励，而且，对无子女家庭还予以罚款。现在看来，《家庭法典》虽然没有使法国的人口状况有大的改观，但对于缓解人口结构进一步恶化，还是功不可没。法国人热古在他的《19～20 世纪法国人口》一书中对这一政策做如是评价："虽然姗姗来迟，但毕竟令出生率在战时维持在相对较高的水平上。"

虽然家庭政策维护了法国的社会保障体系，但是业已增长的人口要到 20 年后才能成为劳动力，远水解不了近渴！

于是，接收国外移民的好处便立刻体现出来：新引进的移民所需培训耗时短，耗资少，能够立即成为劳动力，能够快速填补一些行业的空缺，这些行业包括比如采掘业等法国人不愿从事的行业。因此，接受国外移民被法国当局广为采用。随后出台了一系列移民法律、法规，鼓励和促进移民。战后法国还建立了"全国外国移民局"机构，负责向国外劳工提供差旅费，办理健康、居留证件等。

宽松的移民政策在法国得以实施，弥补了"人口金字塔"腰部的缺口，防止了由此可能导致的经济"猛刹车"现象出现，快速引进的劳动力维持了经济的持续发展，使法国能够撑到下一代长大成人的那一天。

由于人口老龄化，欧洲福利制度的弊病早已暴露无遗。德国、瑞典、意大利已经无力回天，法国更加苦不堪言。二战后政府每一次试图调整养老金制度和政策，都会导致大规模的群众集会和罢工，使得政策调整要么胎死腹中，要么中途夭折。

今天，落在法国人身上的历史重任就是：保卫社会保障制度的艾菲尔铁塔，打赢"人口结构年轻化保卫战"！

鼓励生育也要“愚公移山”

当中国上上下下都在为控制人口增长、创造就业机会、增加劳务输出而殚精竭虑的时候，大多数工业化国家普遍因为需要制定鼓励生育的政策、建立宽松的移民政策、建立优厚的劳务接受政策而忙得焦头烂额，可以说是“冰火两重天”。

工业化国家由于人口出生率大幅降低，人口老龄化日益严重，不少产业已经出现劳动力短缺的现象，迫使日本、俄罗斯、加拿大、法国、德国等工业化国家，纷纷出台促进人口和劳务发展的刺激性经济政策。

日本巨额耗资只为国民多生育

由于人口生育率持续下降，人口总量开始减少，大和民族的种族延续和国家安全都受到了空前的挑战，同时，养老金制度也因为人口老龄化而不可持续。这些因素迫使日本政府采取鼓励生育政策。

日本卫生部在 2004 年耗资 21 亿美元来鼓励国民多生育子女①。具体措施包括：给正在生育的夫妻每年 10 万日元（相当于 7500 元人民币）② 的生育补贴；向儿童发放津贴的年龄限制从原来的 6 岁提高到 9 岁；家庭中的第一个和第二个小孩可以在每个月得到政府 5000 日元（相当于 375 元人民币）的补助，而第三个小孩则可以每月得到 1 万日元（相当于 750 元人民币）的补助。

日本家庭不愿意生育小孩，一个重要原因是生育孩子的成本太高，需要 30 万到 40 万日元，很多普通家庭难以承担这一高昂的费用。国家实施巨额的生育补贴，就是希望通过经济手段来鼓励人们进行生育。

---

① 章田：《日本计划明年耗资 21 亿美元鼓劲国民多生育》，中国新闻网，2003 年 7 月 18 日。

② 以 2004 年 9 月 7 日外汇牌价参照，1 美元相当于 110 日元，1 日元等于 0.075 元人民币。

俄罗斯新总统政令与“爱国生育责任”①

2008年5月俄罗斯总统德米特里·梅德韦杰夫签署一项政令，鼓励妇女多生育，以扭转人口数量下降趋势。根据这项政令，俄罗斯设立“父母荣誉勋章”，授予那些多生孩子的“英雄母亲”。政府把每名妇女生育至少3个孩子定位为“爱国责任”，目前这一号召已经得到富裕家庭的响应，怀孕甚至成为时尚。但是，一些专家认为，俄罗斯扭转人口减少趋势的希望非常渺茫。他们认为，俄罗斯男性平均预期寿命只有58岁，人口预期寿命过短和严重的性别比例失调，才是阻碍俄罗斯人口增长的主要原因。因此，设立“父母荣誉勋章”并不是对症下药的良方。

千奇百怪的不生育税②

为解决人口不断减少的危机，刺激人口出生率，2005年年底全俄罗斯商界组织“商业俄罗斯”公布了《俄罗斯人口危机的社会经济后果及其克服方式》的报告，并提出一项倡议：征收个人收入2%～3%的不生育税，即对年收入水平在10万卢布以下者征税2%，10万卢布以上者征税3%。报告还指出，俄罗斯人口形势极其悲观，从1992年到2004年，全国人口减少了1040万人，如果这一趋势继续保持，那么到2025年俄罗斯全国人口将只有1亿人。

其实早在2000年，俄罗斯自由民主党主席日里诺夫斯基曾经提出“一夫四妻”建议。2001年又提出新议案，提议限制育龄妇女离开俄罗斯，并且实施10年禁止堕胎计划。当然，这些提议都因过于离奇而遭到国家杜马的反对，但是由此可以看出俄罗斯的人口下降问题已是众矢之的。

---

① 《俄罗斯总统签政令鼓劲生育》，新华网，2008年5月27日。

② 山河：《俄商业组织提仪征收不生育税以缓解人口危机》，中国新闻网，2005年12月23日。

第二部分

养老金制度的百年变迁

二战后欧洲复兴得益于养老金治国，是养老金盛世的一次伟大预演。

——刘云龙

养老金制度的百年变迁，按照时间顺序可以归纳为[①]：

资本主义工业革命时期，从家庭保障向社会保障转变；

19世纪末期，从雇主责任制向公共养老金制度转变；

20世纪20年代，从免费型养老金制度向缴费型养老金制度转变；

二战后，从基金积累制养老金制度向现收现付制养老金制度转变；

20世纪50~60年代，养老金制度从统一受益型向收入关联型转变；

20世纪70年代，养老金制度从现收现付制向基金积累制转变；

20世纪70年代，从DB计划向DC计划转变；

20世纪90年代，部分国家公共养老金制度向“名义账户制”转变；

20世纪90年代中期，从单一支柱养老金制度向多支柱养老金制度转变。

每一次制度变迁、每一次模式转变，都是人类养老智慧的一次精彩展示。

养老金制度的百年变迁，按照发展类型可以归结为：参数式改革、筹资模式改革、结构性改革。

三大改革的出发点都是：为了应对人口老龄化的冲击，减轻社会保障支付的财政压力。但是，三大改革的落脚点却在于：以第二、第三支柱为代表的养老金发展汇聚了长期资本，而且它们可以积累起来、行走起来、飞翔起来！

透过养老金制度百年变迁的历史，我们可以发现一条主线：人口力量转变为资本力量，人口红利转变为养老金红利，长期资本的汇聚推动了长期经济增长。

---

① 刘昌平：《养老金制度变迁的经济学分析》，中国社会科学出版社2008年版，第1页。

养老金制度的百年变迁，带来养老金资产的百年汇聚。

人口力量转变为资本力量，人口红利转变为养老金红利，长期资本的汇聚推动了长期经济增长。

第四章
从家庭保障到社会保障

从家庭保障到社会保障，是人类文明史上一件惊天动地的大事。

民主、法治、养老金，成为现代国家治国安邦的三大法宝。

养老模式是人类在一定社会经济环境下做出的养老行为选择，养老模式变迁是人类养老行为对社会经济环境的敏感回应和积极调整。

随着社会经济环境的发展和变化，从农业经济时代到工业经济时代，从计划经济时代到市场经济时代，养老模式选择和养老制度安排发生了前所未有的变迁。

从家庭保障到社会保障（以下简称“社保”），是人类文明史上一件惊天动地的大事。

养老三阶段

农业经济时代与“养儿防老”模式①

农业经济时代的经济特征包括：商品和货币关系不发达，金融产品和金融工具缺乏，满足从年轻到年老跨期交易所需要的金融服务契约难以建立；劳动力和田土是最重要的生产资料，土地和房屋成为财富积累的主要工具，买田置地成为扩大再生产和进行财富积累的主要选择；家庭成为社会经济发展和社会治理的基础单元，覆盖家庭成员的生老病死、婚嫁、建造等重要事件的经济往来和人情往来十分发达和频繁。于是，“养儿防老”、“土地养老”就成为一种基础性的养老保障模式选择，其主要特点包括：

第一，它是一种非正式制度安排，养老资源获取范围局限于家庭和家族。

第二，以传统文化强化子女与父辈、祖父辈之间抚养与赡养义务关系。

第三，代际间温情脉脉的养老关系背后，隐含了长期借贷的契约关系。也就是说，父母在年轻力壮的时候把剩余产品借给自己的子女，年老体弱的时候从子女那里得到本金和利息。

第四，遗产动机十分强烈，尤其是田产和地产成为主要的遗产方式。

第五，居家养老、家庭养老，成为主流的养老方式选择。

---

① 刘云龙、傅安平：《企业年金——模式探索与国际比较》，中国金融出版社2004年版。

第六，以牺牲劳动力的流动性为代价，强化居住地的相对稳定性。

第七，长者治家、家长理财，成为主要的家庭治理模式。

与此相适应，中国发展出了以家文化、孝道文化为基础的儒家文明，强调伦理和秩序的重要性，要求国家尽仁、社会尽爱、子女尽孝。

中国农业经济时代的“养儿防老”模式构建得十分精巧和细致。以传统的家庭为载体，在家庭和家族内部发展出了一整套有利于实现老有所养的微观制度安排，有效地消除了养老之忧，有力地推动了经济发展，成功地实现了中国在全球农业经济时代的领先地位。但是，家庭社会经济功能的扩大化，使得家庭作为一种系统化的经济制度替代了诸如商业银行、商业保险等金融市场的发展；而且，受到传统文化和传统观念的束缚，严重制约了中国在探索解决养老问题方面的技术发展和技术进步，导致诸如金融技术和金融手段的发展相对滞后①。

计划经济时代与“国家养老”模式

国家养老模式与计划经济实践相联系，同时也与马克思和恩格斯在经典著作中提出的“用国家力量来对抗社会风险”的思想一脉相承。以中国计划经济条件下国家养老模式为例，可以分析其制度安排的特点。

中国在计划经济条件下，建立了城乡分割的二元经济结构，与此相适应，也建立了城乡分割的二元养老保险模式。农村和农村人口延续传统的家庭保障模式，国家为城镇职工建立了大包大揽的退休制度。城镇职工所享受的“国家养老”模式，其主要特点包括：

第一，国家养老模式与居民身份、户籍制度、就业方式联系在一起，养老权利呈现城乡二元分割的格局。

第二，国家养老的实施方式是单位养老，由一个个分散的单位来提供养老资源，即所谓的“单位养老”方式。

第三，国家养老模式的实现方式是对在职职工实行低工资、低收入、低物价政策，住房、教育等由国家或单位作为社会福利免费提供，职工年轻时把一切剩余产品贡献给国家，年老时由国家养起来。于是，看似慷慨的养老保障制度，实际上是国家与城镇职工之间一种“贡献与索取”的长期隐含契约关系。

① 陈志武：《金融的逻辑》，国际文化出版公司2009年版。

第四，国家养老模式的经济基础是现收现付制度，没有大规模的基金积累，形成了劳动力代际间的转移和贴补关系。

第五，国家综合运用了与计划经济模式相适应的分配、调拨、财政补贴方式来管理养老资源，但是，金融工具、金融技术和金融市场没有得到发展。

第六，金融抑制、金融压制的一个重要表现方式是养老保险、养老基金、养老金融、资本市场得不到有效发展。

第七，国家承担的财政压力十分巨大，养老保障体系发展不可持续。

国家养老模式造成财政压力加剧，城镇职工自我保障意识衰退，养老保障权利分割等不良经济后果。特别是用计划手段替代市场，劳动力市场、养老金融市场和金融技术发展严重滞后，影响了社会的发展和进步。

市场经济时代与“社会养老”模式①

自由市场经济的基本逻辑是：由市场进行资源配置，由市场决定收入分配。随着自由市场经济运行过程中出现一系列的问题，如收入分配不公、经济垄断严重、“老有所养”落空等“市场失灵”现象大量出现，要求国家纠正“市场失败”的力量越来越强大，于是国家干预主义应运而生，自由市场经济时代逐步向成熟市场经济时代发展。

在成熟市场经济时代发展和逐步完善的“社会养老”模式，把国民养老问题从家庭内部的微观问题和局部问题，提升到需要国家和全社会共同解决的宏观问题和社会问题，其主要特点包括：

第一，商品和要素等各类市场得到培育和发展，养老所需要的养老资源可以通过市场来获得，如年老时的健康和护理需求可以通过向市场购买服务来满足。

第二，金融市场得到培育，金融技术得到发展，银行储蓄理财、养老保险产品、股票和基金投资、房地产投资、逆向按揭贷款等金融工具得到开发，可以满足从年轻时到年老时跨期交易的养老金融需要。

第三，生育观发生重大改变。子女被认为是耐用消费品，生儿育女的经济意义在于能够给父母亲带来效用和快乐，父母亲在子女教育、健康等方面进行人力资本投入，是为了获得更多的效用和快乐，家庭从追求子女的数量转变为追求子女

---

① 刘云龙、傅安平：《企业年金——模式探索与国际比较》，中国金融出版社2004年版。

的质量①。

第四，为了克服“市场失灵”，国家首先建立了覆盖全国居民的社会保障制度，即养老保障体系的第一支柱；为了充分调动国家、企业、个人三方为养老问题分担责任的积极性，实现养老保障体系的可持续发展，国家综合运用财税金融政策，推动建立起职业年金（或者称之为“私人退休金”、“企业年金”）制度、商业养老保险制度，即养老保障体系的第二、第三支柱。需要指出的是，市场的力量仍然得到尊重。目前工业化国家纷纷引进市场力量改善第一支柱即社保基金的管理和运营，实现社保基金的市场化和商业化运作，被认为是提高社保基金效率的主要途径。

第五，在税收优惠政策和金融优惠政策双重推动力的作用下，养老基金在金融体系中的竞争力显著提升，养老基金规模得到快速发展，养老基金成为以英美为代表的工业化国家金融体系中的第四大支柱②，成为这些国家推动资本市场国际化、确立全球资本市场中心地位的奠基石。

第六，养老基金发展有助于储蓄改善，有助于推动经济发展和长期经济增长。

第七，养老基金发展有助于突破基于分业经营、机构分立、分业监管的传统金融体系建设方向，有助于实现、完成、履行新的金融功能。

第八，养老基金发展开创了伟大的“养老基金时代”，全民参与、全民分享的养老基金，通过债券投资、基金投资、股票投资、房地产投资、直接股权投资、私募股权投资、风险投资、对冲基金投资等多种投资方式，纷纷成为上市和未上市企业的大股东或者控股股东，完成了从“资本家的资本主义时代”到“养老基金的资本主义时代”的跳跃和迈进。

市场经济时代的“社会养老”模式，突破了传统的市场观念、人口生育观念、养老保障观念、金融发展观念、金融功能观念、资本主义观念，特别是借助养老金融技术、养老金融工具、养老金融理念的新发展，以养老基金为标志和代表的养老金融力量，迅速推动资本市场和金融市场发展，推动长期经济增长，为我们探寻新养老理论和开展新养老实践，提供了历史发展经验和未来发展坐标。

从农业经济时代到市场经济时代，养老模式因为社会经济环境的变化而大

---

① 加里·贝克尔：《家庭论》，商务印书馆1998年版。

② 现代金融体系的四大支柱分别是：银行业、保险业、证券业、养老基金。

相径庭。同样在市场经济时代，因为发展阶段的细微差异，社会环境的细微变化，养老模式也相去甚远，正是从这个意义上讲，养老模式变迁是人类养老行为应对社会经济环境变化的敏感回应和积极调整，它符合英国著名历史学家汤因比先生提出的“挑战—回应—发展”的历史进步命题。

“养老金治国”第一人

德国是世界上第一个正式建立社会保障制度的国家，给世界发展带来了深远的影响。社会保障制度缓和了工业化进程中的社会矛盾，创造了一个相对稳定的社会环境，推动了德国的工业化进程和经济繁荣。

“铁血宰相”与德国崛起

德国在19世纪被称为德意志联邦，它是由大大小小数十个诸侯国组成，各诸侯国都拥有独立的主权，中央权力几乎不存在。由于国家长期处于四分五裂的局面，德意志联邦经常遭受其他欧洲列强的入侵，和平与统一成为人们长久以来的梦想。

1862年，一位能给德意志联邦带来和平与统一的人物出现了，他就是奥托·冯·俾斯麦！俾斯麦刚刚担任起普鲁士（德意志联邦中的一个诸侯国）首相一职，就发表演说，认为当代的重大问题不是用空话和多数派的决议所能决定的，而必须用铁和血来解决。从此俾斯麦被世人称为“铁血宰相”。

在他的领导下，经过无数次战争，普鲁士终于统一了德意志联邦。俾斯麦也成为了德意志帝国的首相。统一后的德国迅速在欧洲崛起，经历了近三十年的跨越式经济发展后，由一个落后的农业国转变为技术先进的工业化国家，钢铁、煤炭以及化工产品的产量均跃居世界第一，其综合实力远远超过邻国法国，在欧洲仅次于英国。

“铁血宰相”的怀柔政策

德国经济的快速发展，导致了产业工人的大量增加。据统计，在1852年德国的产业工人人数为199万人，到1894年达到了613万人。然而，对德国的发展做出巨大贡献的产业工人不仅工资收入极低，在患病或者遇到意外事故后也没有维持基本生活的保障。

工人为了求生存而导致的罢工斗争在德国此起彼伏。据统计，德国在1851～1860年间发生了102次罢工，1861～1870年发生了289次，1871～1873年则高达720次。1875年，德国的社会主义者组建了德国社会民主党，领导工人进行有组织的斗争，参加议会选举，影响日益扩大。1877年，社会民主党在大选中获得50万张选票，占全体选民的1/10，在帝国议会拥有了12个席位。

奥托·冯·俾斯麦像
19世纪

这个颇有心机、高明并且世故的普鲁士乡绅，运用他所学习的老式外交和铁腕为德国的统一做出了卓著的贡献。

面对产业工人有组织的罢工斗争，德意志帝国首先想到的是进行暴力镇压，并于1878年出台了《镇压社会民主党企图危害治安的法令》，即《反社会党人非常法》，企图镇压社会民主党的活动，消除工人斗争。“非常法”难收“非常之功”，不但没有达到预期的效果，反而激发了产业工人斗争的勇气。在19世纪后半叶的德国，无产阶级革命运动风起云涌。

面对根基日益动摇的德意志帝国，“铁血宰相”并没有运用对外惯用的铁腕手段来对待国内的产业工人，而是主张通过提高工人的福利来缓解当时的紧张局势。俾斯麦对内所展现的温柔，正是他政治智慧的体现。他清楚地认识到，工人暴动并非本意，而是因为国家体制的缺陷所造成的贫富悬殊与弱势人群缺乏保护所致。所以，一味的暴力镇压是不可取的，必须用国家立法的形式来保障工人的利益，通过自上而下的改革来巩固帝国的统治。

威廉的肖像
(1890 年)
威廉一世颁布了《建立完善的社会保险的皇帝诏书》。

社会保障制度与德国"和谐"

19 世纪 80 年代初，在俾斯麦的建议下，德国皇帝威廉一世颁布了《建立完善的社会保险的皇帝诏书》。该诏书宣布，工人在患病、发生事故、伤残和老年经济困难时应该受到保障，他们有权要求救济，工人的保障应由工人自行管理。诏书还对社会保险的发展作出规划，确定职业医疗保险、养老保险、失业救济等制度。此后，德国在 1883 年颁布实施了《疾病社会保险法案》，1884 年颁布实施了《工伤事故保险法案》，1889 年颁布了《老年及伤残保险法案》。1911 年，上述三项法案被汇总为《帝国保险条例》。政府开始为死难者家属发放孤寡抚恤金，伤残与老年保险的范围也扩大到全体职员。从此，德国成为世界上第一个以较完备的立法方式建立社会保障体系的国家。

"铁血宰相"的怀柔政策给德国和世界带来了深远的影响。在德国国内，由于社会保障制度的实施、工人生活状况的提高为快速发展中的帝国经济提供了源源不断的优质劳动力，加速了德意志帝国的崛起。同时，社会保障制度也缓和了工业化进程中的社会矛盾，创造了一个稳定的社会环境，而稳定的社会环境又反过来促进了德国工业化的进程。作为世界上第一个建立社会保障制度的国家，德国成为经济繁荣、社会安宁的典范，社会各阶层都表现出普遍的满足感，强大的经济实力也使得德国成为第二次工业革命的重要发祥地。

俾斯麦的怀柔政策，吹响了欧洲大陆福利制度建设的号角。而真正拉开欧洲福利社会建设大幕的却另有其人，他叫贝弗里奇，来自英国！

“福利国家之父”

1908年，英国自由党劳埃德·乔治政府正式颁布《老年人养老金法案》，推出了“非缴费型”养老金计划，为70岁以上老年公民提供一定的养老保障。该法案从1909年1月1日起开始实施，因此1909年1月1日被称之为“养老金日”。2009年1月1日，英国人迎来了“养老金日”的百年诞辰。

贝弗里奇（1879～1963）是1908年《老年人养老金法案》的倡议者和推动者，当时他还刚刚三十而立。有“福利国家之父”美誉的贝弗里奇对社会事务的关心和兴趣是他在牛津大学时就培养起来的，和许多与他同一时代的青年一样，他也进入了伦敦东部的汤比恩馆学习。汤比恩馆建立于1884年，是为了让那些有着社会意识、关心社会事务的年轻人发现关于贫穷的第一手资料，汤比恩馆也为他们提供一些到现实生活环境中实习的机会。这种特殊的经历，使贝弗里奇对解决失业问题和养老问题产生了浓厚的兴趣，这个兴趣影响了他的一生。

1942年，贝弗里奇受英国战后重建委员会主席阿瑟·格林伍德先生委托，负责社会保险方案的设计，一年后他提交了一篇名为《社会保险和相关服务》的报告，从理论上构建了福利国家的宏伟蓝图。以此为开端，欧洲国家建设福利社会的大幕拉开了！

首先是英国，在报告发表六年后即1948年，艾德礼首相宣布英国率先建成了福利社会。此后，受英国福利社会建设的影响，瑞典、芬兰、挪威、法国、意大利等国也纷纷效仿，致力于建设福利国家。

我们不禁要问，贝弗里奇爵士到底提交了怎样的一份报告？究竟它有怎样神奇的力量，使之深受欧洲各国政治领袖们的赞赏，成为各国搭建社会福利制度的理论指南针，在饱经战火摧残的欧洲大陆催生出一个前所未有的、举世瞩目的福利世界？

贝弗里奇报告是一个关于全方位福利问题的报告，主张把社会保险作为提供收入保障、消除贫困的一项基本社会政策。它从人们的需要出发，提出相应的对策，从而形成一个完整的福利体系。报告设计了一整套“从摇篮到坟墓”的社会保障制度，提出国家将为每个公民提供九种社会保险待遇，提供全方位的医疗和康复服务，并根据个人经济状况提供国民救助①。“这是一部饱含公平与智慧光芒的政策研究报告……”著名社会保障专家、中国人民大学教授郑功成如是评价这一报告。

贝弗里奇报告

1942年，贝弗里奇接受委托负责社会保险方案的设计，一年后他提交了一篇名为《社会保险和相关服务》的报告，这就是著名的《贝弗里奇报告》。

《贝弗里奇报告》的主要内容：

第一部分　导言和概论

第二部分　主要改革建议及理由

第三部分　三个特殊问题

第四部分　社会保障预算

第五部分　社会保障计划

第六部分　社会保障和社会政策

资料来源：劳动和社会保障部社会保险研究所组织翻译：《贝弗里奇报告——社会保险和相关服务》（伦敦：英国文书局，1995年再版），中国劳动社会保障出版社2004年版。

① 仲艳平：《贝弗里奇报告〈社会保险和相关服务〉》，中国劳动社会保障出版社2004年版。请参见：http：//www. douban. com/isbn/7－5045－4168－0/。

美国依达姨妈的幸福故事

依达姨妈的幸福养老故事，一方面它体现了社会保障制度可以给国民带来巨大的幸福；另一方面它也预示着社会保障制度的不可持续性，预示着全球社会保障制度正在面临巨大的支付压力。难怪美国经济学家一针见血地指出：依达姨妈有幸成为社会保障这一伟大制度的受益者，但是后来者就没有这么幸运了。

缴费 22 美元，领取 2 万美元

福勒小姐是居住在美国福蒙特州的一名法律文书，幸运地成为第一批参加国家福利制度的人员。国家承诺在他们缴纳一定的保障费后，等到退休时便可以每月领取一定金额的保险金。年轻时候的福勒小姐后来被称为依达姨妈，她在参保之后，工作了不到十年时间就退休了。1940 年 1 月 31 日，这一天因其特殊性而载入史册。就在那一天，作为当时美国成百上千万老人的代表，依达姨妈第一个拿到了国家当初承诺的“收益”。当她从邮递员手中接过流水号为 #00 - 000 - 001的 22.54 美元月领养老金支票时，早已守候在四周的新闻摄影师们按下手中的快门，清楚地记录下这一历史性时刻。

依达姨妈退休后的大部分时光都与一个侄女生活在一起，她享受了 35 年的社会养老保险，还在 1951 年得到了由于生活费用增长而增加的每月 18.75 美元的津贴，她每月得到的养老金“几乎能够支付我所有的花销”（依达姨妈语）。

依达姨妈晚年生活幸福，这在她的寿命上能够体现出来，她活到 100 岁才恋恋不舍地离开人世间。1975 年 1 月 27 日，当 100 岁的依达姨妈逝世时，《纽约时报》一个图文并茂的讣告这样写道：她获得超过 20000 美元的社会养老保障支付，但她总共为这一保障制度的供款仅为 22 美元①。依达姨妈这项

① 马歇尔·N. 卡特、威廉·G. 希尔曼著，李珍译：《信守诺言——美国养老社会保险制度改革思路》，中国劳动社会保障出版社 2003 年版，第 20 页。

富兰克林·德·罗斯福

"投资"是极其明智的，投入与产出的比例接近1∶1000，让其他的投资方式望尘莫及。

国民益寿延年成为政府的"烦恼"

依达姨妈幸福的晚年生活，一方面是对罗斯福总统于1935年首创的美国社会保障制度的认可，给依达姨妈下一个时代的人们展示了一个光明的退休前景。制度建立之初的一份官方公告保证说"社会保障给付将成为你们的权利"，事实正是如此，政府正切实地履行着当初的承诺，纸上的权利逐渐成为现实的支票。

另一方面，理性的人们却从依达姨妈身上看到了未来可能出现的问题。人口统计学家和精算师们一再强调：目前的状况与制度建立时的预期背道而驰。人口预期寿命延长、人口结构老龄化，使得在现有条件下"依达姨妈"们的幸福生活不可持续，这也暴露了社会保障制度的致命缺陷。

根据1940年的官方人口统计，美国65岁及以上人口仅占总人口的6.8%。当时权威部门计算的人口预期寿命男性为61.4～63.6岁，女性为65.7岁。按照当时的制度设计，社会养老保险以65岁作为有资格享受给付的合格年龄，这样几乎没有多少人到65岁后还能再活上十几年并继续领取社会保险给付金，更不要说像依达姨妈那样一直领取了35年。但事实正应了那句俗话："计划永远赶不上变化"，现实情况是"依达姨妈"们越来越多，社会保障必须为他们平均给付二三十年的养老金，远远超过了预期的"十几年"。而且随着物价上涨、生活标准的提高，养老金还需不断跟上节奏，以保证老年人的生活水平不下降。

“依达姨妈”们的增多，反映了美国老年人口的快速增长，这一状况带来的经济后果是，领取养老金的合格人群数量屡创新高。从另一角度来看，这使得在职者与社会保障受益者的比例即赡养比率严重失衡：二者的比例已从当初的42∶1跌到依达姨妈去世时的3.2∶1，而且，由于人们不愿生育等因素的推动，赡养比率还有继续降低的趋势。3.2∶1就意味着3.2个在职者需要赡养一位退休老人，意味着在职者必须要为这一制度做出比以往更多的贡献。面临着人口老龄化所带来的支付压力，提高工薪税迫在眉睫。而越来越高的税收，却是伤害在职者工作积极性的一把利剑，在“公平”面前，国家经济发展所必需的“效率”却成了牺牲品。

通过依达姨妈的幸福养老故事可以看出，社会保障制度对她个人而言无疑是巨大的幸福，她有幸生活在这个伟大的国家，有幸成为这一伟大制度的受益者。但是随着越来越多的“依达姨妈”们出现，政府却高兴不起来，巨大的财政支出压力正在考验着曾经“完美”的社会福利制度。从中也能看出，为什么里根政府、老布什政府、克林顿政府都在前赴后继地针对社会保障体系开展根本性改革。

第五章
“从摇篮到坟墓”的前世今生

欧洲“福利社会”建设创造了繁荣，也埋下了“福利病”病根。

今天的欧盟正在建立统一的、可持续的、有竞争力的养老金制度。

以贝弗里奇报告为开端，欧洲国家建设福利社会的大幕拉开了！建设福利社会的努力，推动了欧洲战后迅速复兴和繁荣，创造了欧洲的“理想社会”。但是，好景不长，福利制度成为欧洲国家的“集体噩梦”。所以说，欧洲福利社会并非真富贵。正确处理公平与效率、政府与市场、福利与经济发展之间的关系，是实现社会经济发展的重大问题。

今天，为了顺应全球养老金改革潮流的方向，花费九牛二虎之力，欧盟正在努力建立统一的、可持续的、有竞争力的养老金制度。

欧洲“福利社会”并非真富贵

福利制度与“理想社会”

福利制度的主要功能是为老年人提供各种保障，确保老年人能够过一个安乐悠闲的晚年。很显然，福利制度的实施，直接受益者是当时已经处于退休状态的老年人，通过覆盖老年人的老年福利保障制度和老年医疗保障制度，老年经济安全问题和老年健康管理问题得到有效解决。于是，老年人可以大胆地消费，不再像过去一样缩手缩脚；可以随心所欲地出外旅游，不用像过去那样足不出城。

其实，福利制度真正最为深远的影响还在于：国家向所有年龄段的国民提供了公开的承诺，一旦年轻人进入退休阶段后，同样可以享受这样慷慨的退休福利待遇。于是，年轻人再也没有后顾之忧、养老之忧了，他们对退休生活拥有了非常稳定、美好的预期。这样，福利制度的“激励效应”就放大了：年轻人热情地工作、大胆地消费，他们告别犯罪、告别革命，他们憧憬美好的未来，憧憬美好的晚年生活。

战后欧洲国家数十年的经济繁荣、社会稳定、百姓安居乐业，正是得益于福利制度的建设和福利社会的构建。

福利制度成为“双刃剑”

基于“饱含公平与智慧光芒”的《贝弗里奇报告》建立起来的福利制度，推动欧洲战后迅速复兴和繁荣，创造了欧洲的“理想社会”。但是好景不长，以此为依据而建立起的社会福利制度正在成为欧洲国家的“集体噩梦”。“福利制度”和福利社会模式就像一把双刃剑困扰着欧洲国家。

高福利的支出是由国家财政通过税收方式向企业和个人来筹集资金。首先，从个人方面来看，由于老年人口不断增加，劳动人口比重不断下降，福利制度的代际间转移让在职员工不堪重负。同样是年工资4.58万美元、抚养4口人的职员，缴纳所得税等各类税金后，其年总收入占全年工资总额的比例，在中国香港为95.7%，在美国（纽约州除外）为81.9%；而在欧洲国家不可同日而语：瑞典仅为57.2%，意大利为57.3%，比利时为57.8%①。也就是说，欧洲国家在职职工有近1/2的收入必须上缴给国家。如果说高福利制度以前对年轻职工起到了激励作用，那么现在的高福利、高税收制度却严重挫伤了个人的工作积极性。

福利制度也让欧洲的企业苦不堪言。本来福利制度所伴随的高工资和高物价已经造成企业的劳动力成本过高，而高税收所导致的资本积累的减少，也让欧洲企业在与美国、日本、中国、印度等国的竞争中步履维艰。

福利制度逼走勤快人

欧洲国家慷慨的福利制度，让个人甚至可以在完全不工作的情况下，过着十分舒适的生活，从而出现国家“养懒汉”的奇怪现象。通常情况下，他们会选择半就业、半失业的工作状态。于是，选择收入与闲暇两者平衡的“投资组合”，很快就成为很多欧洲公民的首选。但是，这种福利制度并不适合希望打拼一番事业、依靠辛勤劳动来致富的人们。

本来，劳动者的技术水平越高、工作越是努力，他们所得到的工资收入也应该越多，但是高额累进制的所得税税率就会让他们上缴比一般劳动者更高的

---

① 《世界各国个税税率比较》，中国经济网，2004年8月3日。请参见：http://www.ce.cn/ztpd/tszt/hgjj/2004/geshui/shuishi/200408/03/t20040803_4504714.shtml。

税收，因此，对他们也就越不公平。最后这些勤快人不得不一走了之，移民到低税率的国家。于是，人才流失开始成为欧洲经济发展的重大制约因素。

同样，欧洲国家的企业也被迫逃离欧洲，到企业所得税税率相对较低的国家或地区进行投资。即使留在欧洲，这些企业为了尽可能减少税收支出，也难免会采取偷税、漏税、避税的方式，导致税收管理的成本提高。

欧洲的福利制度和税收制度成为欧洲劳动力、人才、资本流失的主要原因，欧洲的国际竞争力也因此受到严重伤害。自20世纪90年代中期以来，欧洲经济一直处于相对停滞的状态：欧元区年均经济增长率只有1%，欧洲昔日的经济大国们风光不再。由此可见，欧洲福利社会并非是真“富贵”，福利社会模式不具可持续性。

中国有句成语，叫做“成也萧何，败也萧何”，用来总结欧洲福利社会建设最是相宜。作为欧洲福利社会代表的“瑞典模式”曾经饱受赞誉，如今风光不再。

瑞典“但开风气不为师”

瑞典作为北欧福利国家的代表，一直有“瑞典模式”的美誉。但是，过于慷慨的福利社会制度，伤害了国家竞争力、市场竞争力和国民生产力。如今，瑞典模式成为“福利病”的代名词。曾经饱受赞誉的“瑞典模式”，结果却将瑞典经济带上了一条越走越狭窄、越走越艰难的崎岖小路。

国际竞争力丧失

瑞典是北欧斯堪的纳维亚半岛东半部的一个小国，人口约840万人，国土面积在欧洲居第四位，仅次于前苏联、法国、西班牙，它相当于两个英国本土那么大。它在二战后建立的被称为“瑞典模式”的福利制度，曾经备受国际社会的称赞。然而随着时间的推移，瑞典人曾经引以为豪的福利社会制度，正如欧洲其他国家所遭遇到的困境那样，正在严重地削弱国家的经济竞争力，国家的持续发展受到了前所未有的挑战。

在20世纪50～60年代，瑞典在物质资本和人力资本方面拥有独一无二的竞争优势，并从国际贸易中获益匪浅。但是，由于瑞典在收入分配方面采取的再分配政策，导致在物质资本和人力资本上的投资比率大幅度降低。

到了80年代，瑞典在要素供给方面的优势不再明显，于是那些资本相对充裕的国家反而后来居上。瑞典传统的资本密集型产业竞争力也逐步丧失优势，资本的不断外逃使得瑞典出现了资本“空心村”现象，国内的一些传统优势产业急速萎缩甚至消亡，这些因素严重影响到了瑞典经济在国际市场上的竞争力。

自愿失业的瑞典人

瑞典的福利制度催生了庞大的“懒汉”群体，自愿失业者成为失业大军的主力。而失业保险制度的高福利，又进一步加重了就业人群的压力。据调查，1995年，瑞典蓝领阶层的月均收入约为15100瑞典克朗（按2008年比价，约1.27克朗兑1人民币），白领的月均收入为20200克朗，其中31%作为个人所得税上缴国家。月薪超过40000瑞典克朗的，要缴45%的所得税，至于年薪高达1600万瑞典克朗的就得将60%～70%以上的收入上缴国库。

强悍的北欧人
（阿尔波1872年）

瑞典一直不愿意改革引以为傲的福利制度，但又不得不应对人口老龄化所带来的社会保障支出压力，只能从广度与深度上继续改进现有的税收制度。比如增值税，瑞典自1969年开征此税种以来，税率一直保持在9%的水平上，但为了应对社保支付增加带来的财政压力，最近将增值税税率提高到19%。增值税作为一种间接税，商家最终要将这部分税额转嫁到消费者身上。于是，高增值税导致商品的高价格，高价商品使得消费者望而却步，无奈的商家只好将商品标上两种价，标价很醒目的是商品本身的价格，而在下方不太令人注意的地方标着加入增值税后的价格，以期“粗心”的消费者能购买他的商品，当然店家收款时计算的是后一种价格。

为他人做嫁衣

瑞典高福利制度导致的高税收挫伤了国民的工作积极性，一部分人成为自愿失业大军中的一员，而具有高学历、拥有高技能的年轻人便选择移民，在世界范围内寻找新的工作岗位。高素质劳动力的流失对瑞典经济发展的打击无疑尤其巨大，如果将瑞典为培养这些优秀人才的花费计算进去，损失就更大了。

曾经饱受赞誉的“瑞典模式”，正在将瑞典经济带上了一条越走越狭窄、越走越艰难的崎岖小路。

瑞典养老金改革

自20世纪80年代开始，在新参保者中弥漫着对于这种体系将来支付能力的不信赖情绪，而且愈演愈烈。年轻的员工们对于他们将来是否能够领取到养老金越来越表示怀疑。此时，人们开始认识到应该分清两代人在现收现付制体系中所承担的义务。

在20世纪90年代初期，一场经济大衰退使得养老金资产积累额下降了10%，这是最终引发瑞典社会养老保险制度改革的导火线。1992年，新当选的政府成立了养老金工作小组，由议会中的各党派代表和一些专家组成，受委托对原来的养老金体系进行改革。1992年秋天，改革的基本原则在公众中进行了讨论。1994年，瑞典出台了第一个养老金改革法案。随后，又通过了附加法案，解决了改革中的一些细节问题，包括一些在1994年的立法中未解决的政治分歧。

1994年瑞典养老金改革法案

瑞典是20世纪90年代率先采用名义账户制的国家。瑞典名义账户制养老金改革，在经过公共大讨论之后，改革建议的最终文本于1994年2月正式出版，随后于1994年6月在议会获得立法通过。1999年1月1日，该法案正式实施。1999年首次发布并寄出了账户陈述书，2001年开始根据新规则支付养老金待遇。

资料来源：罗伯特·霍尔茨曼、爱德华·帕尔默、郑秉文：《名义账户制的理论与实践——社会保障改革新思想》，中国劳动社会保障出版社2009年版。

改革养老金体制的四大目标

在不少经济学家看来，1994年养老金体制改革最重要的意义是为自20世纪50年代以来的瑞典社会保障政策指明了方向。这次改革为在瑞典工作和定居的所有人提供了基于收入的退休福利制度，保证为老年人提供一种比较宽裕的生活水平，没有抛弃瑞典模式的福利保障特性，确保了社会保障制度的稳定性和连续性。同时，它也有效地解决和克服了旧体制的不足和缺陷，力图确保瑞典养老保障体系的“可持续发展”。

实际上围绕瑞典养老金体制改革，不同利益集团、不同学术派别、不同党派都发生了激烈的争吵，争吵来争吵去，最终还是达成了一个基本的妥协。各方面意见和利益的妥协，汇成了改革瑞典养老金体制的四大目标：

一是力求根据以往的缴费水平来保证对每一个人公平。如果两个人的缴费一样，退休时间和退休年龄一样，那么他们在退休后所享受到的福利也应该一样。这样就将每个人退休后所享受到的福利和他们的缴费额联系起来了，而不是根据缴费年数或者在状况最佳时的某一特定工作年限和资历。实际上，根据缴费年数、某一特定时间的工资收入、工作资历来确定退休收益，是欧洲许多国家的养老保险体制的通常做法。

二是力求明晰再分配制度。针对养老金的再分配政策，政府通过财政预算方式加以实施。其中，最重要的一项就是为终身贫穷的人提供了最低的福利保证。

三是力求在遇到人口和经济波动时保持养老金体制的财务稳定。在旧体制下，未来工作的人将负担现在参加工作人的养老金，而不考虑规模是否匹配。相反，在新体制下，个人对于工作和退休年龄的选择将影响到他们将来所能够享受到的养老金水平，并且未来工作的人和现在工作的人的长期缴费率都是一样的。

四是建立由私人金融机构管理的“年金储蓄计划”。

新体制的框架设计

一是DB型（收益确定型）养老金。按照现收现付制运行，将当前在职劳动者的缴费用于支付当前的退休者，在职劳动者每年的缴费率为工资收入的16%。

二是基金型养老金。按照基金积累制运行，建立个人账户。可以由参保者自由选择投资基金，并且以后可以选择其他基金。该账户每年的缴费率为工资收入的2.5%。如果参保者未选择基金，则这部分钱将投资于“年金储蓄计划”中去。

三是保证型养老金。对于低收入者，或者完全没有收入的人来说，政府将向他们提供保证型养老金，保证型养老金由国家税收资助。按照1999年的标准，对于独居者，全额的保证型养老金每人每年为77532瑞典克郎（约为7270美元）；对于夫妇来说，每人每年为69160瑞典克郎（约为6485美元）。

开风气之先的“名义账户制”

由于保证型养老金只覆盖低收入者和无收入者，因此，只有新体制下的DB型养老金和基金型养老金面向绝大多数的普通劳动者。其中，基金型养老金是一个真正的基金积累制的DC型计划（英文简写为FDC），该账户累积的资产是由缴费额和投资收益共同构成；而DB型养老金只是一个名义账户制的DC型计划（英文简写为NDC），尽管它也建立个人账户，但是个人账户的资金积累只是名义上的，名义账户的资产增值是由缴费总额的增长率来确定的。

名义账户的缴费分为年金积累期和年金化领取期间，累积的账户资产价值将在劳动者退休时年金化，年金化的计算方式是：年金 = 账户资产/平均预期寿命。其中年金积累期的回报率与名义账户的缴费（已经缴纳额的增长率）和基金制固定缴费（金融市场的回报率）相关。采用年金化的领取方式，对劳动者延迟退休有帮助，可以产生就业激励效应。同时，根据专业化估计的预期寿命来安排年金发放，可以帮助人们在年老时得到持续的收入。

“瑞典模式”将瑞典经济带上了一条越走越狭窄、越走越艰难的崎岖小路，迫使聪明的瑞典人开始探索崭新的养老金改革之路，其开风气之先的“名义账户制”建设如今又是名满天下，誉满全球。它使笔者想起了中国的一句时髦话，“办法总比困难多”。

欧盟建立统一的养老金制度

1991 年 12 月，欧共体马斯特里赫特首脑会议的召开标志着欧洲联盟的正式建立，在这块大地上厮杀了近一千年的各个国家，如今真正成了席地而谈的兄弟，拿破仑为之奋斗一生的大欧洲梦竟以如此平和的方式开始谱写新的美好乐章。养老金制度的“柏林墙”倒塌，欧盟在主权国家基础上统一养老金制度与待遇无疑是这篇乐章里最闪亮的音符之一。

《马斯特里赫特条约》与“欧洲公民”

20 世纪 90 年代以后，欧盟进入了一个快速融合发展期，经济和政治领域的纵深合作逐渐增多。1992 年欧盟签署通过的《马斯特里赫特条约》明确了“欧洲公民”的法律概念，要求协调成员国的社会政策，规定欧洲公民享有自由迁徙和居住的权利，享受社会保障的权利。这是迄今为止在最高层面上、最为明确地提到“社会保障”的条约法规。

但是，各国差异较大的养老保障体系，却成为欧盟统一货币及财政体系核算的重要障碍，所以养老保障被提上议事日程。与此同时，在诸如移民福利、地区开发以及医疗保健等社会政策方面的合作也日渐加强。

《马斯特里赫特条约》

1991 年 12 月 9 日第 46 届欧洲共同体首脑会议在荷兰的马斯特里赫特（Maastricht）举行。10 日通过并草签了《欧洲经济与货币联盟条约》和《政治联盟条约》，即《马斯特里赫特条约》。

《马斯特里赫特条约》的主要内容：

第一篇　共同条款

第二篇　为建立欧洲共同体对《欧洲经济共同体条约》条款的修订

第三篇　修改建立欧洲煤钢共同体条约的条款

第四篇　修改建立欧洲原子能共同体条约的条款

第五篇　关于共同外交和安全政策的条款

第六篇　关于在法律和国内事务领域中进行合作的条款

第七篇　最后条款

资料来源：中国网，http：//www. china. com. cn/law/flfg/txt/2006 - 08/08/content_ 7056892. htm。

欧洲法院用法律手段支持欧盟建立统一的养老金制度

养老金制度的障碍损害了欧盟希望建立一个开放、灵活的劳动力市场这一主要目标。欧洲的跨国公司与美国的竞争对手相比，具有明显的劣势，因为美国的联邦养老金规定适用所有人，所以美国公司只需为员工提供确定的养老金计划，不管这些员工在哪里工作，雇主都可以将最适合的人选派到任何地点去工作，劳动力市场的效率非常高。

2004 年 5 月所有欧盟成员国政府首脑组成的欧洲理事会，要求原有成员国以及拟于 2005 年 5 月加入欧盟的 10 个新成员国在 2005 年前改变其法律，必须允许在一个国家授权建立的养老基金能在所有其他国家按照同等条件进行运作。这样，养老金提供者“现在就能在整个欧盟范围内提供更有保障、更能承担得起的养老金”。

2004 年 6 月 26 日，在瑞典金融事务所斯堪的亚公司代表其雇员奥尔拉·拉姆斯特德提起的诉讼中，欧洲法院裁定，要求这些国家停止利用税收制度对其他国家的养老金计划实行歧视政策。

一个人在德国、法国、比利时和英国等若干国家工作和缴费，如果在西班牙退休，就由西班牙负责对其一生工作过的国家的权益记录进行追溯和收集，这些国家将相应的缴费累计都转移到西班牙。这就是欧盟推荐的“集合与分配”方法：各缴费地分段计算、退休地统一支付。欧盟有 31 个统筹单位，它们是主权国家，但是成员国严格执行欧盟的各项指令和法规条例，使得统一的养老金制度最终得以建立起来①。

“福利走多远，欧盟走多远！”

覆盖整个欧盟的养老金新制度，给欧盟创造了非常大的经济收益：

第一，它使得经常更换工作地点的劳动者省心省力。

第二，它有利于跨国企业在欧盟统一的劳动力市场上配置资源。

第三，它有利于大幅度降低养老金制度的运营管理成本。

---

① 郑秉文：《社科院专家：全国统筹是社保制度的“命运之钥”》，请参见：中国网，http：//www.china.com.cn，2009 年 2 月 24 日。

第四，它有利于从事养老金服务的金融企业发展。

对金融企业而言，一方面，通过整合欧盟层面的所有养老金计划并对这些计划进行集中管理，有利于获得规模经济效应；另一方面，建立统一的欧盟养老金市场，可以实现欧盟区域内所有经营养老金计划的金融企业之间展开市场竞争，养老金管理费也将下降。据养老金专家估计，由于缺乏在整个欧洲普遍适用的养老金制度，企业每年要为此多花高达57亿美元的行政管理和资金管理费。

目前，欧盟对各成员国养老金制度发展和改革采取“协调”的做法。

主要是基于以下四个方面的考虑：

第一，资本和劳动力自由流动的需要。

第二，欧洲公民资格统一标准的需要。

第三，执行欧盟财政经济政策的需要。

第四，推动欧盟统一金融监管的需要。

2011年1月1日开始，欧洲“保险与职业养老金监管局”全面开始运转，有望诞生欧盟统一的养老金新制度。

目前，欧洲的养老金计划的管理费用通常高于美国，原因是规模经济效应难以获得。一旦在欧盟区域内实现养老金管理费用的下降，反过来又会促使更多的个人参加私人养老金计划，以补充或取代力不从心的国家养老金计划。这样，对欧盟区域内的资本市场发展将提供巨大的推动力。目前，欧盟各国的私人养老金账户加在一起只有2.75万亿美元，远远小于美国私人退休金资产规模。但是根据欧洲委员会的专家说，10年后，这个数量可能翻一番。

展望未来，随着欧洲一体化进程的加快，各个领域合作的深入，劳动力市场将更加开放，区域移民也将进一步增多，这些都迫切要求欧盟各国在社会保障领域开展更加深入和广泛的合作。一体化是一个经济、政治和文化相互融合认同的过程，社会福利和每个公民的生活息息相关，如果从这个角度来看，可以说“福利走多远，欧盟走多远!”① 欧盟建立统一养老金制度的努力和成功，必将为世界其他组织和区域的合作提供有益借鉴。

---

① 丁健定、孙健：《欧洲一体化进程中的社会福利整合》，《长安大学学报（社会科学版）》2008年3月。

第六章
参数式改革

人口老龄化最直接冲击、最近距离打击的是社会保障制度。

是人口结构变化决定了社会保障制度改革的最终方向。

参数式改革的经济意义在于：降低了财政支付压力，有利于实现社会保障制度的可持续发展。

人口老龄化最直接冲击、最近距离打击的还是社会保障制度，可以说老龄化最先打翻的是社会保障制度。中国著名经济学家蔡昉教授明确提出，是人口结构变化决定了社会保障制度改革的最终方向①。

为了应对人口老龄化给现收现付制养老金制度带来的危机，世界各国都不同程度地对养老金体系进行改革，可以概括为三个方面：

第一，参数式改革，在现收现付制框架内进行改革。

第二，筹资模式改革，从现收现付制转向基金积累制。

第三，结构性改革，养老金体系朝着多支柱的方向发展。

当然，在养老金体系改革之外，国家还需要统筹人口与劳务发展政策：通过制定鼓励的生育政策，建立宽松的移民政策，实施优厚的劳务接受政策，统筹养老发展与社会经济发展的关系，改善人口与劳动力发展状况，推动经济发展，通过经济发展来减轻人口老龄化的不利影响。

参数式改革的出发点和落脚点，都是为了减轻社会保障支付的财政压力！

联合国的呐喊

联合国 1973 年出版的《人口趋势的影响因素及其后果》一书，成为第一次对人口老龄化的社会经济影响进行系统研究的重要成果，该书指出了人口老龄化对社会和家庭的影响，初步讨论了人口老龄化对储蓄、劳动生产率、技术进步和生产增长等因素的影响。这些认识包括：

在人口老龄化过程中必然伴随着储蓄和消费结构的显著变化：一方面，人口老龄化导致整个社会的消费倾向增加，储蓄倾向降低；另一方面，人口老龄化将使得更多的服务和产品转向老年消费者。

人口老龄化对劳动力市场产生重大影响。一方面，人口老龄化影响劳动力

---

① 蔡昉：《人口结构变化决定社会保障制度改革最终方向》，《工人日报》2007 年 11 月 27 日。

整齐统一的会员国国旗

供给、劳动力人口年龄结构、劳动力参与率；另一方面，为了确保经济发展所需要的劳动力，必须提高劳动者的劳动生产率，提高资本—劳动力的强度，即提高单位有效劳动的资本量，从而需要加强人力资本的形成和积累，一个重要的结果是导致工资率提高和资本回报率下降，从而降低投资率。

通常情况下，资本将从年龄结构相对老化的国家流向年龄结构相对年轻的国家，因为在后者那里资本可以获得更高的投资回报。目前，虽然全球绝大多数国家或地区都在经历人口老龄化的痛苦过程，但是人口年龄结构的相对差异足以导致资本的国际流动，也就是说，资本将从快速老龄化的国家或地区向慢速老龄化的国家或地区转移。而且更加严重的是，资本的这种流动将进一步加重快速老龄化国家或地区的痛苦程度，不利于这些国家或地区的经济发展。

许多金融市场分析师都认为美国“婴儿潮”一代的成长，导致20世纪90年代包括房地产、股票、大宗商品等资产价格的上升。但是，他们同时也认为，随着“婴儿潮”一代人达到退休年龄并开始提取其资产，将会导致资产价格的大幅度降低。资产价格的大幅度降低，将对经济增长产生非常不利的影响。

人口老龄化将导致赡养比率提高，社会保障支出急剧增加，社会保障制度发展的可持续性面临重大挑战。

罗杰斯的呐喊

2009 年 1 月，中国青年出版社出版了由罗杰斯先生撰写的新书《投资大师罗杰斯给宝贝女儿的 12 封信》。这位 37 岁就退休的量子基金的创始人、全球百名富豪之一、60 岁之后才生有两个女儿的国际著名投资大师，两次环游世界，汇集自己一生学来的投资经验和人生哲学，融入浓浓的父爱，倾情传授给两个小女儿，在面对未来多变的世界时，应该持有的人生哲学和投资态度。

罗杰斯在该书的第九章用“认出改变，拥抱改变”为题，表达了他对日本经济未来发展强烈的不乐观看法。他在书中写道：“但是，我必须说日本不适合做长期投资，因为这个国家有一个最严重的问题即出生率降低，而政府始终拿不出对策。除非有新的对策改善这个环境，不然一百年以后就没有日本了。”①

他在书中还继续写道：“日本的选择有：（1）奖励生育，（2）鼓励移民，或（3）忍受生活水平的降低。日本人目前不打算生孩子，又不开放移民，所以他们只有看着生活水平降低——至少成人如此。假如情况继续下去，日本的年轻孩子会对父母、祖父母留给他们的烂摊子大感愤怒。”②

罗杰斯做出关于“日本不适合做长期投资”的判断，实际上就是基于日本人口老龄化的严重性。笔者认为，严重的人口老龄化不但可以打翻日本的经济发展，也可以打翻其他同样强大的经济体。只要该国人口老龄化程度同样严重，并且在应对人口老龄化问题上同样束手无策，罗杰斯的判断总是会成立。

---

① 吉姆·罗杰斯著：《投资大师罗杰斯给宝贝女儿的 12 封信》，中国青年出版社 2009 年版，第 111 页。

② 同①，第 111 页。

《七律·养老即命运》

为了简略地表述人口老龄化对社会经济发展的强烈冲击，笔者撰写了《七律·养老即命运》。

《七律·养老即命运》

银发浪潮已澎湃，事关家国兴与衰；
千年未有大变局，抗洪抢险禹安在？

消费不足投资怠，进出贸易总徘徊；
三驾马车无后劲，持续增长难期待。

劳动有价资本爱，人口拐点难青睐；
逐利而动大挪移，只因红利变负债。

东方高储文化宰，年老低储莫能外；
资本动员有规律，今日高储他日改。

现收现付如借贷，今日欠账明日该；
退休支付超警戒，明日是否有能耐？

股市投资买未来，股票价格经济抬；
地产需求在人口，老多幼少不堪载。

人口命运古语在，大国崛起有依赖；
我道老龄即命运，不是危言不是骇。

可喜世人齐担待，改革发展显雄才。
养老命运非宿命，未雨绸缪保国泰。

许多年来，中国因为人口众多，一直在被世人不断地追问：谁来养活中国人[①]？谁来给中国人造饭碗？今天看来，是世人多虑了。中国完全有能力、有办法解决好吃饭和就业问题。近些年来，我们又在不断地问自己或者被追问：谁来为中国人养老？

今天，笔者提出“老龄化即命运”、“养老基金即命运”、“长期资本即命运”的观点，只是想提醒我们需要未雨绸缪，天晴带伞。“养老即命运”不是“养老宿命论”。笔者相信我们中国人同样有能力、有办法解决好养老问题。许多年后，人们也许会说，是笔者多虑了。

改革的基本逻辑

参数式改革的对象是社会保障制度，改革的基本逻辑就是实现现收现付制下的收支平衡。

现收现付制养老金制度肇始于德国俾斯麦时代。真正对现收现付制进行经济学分析的第一人是诺贝尔经济学奖获得者、美国著名经济学家萨缪尔森，他

---

① “21世纪谁来养活中国人”，这一盛世危言是由美国世界经济观察所所长赖斯特·布朗于1994年提出的，此言一出立即震动了世界和中国。布朗先生认为将造成中国粮食危机的主要原因是种植面积的大幅减少，而致使种植面积减少的因素是多方面的，首当其冲的是东部地区严重缺水，农作物水利灌溉不足；另一方面是过去几十年来东西部地区的农田和土地沙化；还有一方面是农业用地被征用，作为居民住宅、工业用地或者汽车公路。

后来，中国政府通过确定18亿亩耕地红线、改善和兴修水利设施、植树造林防止沙漠化等一系列的措施，有效地保护了粮食生产的土地基础和水利基础。以中国著名科学家袁隆平为代表的科研队伍，通过粮食生产方面的技术进步，也有效地确保了中国粮食安全。

在1958年发表的经典论文中，证明了现收现付制可以产生一个等于人口增长率的隐性收益率，即“生物报酬率或自然增长率”。

1966年美国另一位大经济学家何瑞·艾伦在他的一篇经典文献《社会保险的悖论》中证明，如果萨缪尔森提出的“生物报酬率或自然增长率”（可以分解为人口增长率+实际工资增长率，即两者之和）大于市场利率，则现收现付制可以在代际之内进行帕累托有效配置，而基金积累制将会带来一个使得各代的生命周期效应都要减少的迭代配置。

一石激起千层浪，由此引发了对现收现付制与基金积累制的福利效应的大争论，该争论旷日持久。由于何瑞·艾伦把实际工资增长率和市场利率作为一个外生变量来处理，因此，他研究的经济体系被认为是小型的开放经济，因而现收现付制度赖以达到帕累托有效的前提条件也就被称为“阿伦条件”。

经济学家何瑞·艾伦在1998年①撰写的论文中，曾经就社会保障成本进行了简单的数理表示，它等于三个比率即人口比率（人口抚养比率）、退休金充足比率（收入替代率）、经济增长率（工资增长率）的乘积。

现收现付制下养老制度收支平衡的实现，需要使养老金制度的收入=养老金制度的成本，即：

养老金制度的成本=工资收入率×退休者赡养率×退休金替代率

养老金制度的收入=工资收入率×退休金缴费率

从现收现付制养老金制度的收支平衡公式中可以看出，人口老龄化对现收现付制收支平衡产生了巨大的冲击。

改革的主要措施

参数式改革的主要措施包括：提高退休金缴费率、降低退休金替代率、延

---

① 何瑞·艾伦：《中国社会保障改革：个人保障与经济增长》，载徐滇庆、尹尊声、郑玉歆主编：《中国社会保障体制改革》（98中国社会保障国际研讨会论文选），经济科学出版社1999年版。

迟退休年龄、制定宽松的移民政策等。

提高退休金缴费率

二战后德国退休金缴费率一路上升，从1950年10%逐年爬升至1997年的20.3%。预计2030年将达25.5%。为了使1998年的退休金缴费率维持在20.3%不变，1997年4月1日，德国政府被迫将增值税提高1个百分点，即从15%提高至16%，以解燃眉之急。

日本为了应对人口老龄化给养老金支付带来的压力，主要采取了开源和节流两个方面的改革措施。在开源方面的改革措施包括：提高缴费比率，改变缴费基准，降低参保年龄等三项。从2004年10月起，将“厚生养老金保险”的保险费率每年提高0.354%，直至2017年，使保险费的金额提高到职工工资的18.3%，并固定在这一水平；将按月工资收取养老保险费改为按年收入收取。日本一些企业职工的年中、年末奖金相当于6个月的工资，改为按年收入收取保险费将大幅度增加保险费收入；将加入养老保险的年限由以前的25岁降低到20岁，延长了养老保险金缴纳时间；对在职老年养老金也做了修改，规定在职养老金的对象包括65~69岁的公司职工，这些人也要缴纳保险金①。在节流方面的改革措施主要是指降低退休金替代率。

降低退休金替代率

2000年3月28日，日本国会通过了《厚生年金保险法》、《国民年金法》等7部有关年金制度改革的法案，大幅修改缴纳年金保险费和领取养老年金的制度，其中一项重要内容就是将报酬年金部分削减5%②。日本为了应对人口老龄化给养老金支付带来的压力，在提高保险费的同时，逐年降低向被保险者支付的保险金。到2023年，将“厚生养老金保险”的支付额从目前占职工平均实际收入的59.3%逐年降低到约50.2%③。

---

① 陈红：《日本养老保险制度的沿革及启示》，《国际经济合作》2000年第6期。

② 同①。

③ 诸延助：《日本年金制度改革对中国养老保险的借鉴》，《集团经济研究》2005年第2期。

德国则在养老金计算公式中引进人口因素，降低养老金发放标准。主要思路是用削减每月领取的养老金数额来节省每月养老金支出，并且延长养老金发放的总年份，以平衡因老年人口平均寿命延长所导致的养老金支出缺口，其实质是通过降低养老金替代率来应付人口老龄化。据此，养老金替代率水平将从目前的近70%下降至2030年的64%①。

目前在英国退休雇员的养老金收入中，政府与私人部门各自承担的比例为60%∶40%。按照英国政府设定的渐进改革目标，该比率在2025年要达到50%∶50%，到2050年该比率要达到40%∶60%。也就是说，私人部门将承担养老金支付的主要责任，提供雇员退休后全部养老金收入的60%，而国家只承担40%②。

延迟退休年龄

世界各国为了应对人口老龄化给养老金支付带来的巨大压力，其中重要的一个改革措施就是延迟雇员的退休年龄，从而降低退休者赡养率。目前，世界主要工业化国家都将退休年龄确定为65岁，不少国家已经调整为67岁。

---

①　丁纯：《德国养老保障体制的改革》，《欧洲》2000年第2期。

②　郑秉文、胡云超：《英国养老制度改革“市场化”的经验与教训》，《辽宁大学学报（哲学社会科学版）》2003年第7期。

第七章

筹资模式改革

筹资模式改革的金融意义在于：养老金资产可以积累起来，可以行走起来，可以飞翔起来！

筹资模式改革的出发点是应对人口老龄化危机，进一步减轻社会保障（以下简称“社保”）支付压力。但是，筹资模式改革的落脚点却在于：养老金资产可以积累起来，可以行走起来，可以飞翔起来！

由于基金积累制下的退休待遇水平完全取决于账户基金的积累额，对人口老龄化不敏感，因此，自20世纪80年代以来，很多国家纷纷对现收现付制社会保障制度进行改革，向基金积累制、DC模式、个人账户制、市场化运营、年金化领取方向转变，已经成为全球养老金改革与发展的一大潮流。

笔者把养老金计划类型、筹资方式、账户管理方式、运营管理方式、领取方式合称为养老保险方式家族中五兄弟，简称为“养老方式五兄弟”①。

根据养老金积累方式和支付方式的差异，可以将养老金计划分为DB计划和DC计划两大类。根据养老金筹资方式的差异，可以将养老金计划分为现收现付制和基金积累制。根据养老金计划管理和经营主体的差异，可以将养老金计划分为公共部门经营和私营部门经营两种模式。根据养老金缴费与收益的对称性、激励性，可以将养老金计划管理分为统一账户管理和个人账户管理。根据养老金领取方式的差异，可以将养老金领取管理分为一次性领取与年金化领取。

从DB计划到DC计划

DB计划是收益确定型计划的英文简称，它是一种保险制度，是指养老金计划的发起人即企业②向计划参与者即员工做出承诺，保证其养老金领取按照

---

① 当然，养老保险方式家族中还包括有其他成员，如统筹层次、公积金方式等等，应该称之为“养老方式众兄弟”。因此，“养老方式五兄弟”的称呼并不准确，笔者只是为了简单表述起见，才采用这种并不严格的说法。

② 准确地讲，计划发起人应该是雇主，包括企业，也包括非企业的其他组织，如事业单位或非政府组织。为了简便和通俗，笔者尽量采用“企业”来统一表述。值得指出的是，“雇主”是一个比“企业”更加准确、更加宽泛的字眼。书中在介绍其他国家或地区的养老金制度时，有时仍然使用“雇主”一词。

事先约定好的标准进行发放。员工将来得到的退休金由一个特定公式决定，养老金收入主要与工作年限和以往的工资收入水平挂钩。通俗地讲，DB 计划是雇主提前向雇员承诺他们退休之后每月可以领取多少养老金的保险制度，即未来退休后可以领取多少养老金是确定的，它因此而得名。

DB 计划的基本特征包括：使用统一账户，员工退休待遇主要由退休前工资水平和工作年限确定，投资风险由企业承担，按照生命年金支付养老金。

DC 计划是缴费确定型计划的英文简称，它是由企业为员工建立个人账户，并按个人账户积累额支付退休金的一种养老金计划。

员工在退休之前，总共向养老金计划缴了多少费，数量是确定的，DC 计划也因此而得名。但是，员工退休后可以领取到多少养老金是不确定的，这是因为个人账户的养老金投资收益是不确定的，并且要由员工自己来承担投资风险。通俗地讲，DC 计划是只知道缴了多少钱，而不知道退休后每个月能够领到多少钱的保险制度。

DC 计划的基本特征包括：使用个人账户，员工退休金由其个人账户积累额决定，投资风险由员工个人承担，退休时可一次性领取养老金或分期领取养老金。

DB 计划与 DC 计划比较

DB 计划具有明显的再分配特点。一般情况下，年轻人对年老者、男性对女性、工作时间短的雇员对工作时间长的雇员、职业收入稳定者对退休前收入飚升者，会产生养老金补贴现象。原因是：年老者的精算成本高于年轻人；由于女性预期寿命普遍高于男性，从而女性领取的养老金要高于男性；计算养老金的支付是与员工退休前的收入联系在一起，而不是与雇员一生工资收入加总后的平均数相联系。

DB 计划是由企业来承担投资风险、长寿风险、员工结构调整风险。以员工结构调整风险为例，我们可以发现在 DB 计划下的不同类型企业所承担的养老金支付风险有很大的差异：

对于那些技术密集型的高科技企业、快速成长型的中小型企业而言，由于在职员工平均年龄偏小，退休职工人数偏少或者几乎没有，企业为雇员支付养老金的压力相对较小。

对于那些资本密集型的大中型企业、劳动密集型的大中型企业而言，由于产业发展时间长，退休人员数量多，企业为雇员支付养老金的压力相对较大。

DB 计划需要运用精算技术来管理，管理难度相对较大。

DB 计划的转移成本较高，可携带性较弱，不利于员工流动。

DC 计划是一种现金平衡计划，养老金的支付与账户资产积累是对称的，不会出现“空账”和“赤字”现象。这是 DC 计划与 DB 计划差别最大的地方。

DC 计划是由员工来承担个人账户的投资风险，同时还要承担养老金领取期的通货膨胀风险。

DC 计划中员工的养老金待遇通常是不确定的，它取决于员工个人账户的资产积累额。由于 DC 计划采用个人账户管理，员工对账户资产一清二楚。

从 DB 计划向 DC 计划转变

DB 计划在发展初期之所以独占鳌头，主要得益于 4 个方面的优势：与企业经营管理水平相适应；符合员工对于社会保障的惯性思维；与企业对劳动力稳定性的要求相一致；符合员工对收入稳定性的期望要求。参与者对未来的经济发展没有一个十分明确、清晰的预期，最担心的是收益不稳定，因此期望得到固定的收益而不是波动的收益。

自 20 世纪 80 年代以后，DC 计划得到快速发展，并且后来居上，其迅猛发展的主要原因表现在 6 个方面：

一是经济发展水平提高，市场化观念加强。随着经济发展水平的不断提高，带来经济结构的变革和就业理念的变化，使得传统的 DB 计划不能适应经济发展的需要。

二是金融环境相对改善，资本市场发展逐渐成熟。随着经济的发展，金融创新以及资本市场的发展与完善，使得 DC 计划在投资收益率上的优势得到充分显现，远远高于 DB 计划。尤其是 20 世纪 80 年代以来，全球经济强劲发展，新的投资工具不断涌现，对资本市场发展产生了强大的推动作用。借助于不同的投资工具，DC 计划可以满足具有不同风险偏好的计划参与者的需求。因此，DC 计划凭借在投资方面的优势，可以为计划参加者带来更高的投资收益，从而大受欢迎。

三是企业面临的经济系统性风险增强。随着经济发展的复杂程度提高，企业面临的系统性风险逐步增强。不少企业不愿再承担 DB 计划的各种风险，而倾向于通过 DC 计划来将风险转嫁给员工。

四是人口老龄化趋势日益严重。DB 计划由于需要给员工提供终身的养老金，在员工预期寿命普遍提高的情况下，企业经济负担更加沉重；DC 计划由于其在缴费和风险承担等方面的优势而得到越来越多企业的青睐。

五是就业观念的变革。人们不再愿意固守于某一份工作，更愿意去尝试和寻找对自我价值实现更为有利的工作，劳动力自由流动的意愿大大增强，导致 DC 计划受到欢迎。

六是投资理念的变化。随着资本市场的不断发展和逐渐成熟，个人的投资理念也在不断发生变化。年轻员工表现出较强的风险喜好，他们愿意自己来管理个人账户资金的投资，并及时了解账户资金变动情况，藉以自主合理地规划未来的退休生活。DC 计划支持员工自主选择投资方案，而且个人账户的投资组合和投资收益都十分透明，因此受到了普遍欢迎。

DB 计划和 DC 计划各具特点、各具优劣、各领风骚。从 DB 计划到 DC 计划的发展，同样是社会经济环境变化使然。

DB 计划和 DC 计划是养老保险方式的基础，“一家兄弟，彼此彼此”。由于 DB 计划让位于 DC 计划，结果“牵一发而动全身”，带动了其他养老方式的革命性变革。与养老金计划类型密不可分的是养老金筹资方式。

从现收现付制到基金积累制

现收现付制的筹资方式①主要通过税收，政府向所有当前的劳动者强制性征收社会保障税，形成社会保障基金，然后将社会保障基金相对公平地分配给

① 刘昌平：《养老金制度变迁的经济学分析》，中国社会科学出版社 2008 年版，第 50 页。

当前退休的人员。现收现付制的简单流程图为：当前劳动者→缴纳社会保障税→形成社会保障基金→支付收益→当前的退休人员。现收现付制养老保险的宗旨是全体退休老人都能够得到社会保障，避免因为年老、疾病和残疾等原因遭受贫困。

现收现付制的特点

现收现付制的一个重要特点是通过转移支付和收入再分配来实现社会公平。现收现付制下的转移支付或者收入再分配，一般采取两种方式：一是不同代人之间的收入转移，即代际的收入转移。结果是个人向社会保障制度的缴费和个人退休后所领取的养老金收益之间不平等，原因是当前劳动者所缴纳的税款大部分直接支付给当前的退休者了，不是自己为自己缴费。二是同代人之间的转移，即代内的收入转移。主要是因为个人收入水平、家庭经济状况、其他经济条件的差异，导致一部分经济条件好的劳动者对经济条件差的劳动者进行补贴。

现收现付制的一个重要缺点是效率损失。一方面体现为对劳动力市场发展产生不利影响，这些影响主要包括：不利于劳动力的自由流动，从而影响劳动力资源的有效配置；容易引致劳动者提前退休，特别是熟练工人提前退休或离职，进而对劳动生产率会产生不利影响，并且会降低劳动参与率；容易引导劳动力从正规部门向非正规部门转移。另一方面体现在对资本市场发展产生不利影响。这些影响主要包括：在现收现付制下，养老金计划的投资往往由公共部门来统一管理，而且一般只委托给一个或几个国有投资公司来操作，在管理者之间缺乏竞争，因此难以保证投资效率的提高；而且，养老金积累的资产规模一般都十分庞大，在资本市场规模狭小的国家里，公共部门设立的养老金投资公司往往处于垄断或寡头垄断的地位，不利于竞争性资本市场的形成。

由于现收现付制一般都采用税收筹资方式，而且采取强制性缴费的管理办法，并且一般只建立覆盖所有劳动者的统一账户。因此，从总体上看，现收现付制社会保障的管理相对简便。

如果联系到上一章中关于“参数式改革的基本逻辑”的内容，我们可以知道现收现付制度为什么自第二次世界大战后至20世纪70年代会迎来自己发展的“黄金时代”①。

一是人口持续增长。第二次世界大战后，世界各国出现了“婴儿潮”。人口持续增长导致退休者赡养率降低，从而社会保障制度的成本减小。

二是经济快速发展。从20世纪50年代中后期开始，发达工业国家进入了经济大发展的时期，一直延续到1973年底爆发石油危机进而演变成世界性经济危机为止，前后近20年。这个时期也被称为发达工业国家经济发展的“黄金时代”。1951～1971年的20年里，发达工业国家的年平均经济增长率高达5.3%。由于经济快速发展，在职职工获得了工资收入的大幅度提高，相对于已经退休者而言，退休金替代率降低，从而社会保障制度的成本减小。

三是收入水平稳步提高。第二次世界大战后，随着经济的快速发展，劳动生产率的大幅度提高，工人运动的进一步增强，发达工业国家收入水平、物质生活条件、劳动条件都有了明显改善。以日本为例，1951～1975年的实际工资扣除物价上涨因素，制造业工人的实际工资年平均增长率在6%左右。

上述三大背景虽然只是定性的描述，但是联系到社会保障制度的成本，就可以在公式中进行定量化的处理，并且反映出社会保障制度成本减小的趋势。

基金积累制的相对优势

基金积累制的主要特征是养老金领取金额的来源是个人账户资金的积累。在基金积累制模式下，给每一位劳动者建立个人账户，要求雇主和雇员分别向该个人账户缴费，这样个人账户资金在劳动者工作期间逐年积累。个人账户积累的资产主要包括两部分：连续缴费形成的本金、投资运作产生的投资收益。当劳动者到达退休年龄时，个人账户的所有资产就是劳动者在退休后的养老金收益总数。劳动者在退休时，可以一次性领取，也可以采取年金方式领取。

---

① 刘昌平：《养老金制度变迁的经济学分析》，中国社会科学出版社2008年版，第51～60页。

基金积累制的重要优势在于其提供的激励性，消除了收入再分配现象。由于基金制计划要求建立个人账户，并对个人账户进行严格和透明的账户管理，每一位劳动者退休收入的多少直接取决于缴费的多少、缴费期间的长短、投资收益的高低。

与现收现付制计划相比，基金积累制计划的优势表现在4个方面：

一是不对劳动者退休后的养老金领取数额进行承诺，计划参与者自己承担投资风险、长寿风险以及其他风险，因此，基金制计划的收支是平衡的，是一种现金平衡计划。

二是基金积累制计划的收入转移和再分配效应很小，养老金领取上的差异是由个人账户资产积累的差异所决定的，不允许对个人账户的资产进行“削高补低”式再分配，因此，它是效率导向的。

三是由于个人账户的资产积累完全属于个人，不会出现“鞭打快牛”、“吃大锅饭”的现象，因此，基金制计划的激励性强。有利于鼓励劳动者努力工作、推迟退休时间、尽量增加在职时的缴费，有利于提高劳动力市场的效率。

四是基金制计划与私营投资机构结合起来，有利于发展机构投资者队伍，有利于形成具有竞争性的金融市场。

养老金筹资方式的转变，即从现收现付制到基金积累制，一方面是社会经济发展的原因。如20世纪70年代之后主要工业化国家经济发展处于“滞涨”阶段，人口死亡率和出生率降低导致人口老龄化程度加剧，导致现收现付制社会保障制度的成本大幅度提高。另一方面是学术界对基金积累制宏观经济效应的充分挖掘。不少重要经济学家论证了现收现付制对私人储蓄存在“挤出效应”，而基金积累制对私人储蓄产生“刺激效应”；同时，他们还进一步论证了基金积累制比现收现付制更加有利于长期经济增长，可以产生长期增长效应。

1974年，美国经济学家马丁·费尔德斯坦在美国《政治经济学杂志》上发表了题为《社会保障、引致退休和总的资本积累》一文。他使用美国1929~1971年（不包括1941~1946年）的时间序列数据进行测算。测算结果显示：美国社保制度对国民储蓄有“挤出效应”，抑制了个人储蓄，减少了总的资本积累和国民收入，储蓄总量减少了38%。费尔德斯坦认为：大力发展基金积累制养老金计划，可以增加资本积累，可以使美国 GDP 永久性地增加大约 2%。实际上，这篇文章成为费尔德斯坦构思“美国长期资本发展战略”的理论基础。尽管这些观点并没有成为经济学家的共识，有不少经济学家甚至提出了针锋相对完全相反的观点。但是，由于主要工业化国家的储蓄率已经越来越低，成为阻碍经济发展的重大难题，而且摆脱经济“滞涨”也成为当务之急的事情，所以越来越多的政治家和决策者“宁肯信其有，不肯信其无”，逐渐接受并出台有利于基金积累制发展的配套政策。这样，基金积累制发展所需要的天时、地利、人和三者齐备。

从现收现付制到基金积累制转变，一个重要的问题是需要面对转轨成本，即养老金的隐性负债显性化问题。一方面，需要从技术角度做好准备，通过精算技术测算出隐性负债的规模；另一方面，需要从政策角度做好准备，通过财政政策为养老金制度转轨筹集资金。如智利模式下的“老人老办法，新人新办法”，政府发行“认可债券”进行资金筹措，等等。

在养老方式家族内的“五兄弟”中，以筹资方式名气最大、影响最广，几乎在所有的养老金改革和发展过程中，都可以看到其伟岸挺拔的身影。

从统一账户到个人账户

改革开放前，中国农村村级经济有集体经济和自留地经济之区分。集体经济的所有权归全体村民，自留地经济的所有权归村民个人。集体经济具有强烈的收入再分配特点，虽然少数村民勤勤恳恳、兢兢业业，如果大多数村民出工不出力，结果收成还是不会好，年终决算的时候大家还是分不到好收益，少数人的努力被大多数人的不努力抵消了。于是就出现所有村民在集体土地上干活“出工不出力，磨洋工”的现象，实际上，伟大的经济学家凯恩斯先生早就提出过一个著名的观点——“集体理性合成的谬误”，可以对此进行解释。但是自留地经济就不一样，干好干坏直接与村民个人的收益相关，干好了有好收成，干不好只有差的收成。所以村民会拼死拼活地在自留地上下工夫，结果自留地的收成远远好于集体土地上的收成。

其实，统一账户与个人账户，就好比是集体经济和自留地经济。从统一账户到个人账户，是财产权利的重大变迁。

统一账户有时也被称为公共账户，账户资金由所有参与者共同缴纳，账户权益由所有参与者共同所有，账户资金可以调剂使用和再分配，个人“缴多缴少”与个人最终“得多得少”没有直接关系，个人自然没有积极性。个人账户则与统一账户相对应，账户资金由个人缴纳，当然由企业缴纳并且归属到个人名下的资金也可以视为个人缴纳，然后进行积累直到退休领取，个人账户的资金完全由个人所有，个人“缴多缴少”与个人最终“得多得少”直接挂钩，可见激励效应十分明显。

从统一账户到个人账户的转变，与中国改革开放初期在农村实施的“家庭联产承包责任制”颇为类似，从集体经济和集体所有走向分田到户和责任到户。

从统一账户到个人账户，不仅是技术上的重大突破，更是权益上的重大调整，是养老金制度发展史上一次影响深远的重大变革。

个人账户的权益与资产属性

从个人账户的权益属性来看，从统一账户到个人账户，是财产权利即产权制度的重大变迁。由于统一账户往往与现收现付制捆绑在一起，个人账户往往与基金积累制捆绑在一起，这样统一账户代表的是政府或者企业在未来支付养老金的承诺，而个人账户则是实实在在的真金白银。因此，统一账户与个人账户又分别代表不同的资产属性。

经济学家认为，建立个人账户是观念上的进步、思维上的变革、行为上的革命。拥有一笔实实在在的资产即基金积累制，要比拥有一个“看不见摸不着”的纸面权利即现收现付制更有保证。拥有一个装有资产的个人账户，胜过政府在未来几十年以后才能够兑现的承诺。

中国著名社会保障专家郑秉文教授在讨论美国社会保障市场化改革的文章

中①，对美国社会保障改革核心即建立个人账户问题进行了详细阐述：

一是建立个人账户有利于提高资金保障的能力。传统的社会保障给付具有被削减的可能性。而建立个人账户以后，其资产将具有可靠性和保证性，个人账户资金合法的所有权比目前不可持续发展的制度承诺更有可靠性。

二是建立个人账户以后，社会保障就延伸成为可以继承的资产。美国现行的社会保障制度能够留给遗属的是一次性支付的255美元死亡抚恤金。而改革后的制度允许个人账户里的资产由其配偶和子女继承，这就改善了低收入人群和生命预期较短人群的待遇，提高了资产和财富积累的可能性。

三是建立个人账户可以为社会弱势群体增加额外的保护。鳏寡者获得可以继承的个人账户；离婚者可以对婚内积累的资产拥有共同的财产权；低收入群体可以有机会利用目前12.4%工资税的一部分建立个人金融资产。

四是建立个人账户可以提高投资回报率，其预期给付肯定会高于那些没有个人账户的人。传统制度下设定的给付水平只有在大量年轻劳动者加入的条件下才能得以实现。建立个人账户以后，养老保险的给付分成了两部分：原来传统的统一账户支付即“社会保障A部分”和来自个人账户即“社会保障B部分”，这两个部分的总和比现行制度下的给付要多得多。

五是建立个人账户将有利于实现基金积累。人们拥有了个人账户后，其资产不能用于非社会保障的目的，账户持有者可以根据自己的偏好进行投资组合。

六是建立个人账户将会激励劳动力的就业参与。建立个人账户后，个人会把缴费与未来的退休收益直接联系起来，而不会把它看成是一种纳税，从而会激励他们继续留在劳动力市场上。

七是建立个人账户将会提高国民储蓄率。

个人账户与权益归属

通常情况下，企业和员工共同向个人账户缴费，同时企业会要求员工必须为该企业工作满一定的时期才能获得企业缴费部分的权益，即为权益归属要

---

① 郑秉文：《围绕美国社会保障“私有化”的争论》，《国际经济评论》2003年第1期。

求。美国401（k）计划要求员工为企业服务满5年或7年后才能获得权益归属。5年的归属期，是指员工为该企业工作满5年，立即获得全部缴费的归属权，如果在满5年之前离开该企业，则完全没有权益归属，称之为“悬崖式”权益归属；7年的归属期，是指员工在7年内等比例获得权益归属，即工作满一年就可以获得1/7的权益归属，称之为“阶梯式”权益归属。从2002年开始，美国劳工部将最长的权益归属期调整为6年，同时规定计划参与者对个人缴费部分拥有立即的权益归属。

美国401（k）计划

401(k)计划也称为401(k)条款，是指美国1978年《国内税收收入法案》第401条第（k）项的规定，政府称其为现金或延迟安排（CODA）退休计划。通常人们只使用其俗名401(k)计划。

401(k)计划规定：只有符合下列条件之一，才能从个人账户中领取养老金：年龄大于59.5岁；死亡或永久失去工作能力；发生大于年收入7.5%的医疗费用；55岁以后离职、下岗、被解雇或提前退休。401(k)计划规定：参加计划的雇员，年龄大于70.5岁时，必须开始从个人账户中取款，否则，政府将对最低应取款额征税50%。

资料来源：保罗·卡哲夫：《10分钟401(k)计划入门》，麦克米伦出版社1996年版。Paul Katzeef, 10 Minute Guide to 401(k) Plans , Macmillan General Reference, 1996。

政府对权益归属期的明确规定，有利于保护员工的就业自由，有利于保护公众利益，避免企业对员工流动设置过多的障碍。中国国有资产监督管理委员会对国有企业建立企业年金计划的权益归属期，明确规定为8年。该规定既考虑了中国的国情，也参考了国际惯例，是一个值得赞赏的规定。

个人退休账户的金融与投资属性

通常情况下，个人退休账户的运营是从个人第一次缴费开始直到个人退休时一次性领取结束，时间会长达30~40年。在采用年金化领取方式情形下，个人退休账户的运营时间还会延长到个人生命的结束，时间会长达70~80年。

一方面，个人退休账户要把个人的缴费金额和支出金额一五一十地、分厘不差地记录在案。从这个意义上讲，个人退休账户管理类似于银行储蓄账户的管理，但是由于银行储蓄账户存在的时间要短得多，因此复杂程度要小得多。为了确保个人退休账户记录的完整性和准确性，为个人休账退户运营管理提供服务的金融机构普遍建立了信息技术支持系统，即个人退休账户管理信息系统。美国养老金服务市场的经验表明，在账户管理信息系统稳定性方面拥有绝对优势的金融机构，往往最有市场竞争力，比如以管理大企业为主的美国大都会保险公司，以管理中小企业为主的美国信安金融集团，都因此而在美国市场上声名显赫。联系到中国企业年金制度的运营管理现状，可以发现账户管理的重要性被严重低估了。

另一方面，个人退休账户资金需要进行投资运作，即个人退休账户投资管理。围绕个人退休账户，需要进行债券、基金、股票等资产配置工作；需要明确个人的投资选择权，退休领取的选择权，以及投资选择范围的限制；需要进行估值、清算等资产托管工作；需要进行个人退休账户内资产的分割和分配工作，通常情况下个人退休账户内的资产在离婚时要在配偶间进行平均分配；需要限制对个人退休账户资产的使用，退休之前不得提取个人退休账户资金进行消费。因此，个人退休账户的投资属性十分明显。

个人退休账户(IRAs)

根据1974年美国《雇员退休收入保障法》（ERISA），确立了个人退休金账户（IRAs）作为重要的养老储蓄工具，建立了第一个IRAs即传统IRAs，并且明确了它的两个作用：一是为没有参加养老金计划的个人，提供一个有税收优惠的储蓄计划；二是当雇员工作变动或者退休，允许雇员将雇主发起的养老金计划资产转入IRAs。该法案规定年龄低于70.5岁的雇员都有资格参加缴费，每年可向IRAs缴纳1500美元或收入的15%两者中的较低额。后来，随着法案的不断完善，缴费限额不断提高。

资料来源：黄星星、董登新：《美国个人退休账户30年发展历程》，《武汉科技大学学报（社会科学版）》2006年第6期。

个人账户的可携带属性

建立个人账户，有利于从技术上解决养老保险的可携带性问题。从一定意义上讲，个人账户权益和资产的可携带性，是对员工就业和择业自由度的提高，是对劳动者职业选择自由权的一次大解放。

对于发展中国家以及经济转型国家而言，实现劳动力的自由流动，首先需要解放的是年轻人。由于统一账户制度的限制，以及不少企业规定员工只有在本企业退休时才能领取养老金，使得养老保障对于年轻职工而言是“望梅止渴”、“画饼充饥”。通过建立个人账户，定期获得权益归属，从而提高了劳动者职业选择的自由度，提高了劳动力市场的效率。

个人账户成就可以“漫游”的养老保险

手机作为现代通信工具，早已走进中国的千家万户。使用过手机的人都有切身感受，在当地购买的手机和办理的卡号，通过手机漫游方式可以异地使用，并且获得“沟通无限制”的使用便利，不但可以全国漫游，而且可以全球漫游。

于是，老百姓一直纳闷：为什么社保、商业保险“漫游”不起来？为什么养老金异地转移和异地领取一直不可实现？其实，个人账户没有建立好是其中的重要原因。

身份证将成终身社会保障号码

过去，中国总是需要通过开具单位介绍信的方式来证明每一位劳动者的身份，小到进出院门，大到去银行领取汇款，去邮局领取包裹，出差登记住宿。于是，我们十分羡慕美国的社会管理水平：每一位美国人都拥有一张小小的但是威力无比的社会保障卡。它与身份证为同一个号码，不但储藏着个人的社会保障信息，也储藏着个人的银行信用记录，甚至储藏着每个人的交通安全信息，通俗地讲就是个人闯交通信号灯的经历也被记录其中。

最近从新闻报道中得知，中国人力资源和社会保障部（以下简称“人社部”）正在筹划尽早建立健全全国社保信息查询系统。“先从农民工做起，逐步推广到全部参保人员都有社会保障卡”，将身份证号码作为本人全国通用、终身不变的社会保障号码。我想，一旦身份证成为终身社保号码，中国社保制度的发展又会出现一次新的“提速”。

从统一账户到普遍建立个人账户，标志着养老金制度改革和发展的突飞猛进。可以说，小小个人账户，非凡社会进步。养老保险方式家族中的小兄弟们同样有“神龙见首不见尾”的惊人技艺。

运营管理与领取管理

由于1997年亚洲金融危机爆发，导致中国资本市场持续低迷数年，结果“证券公司挪用客户保证金”现象浮出水面，掀起了一场此起彼伏的券商倒闭潮，不少当年叱咤风云的证券公司如今早已销声匿迹。

由于工业化、城镇化发展的需要，中国不少地方政府不得不进行征地移民，于是出现了失地农民和被征地移民的现象。本来地方政府在征地时已经向他们一次性支付了失地补偿金，但是当他们把补偿金花完后，又要求政府再次提供补偿，结果导致群体性上访事件大面积爆发。

上述两个现象的发生，从一定意义上讲与中国当时金融发展落后状况相关。缺乏资产托管机制，券商挪用保证金现象才能大行其道。采取一次性领取而不是年金化领取补偿金的做法，往往会引发失地农民的集体上访事件。

资产托管机制和年金化领取方式，其实就是养老金运营管理和领取管理环节的重要机制设计。

公共部门经营与私营部门经营

根据养老金管理主体的差异性，养老金管理方式可以分为两大类：一是由公共部门集中管理；二是由私营部门分散管理。公共部门集中管理是指由政府部门或其附属机构制定养老金政策、收取养老金缴费、管理养老金发放、管理养老金投资。私营部门分散管理是指由私营机构对养老金进行经营管理，参与管理的金融机构往往包括养老金公司、基金管理公司、证券公司、信托公司、商业银行、保险公司等，有些国家还允许规模巨大、雇员人数众多的大企业通过建立“养老金理事会”方式来自行管理养老金。

在公共部门集中管理养老金的模式下，养老金业务的经办主体往往是唯一的，意味着养老保险服务主体具有垄断性。在私营部门分散管理养老金的模式下，私营机构之间是竞争性的，养老金公司、基金公司、证券公司、信托公司、商业银行、保险公司等金融机构往往会同台竞技，自然会出现“八仙过海，各显神通”的可喜局面。

现代经济学的基本原理表明，在垄断条件下，市场机制难以有效配置资源，消费者应该得到的利益难以实现，政府监管的效率难以提高，产业竞争力和国际竞争力难以增强，行业面临的系统性风险反而攀升，所以必须让市场真正起作用，通过竞争来创造繁荣。

发达国家养老金管理的历史经验表明，公共部门管理的养老金收益率水平往往很低。即使是公积金制度的“样板”国家新加坡也同样如此。造成这种状况的原因是多方面的，主要原因有两个：一是由于经营者的垄断地位，难以在技术创新、管理创新、制度创新等方面下工夫，导致经营管理效率低下；二是养老金资产的公共管理者，往往响应政府要求将资金投放于政府债券或贷款给经营不善的国有企业，结果遭遇投资亏损或者只能获得较低的投资收益。

从20世纪70~80年代开始，在世界范围内出现了波澜壮阔的养老金市场化改革浪潮。基于降低公共养老金经营管理的成本、提高公共养老金的投资收益率、避免出现养老金支付危机等方面的考虑，这些国家纷纷对公共养老金管理体制进行改造，其中一个重要举措就是通过市场化运动来实现由公共部门经营转变为主要由私营部门经营。

合同方式与信托方式

根据养老金运营的法律关系管理，目前世界上主要有两种管理方式：一种是合同方式；另一种是信托方式。采用信托方式的国家或地区受英美法的影响较大，采用合同方式的国家或地区受大陆法的影响较大。目前，采用信托方式发展养老金计划的国家或地区主要包括英国、美国、智利、澳大利亚和中国香港地区，非常有意思的是中国企业年金制度也采用信托方式进行管理。采用合同管理方式发展养老金计划的国家主要包括法国、德国等。

合同方式是指通过交易、买卖关系来构筑交易双方的经济利益关系，并且以财产权利为基础来承担履约责任，其法律基础是合同法。以合同方式来发展养老金计划，非常典型的做法是企业和保险公司之间签署《企业补充养老保险合同》。企业作为投保人，企业职工作为被保险人和受益人，保险公司作为承保人，企业、职工和保险公司三方成为合同的利益关系人。

签署《企业补充养老保险合同》之后，企业将企业财产转移到保险公司，实际上保险公司和企业之间发生的是一种交易关系，企业得到的是以合同方式为法律凭证的收益承诺，保险公司得到的是实实在在的可以投资运作的资产，保险公司取得了对这部分资产的处置权和支配权。于是，保险公司承担了养老金计划运营所需要的账户管理、投资管理等职责，并且完全由保险公司通过内控制度建设来进行风险控制。

信托方式是委托人、受托人和受益人之间基于特定财产的持有、管理和收益分配而发生的社会关系，是委托人基于对受托人的信任，将其财产权委托给受托人，受托人以自己的名义为受益人的利益和目的而进行信托财产的管理。

一旦企业与受托人签署《受托管理合同》，企业缴费的财产权利归属关系立刻发生改变，成为养老金资产，它立刻独立于企业自有资产。当然它也独立于受托人的自由资产。很显然，信托方式是一种将养老金资产与企业自有资产“隔离”开来的制度设计，可以确保受益人的利益不受损害。

在信托方式下，受托人是养老金计划运营管理的核心。受托人既要接受委托人和政府监管机构的监管管理，又要行使对账户管理人、投资管理人、托管银行等其他角色的选择和监督。

在信托方式下，养老金计划拥有多名管理角色：受托人、账户管理人、托管银行、投资管理人。这样，就相当于为养老金计划建立了一个联合管理团队：“一把手”是受托人，出纳是托管银行，会计是账户管理人，投资管理人负责资产的具体运用。会计与出纳不是同一个人，分别由不同的两家机构来承担，起到了防范风险的作用。

信托方式的主要优势表现为：信托财产的独立性，有利于保障养老金资产安全；针对受托人所设立的忠诚原则和审慎人原则要求，有利于保护受益人利益；严格的监管体系与全面的信息披露要求，使得信托型养老金计划的管理更加透明。信托方式的最大不足是管理成本高于合同方式。

与信托方式和信托理念相适应，针对信托方式下的养老金计划，普遍建立了由第三方来实施的资产托管机制，这是养老金管理上的重大进步。

建立资产托管机制

从说文解字的角度来看，“信托”就是基于信任而产生的托付行为，“托管”就是对所托付的对象实施管理。对中国而言，托管机制是一种完完全全的舶来品，可喜的是它早已深入到社会经济发展当中。例如，在信息技术领域，有“服务器托管”；在劳动关系管理领域，有“户口和档案托管”；在产权交易领域，有“非上市企业股权集中托管”等等。当然，金融领域的资产托管，其影响最为深远，其作用更为凸显。

资产托管机制，主要是指以商业银行为主体的金融机构，接受客户委托，安全保管客户资产，行使监督职责，并提供投资管理相关服务的业务。承担资产托管职责的商业银行，在信托关系中也因此有了“托管银行”的别称。

托管银行主要履行资产保管、资金清算、投资监督、财务报告、纪录保存等职责。中国金融领域大规模开展资产托管服务，与《中华人民共和国证券投资基金法》、《证券投资基金运作管理办法》的实施相联系，与证券投资基金业务开展相伴随。

资产托管服务的开展，有利于促进证券市场健康规范发展，有利于贯彻“诚实信用、勤勉尽责”的行为准则，有利于建立严密科学的风险管理和内部控制体系、严谨规范的业务管理模式，有利于切实维护资产委托人利益。由于资产托管对资产安全的重要性和有效性，中国资产托管业务范围从最初单一的证券投资基金扩展到了社会保障、证券、信托、保险、QFII 等多个领域。

前车之鉴，后车之师！

1997 年亚洲金融危机爆发后，随着中国资本市场的持续低迷，“证券公司挪用客户保证金”现象浮出水面，掀起了一场此起彼伏的券商倒闭潮，南方证券、大鹏证券、华夏证券、中关村证券、汉唐证券等先后遭遇破产或者被托管的命运。挪用客户保证金现象在如此之多的券商身上发生，并且给如此之多的投资者带来资产损失，不能简单地归结为某一两家证券公司的道德问题，而应该从更加广泛的金融管理角度来进行深刻反省。资产托管机制的缺乏，恰恰是十分关键和十分致命的重要原因。

2007 年，美国次级贷款危机引发的金融危机给全球经济和金融发展带来严重的冲击，中国股市也遭遇大幅度下跌，但是这场百年不遇的金融危机并没有对中国金融机构特别是券商和基金公司带来致命的打击，一个重要原因是中国金融体系的“健康状况”得到了提升。其中，资产托管工作开展的普遍性和规范性，大大提高了中国金融安全性和金融稳定性。

在养老金资产管理中引入托管机制，是基于风险管理、确保资产安全的重要制度安排，是确保养老金制度长治久安的重要金融手段。

从一次性领取到年金化领取

年金，顾名思义是指一年一次的金额支付。广义上讲，年金是指定期支付一定金额的支付方式。年金化领取方式是指将个人养老金资产定期支付一定金额给年金受益人的一种养老金领取方式。

由于可能进行高风险投资，或者不合理地安排消费支出，退休者在退休时一次性领取养老金，往往难以充分起到养老保障的作用，他们很有可能重新落入贫困的境地，最后政府不得不对这些退休者提供困难救助。在这种情况下，虽然从制度上安排了丰裕的退休金，但是退休金没有充分起到养老保障的作用，政府不得不承担额外的公共开支。这种现象表明，年金化支付方式对确保老年经济安全非常重要。正是基于这种认识，近年来不少国家要么通过立法来强制推行养老金年金化领取方式，要么对年金化领取方式实施税收优惠政策，引导人们进行选择。

中国也同样遭遇过以上现象。过去，地方政府通过计算当前利益损失和未来养老保障需要，向失地农民或被征地移民发放一笔补偿金。后来调查发现，他们中的不少人将政府发放的补偿金用于高风险投资如购买股票。当这些人在投资遭遇亏损陷入经济困境后，又来找政府要补贴和救济，结果出现了大面积的集体性上访事件。现在，地方政府也吸取了教训，他们纷纷改变过去的做法，只针对这些农民的当前利益损失进行现金补偿，针对他们未来的养老需要则是通过向寿险公司购买年金化支付方式的《团体年金保险》来解决，以此减少政府的重复补偿和不必要的增加开支。

年金化领取的实现条件

购买商业性养老保险产品是年金化领取实现的一种重要方式。通过购买保险公司的养老保险产品，将个人账户的资产转化为一份养老保险产品，定期得到保险金收益，同时享受保险公司在领取期间内的资金运用收益，避免通货膨胀风险，从而最终提高养老金计划的资金收益，合理安排消费支出，确保老年获得稳定的收入来源。

保险公司开发的年金化产品主要包括：即期年金、延期年金、永续年金、确定年金、有确定期限的生命年金、递增年金、递减年金、联合生存年金、指数年金等多种年金产品。

保险公司应该立足于精算技术优势与多样化的年金保险产品开发优势，一方面，为年金化领取提供精算技术服务，以保证年金化领取的公平性与合理性；另一方面，应该充分利用精算技术优势，为年金化领取提供合适的年金保险产品，并根据需要及时开发新型的年金化领取产品。

运营管理与领取管理看似微观，其实宏观经济效应十分显著。

养老方式“五兄弟”组成了一个不可分离的制度整体，“牵一发而动全身”。

第八章
结构性改革

结构性改革的金融意义在于：以第二、第三支柱为代表的养老金资产，得到突飞猛进的发展，起到了汇聚长期资本的作用。

结构性改革是指养老金体系朝着多支柱方向发展。

建立多支柱养老保障体系，是对单支柱养老保障体系的重构，主要包括建立企业养老保险计划、个人养老保险计划，朝着构建“多支柱、多层次、多元化”养老金体系方向发展，降低国家公共养老金计划在养老保障收入体系中的地位和作用，减轻国家财政负担。

从单支柱到“三支柱”再到“五支柱”，是全球养老金发展的伟大进步，代表了全球养老智慧发展的中西合璧趋势。

世界银行在1994年向世界各国推荐“三支柱”养老模式，拉开了全球养老保障体系建设从单支柱转向多支柱的序幕，标志着全球养老保障体系从此进入多支柱时代。10年之后，世界银行在2005年底开始向世界各国推荐“五支柱”养老模式，家庭养老方式和孝道文化被认为是全球养老智慧的中国贡献，正式纳入制度性的全球养老模式框架内。

结构性改革的出发点是为第一支柱即社会保障减压减负。但是，结构性改革的落脚点却在于：以第二、第三支柱为代表的养老金资产得到突飞猛进的发展，起到了汇聚长期资本的作用。

从单支柱到“三支柱”

1994年世界银行出版了第一本重要的养老保障著作，即《防止老龄危机——保护老年人及促进增长的政策》，这是世界银行首次提出并向各国政府推荐建立养老金制度“三支柱”的思想和建议。该书的主要内容包括：为避免存在的问题，将储蓄功能与再分配功能进行分离，在两个不同的强制性支柱下，用不同的筹资模式和管理方式去分别完成：一个是公共管理的、以税收筹资的现收现付制的养老金制度；另一个是私营部门管理的、完全基金积累制的养老金制度。第三个支柱是自愿的、商业化的养老储蓄制度。

在世界银行之外，三大国际组织：国际货币基金组织、经济合作与发展组织（OECD）、国际劳工组织，也在多年研究的基础上，于20世纪90年代分别了提出了建立多支柱养老金模式的改革和发展建议。

目前，世界上大多数国家都先后建立了“三支柱”养老金制度。那么，国家在建立、发展、改革养老金制度方面的大智慧、大学问到底是什么？究竟在哪里？

在笔者看来，养老金制度安排的最大奥妙就在“三支柱”上，“三支柱”是纲，纲举目张。“三支柱”，谁大谁小、谁先谁后、谁主谁次，学问大得很。可以说，如何摆布、重构“三支柱”，如何处理好“三支柱”之间的主次关系、主辅地位，反映了“养老金治国”的大智慧、大聪明。

从“三支柱”到“五支柱”

2005年底世界银行出版了第二本养老保障著作，即《21世纪的老年收入保障——养老金制度改革国际比较》，该书被誉为世界银行参与养老金研究工作的又一个里程碑式成果。该书扩展了“三支柱”的思想，进而提出了“五支柱”的概念和建议，“五支柱”是指：提供最低水平保障的非缴费型“零支柱”；与本人收入水平挂钩的缴费型“第一支柱”；不同形式的个人储蓄账户性质的强制性“第二支柱”；灵活多样的由雇主发起的自愿性“第三支柱”；建立家庭成员之间或代际非正规保障形式的所谓“第四支柱”。

中国著名社会保障专家、中国社会科学院欧洲研究所所长郑秉文教授认为：过去10年间，大多数国家的养老金制度都没有实现其预定的社会政策目标，明显地扭曲了市场经济的运行，不断老龄化的人口导致了其财政发展的不可持续性。这些事实是世界银行从建议“三支柱”向建议“五支柱”转变的根本原因。10年的经验也说明，养老金制度单靠一个支柱难以满足需要，多支柱的制度设计能够更好地实现养老金制度的多重目标：首要目标是消除贫困和熨平收入差距，同时能有效地应对养老金制度普遍面临的经济、政治和人口风险。多支柱制度设计有更大的灵活性，能更好地适应养老保障各主要目标人群的情况。

可以看出，从“三支柱”模式到“五支柱”模式，既坚守了“三支柱”模式所体现的基本思想，同时也进一步明确和强调了养老金制度在消除贫困和熨平收入差距方面的经济功能，特别重要的是体现了对中国养老智慧贡献的尊重和赞赏。

全球养老智慧的中国贡献

解决养老问题同样有“中医”和“西医”之分，中西医结合、中西药结合是标本兼治的良方。全球养老智慧中的“中医药成分”究竟是什么呢？

答案是：家庭养老方式和孝道文化传统。

家庭养老是中国千百年来的传统养老形式。以家庭为载体，依靠家庭保障力量，在家庭和家族内部实现老有所养。新中国成立以来，中国仍然坚持家庭养老方式的重要性。1996 年 8 月 29 日《中华人民共和国老年人权益保障法》颁布，该法第二章《家庭赡养与扶养》中的第十条明确规定：“老年人养老主要依靠家庭，家庭成员应当关心和照料老年人。”现在来看，家庭养老仍然至少具有三个方面的好处：一是物质生活可以得到保障，通过从子女那里获得吃、穿、住、用等方面的生活资料，可以起到反贫困的效果。二是日常生活可以得到照料，通过子女的精心敬养和护理，可以起到增进健康的效果。三是精神生活可以得到慰藉，通过与子女们朝夕相处，享受儿孙绕膝的天伦之乐，可以减少晚年的孤独和寂寞。

难怪中国著名社会保障专家、中国人民大学郑功成教授指出：养老方式可以分为五大境界，最高境界就是家庭养老，因为它最符合中国人的传统观念。就像《红楼梦》里面的贾老太太一样，子孝媳贤，经济条件又好，在这个环境里养老对老人来说最幸福①。

家庭养老模式在中国传承了数千年，经久不衰，历久弥新，同时还形成了源远流长的孝道文化。《三字经》里的“首孝悌，次见闻”直接进入幼儿的启蒙教育课本，“二十四孝”的故事在古代中国家喻户晓，孝道文化在中国养老实践中一直扮演着十分独特的作用。

世界银行提出的“五支柱”模式，使得古老的中国养老智慧再一次在西

---

① 郑功成：《建立中国特色的养老保障体系》，新浪网，2008 年 3 月 17 日。

方乃至全球盛行开来，正在成为医治西方日益臃肿的养老保障体系“富贵病”的中医中药，颇有“墙内开花墙外香”的味道。

《七律·全球养老智慧》

为了简略地表述了全球养老智慧及中国贡献，笔者撰写了《七律·全球养老智慧》。

《七律·全球养老智慧》

养儿防老传千载，百善孝先万难迈；
知其不可亦为之，天伦之乐慷又慨。

青青天时已不再，步步地利难等待；
悠悠孝心诚可建，有心无力莫责怪。

三柱模式先河开，五柱模式接踵来；
又降福利又减税，开源节流祈国泰。

市场有为呈异彩，政府奇功需担待；
社会家庭和企业，丰裕康乐自开怀。

为解决养老问题，古今中外都积累了非常丰富的养老智慧。他山之石，可以攻玉。中国需要借鉴国外的养老经验。全球养老智慧中的中国贡献，是中国人的骄傲，是中国千百年来传统文化的骄傲，我们千万不能舍近求远反而丢掉了最本土化的宝贵精神财富。

从“三支柱”到“五支柱”，实质是强调不同力量介入养老领域，强调不同主体参与养老发展。同时，养老力量和养老资源发展还具有多元性、多主体特点。

养老六君子

解决好养老问题，首先需要明确养老责任主体。从国际经验来看，个人、家庭、市场、政府、企业、社会成为解决养老问题的六大责任主体，缺一不可。六大养老主体争先恐后、不遗余力地为养老发展贡献力量，赢得了“养老六君子”的美名。然而将养老责任准确无误地分配到每一个主体身上，虽然十分重要，但是十分困难。

笔者提出“养老六君子”的概念，就是希望六大主体有君子之风、大丈夫气概、古道热肠的胸怀，能够通力合作，精诚团结，共同协商，共同努力，为实现老有所养的社会发展目标争先恐后、不遗余力地贡献力量，而不是你推我让，斤斤计较，无人问津。

养老保障体系建设的六大主体

为了有效解决日益严峻的养老问题，同样需要建立由个人、家庭、市场、政府、企业、社会六大主体共同参与的“对话机制”，通过对话来明确责任。

非常可喜的是，在解决养老问题上的“六方会谈机制”不但早已建立，而且已经初步达成了许多方面的共识。下面是笔者对这些共识的概括。

个人作为养老保障最直接的主体和当事人，应该提前和尽早为自己的退休养老积累资产，积极向养老金账户缴费。并且尽可能地将长寿风险、疾病风险、通货膨胀风险等因素充分考虑进来，稳妥地做好退休生涯的经济和财务规划。

家庭在东方文明中扮演着不可替代的伟大作用，既是人们心中永远温暖的港湾，又是老年人生活中的避风港。家庭成员充分发挥赡养老人、孝敬老人的社会功能和经济功能，可以有力地推动养老事业的发展。

社会既要承担起确保老年人经济安全的责任意识，又要通过开展养老教育、风险教育，来提高全社会成员的风险意识；既要通过发挥慈善组织和非政府组织在筹集养老资金、提高对老年人利益的关切度、充分表达老年人需求意愿、积极推动养老政策发展等方面的作用，又要营造出尊重老人、关爱老人的良好社会氛围。

第一，塑造尊重和关爱老年人的良好社会风尚。

第二，通过各种非政府组织来表达老年人需求意愿。

第三，通过慈善行动为老年人经济安全筹集资金。

第四，通过多种方式接纳老人就业并实现老有所为。

第五，推动养老学术研讨、政策发展和养老教育。

第六，组织精算师、律师、会计师等专业力量保护老年人权益。

政府在养老保障体系中应当充分履行道德责任、经济责任、法律责任、管理责任、监督责任。

第一，建立和健全社会保障制度。

第二，建立和完善多层次养老保障体系。

第三，实施针对养老金计划的税收优惠政策。

第四，为养老金的持续健康发展提供监管服务。

第五，发展金融和资本市场，实现养老基金保值增值。

第六，发展养老金融，推动长期经济增长和经济发展。

第七，提供包括人口生命表在内的公共服务和公共信息。

市场经济条件下的养老保障体系建设一直面临着公平与效率、公共管理与私人管理、当前运行与可持续发展等多方面的冲突和挑战。既要避免“市场失灵”的现象，即陷入“守夜人”国家模式下养老金供给不足的困境；又要避免“政府失灵”的现象，即陷入福利国家模式下“福利病”盛行的困境。养老发展过程中市场的作用主要表现在：

第一，为养老需求提供充分竞争的市场化服务。

第二，为养老保障体系建设提供多元化的管理模式。

第三，为养老金融发展和养老产业发展创造有利条件。

第四，为商业养老保险发展提供市场化空间。

第五，通过市场化运营为公共养老基金提高管理效率。

企业在养老保障制度中应该充分履行道德责任、社会责任、经济责任、管理责任。

第一，建立包括补充养老保险在内的薪酬福利制度。

第二，积极参与社会公益福利事业发展。

第三，积极实施保护员工健康的管理制度。

第四，积极落实包括休假制度在内的各项制度。

第五，积极组织针对员工养老基金投资的教育活动。

第六，积极组织针对员工养老基金的监督管理。

目前，各国六大养老主体在解决养老问题上的责任分工，既是长期对话协商出来的结果，也是今后不断对话、不断调整责任分工的起点。

养老保障体系建设的殊途同归

养老发展的最根本目的在于确保老年人经济安全，提高全社会的福利水平和幸福程度。它是人类文明和进步的必然要求，同时也是衡量政府执政能力、社会治理水平、市场发育程度的一个重要标尺。

“六方会谈”作为一种对话和协商机制，最大的特点在于充分兼顾了所有利益相关者和利益主体的诉求。养老六君子的“六方努力”最终目的在于整合各方资源形成共同合力，一起分担养老负担和养老责任。

从中西养老保障体系建设的实践来看，西方国家首先强调的是个人和市场两大主体的作用，后来才开始强调政府和企业两大主体的重要性，最近才开始强调社会和家庭的重要性。

中国最早强调的是家庭和社会的重要性，后来才开始强调政府和企业的重要性，但是中国至今尚未充分认识到市场和个人两大主体的重要性。

当然，养老保障体系建设涉及多个支柱、多个主体、多重关系，需要进行平衡，需要和谐相处。

养老十和谐

谱养老之曲，求和谐之音。养老和谐是养老发展的一种理想状态，是建设

“养老理想国”的重要标志。它既是人的全面发展的需要，是社会经济统筹发展的需要，又是养老保障体系实现公平与效率的需要，是实现可持续发展的需要。

“养老十和谐”并不实指养老和谐只有十个方面，而是虚指养老和谐具有丰富多样性。

养老发展与社会经济发展的和谐

养老发展是社会经济发展体系中的重要组成部分，它与经济、财政、金融、产业、人口与就业、监管、教育、法律等八个方面的发展密切相关。

一方面，工业化、城镇化、市场化、国际化等社会经济环境的发展变化，直接影响养老发展；另一方面，养老发展又直接作用于经济增长中的投资、消费、国际贸易“三驾马车”。

国家经济持续发展，财政收入持续增长，往往会推动养老发展。针对养老金制度的税收优惠政策，大多是工业化国家在经济发展强劲时候实施的重要政策。反过来讲，正是因为工业化国家普遍面临过大的财政压力，它们才不约而同地选择进行养老金改革，从而掀起了全球养老金市场化改革的大潮。

因为金融市场发展和法治环境的改善，养老金资产大量投资于金融市场，并且获得较好的投资收益。一方面吸引越来越多的劳动者参加养老金计划；另一方面导致养老金计划类型出现重大转变，开启了伟大的养老金新时代，养老金也成为工业化国家金融体系中的第四大支柱。但是，经济周期、利率周期、金融市场和资本市场周期同样对养老发展产生重大影响，特别是持续时间较长的金融危机往往导致养老金资产的大幅缩水。

养老需要是养老产业发展的动力，横跨第一、第二、第三产业的养老产业是国家产业体系的重要组成部分，包括养老公寓及养老房地产业、老年医疗产业、老年保健产业、老年旅游产业等产业形态。当然，国家其他产业的发展，也有力地推动了养老产业发展。

人口发展对养老发展的影响非常深远，最重要的莫过于人口结构变化对养老金制度发展的影响。可以说，是人口结构变动决定了社会保障制度改革的最终方向。目前，不少工业化国家被迫采取鼓励生育政策、宽松的移民政策、良好的劳务输入政策，就是希望改善已经或正在恶化的人口结构。

由于养老金资产的长期性，养老金运营的多环节性，以及确保养老金资产安全性的要求，推动了养老金监管的发展。无养老金监管，便无养老金的稳健发展。但是，养老金监管体系本身也需要发展。过于严格的养老金监管，将导致养老金制度的低效率；过于宽松的养老金监管，又将导致养老金制度失去安全性。因此，安全性与收益性、发展与监管，需要平衡，需要和谐。

养老教育的开展，法治环境的改善，都是有利于养老发展的重要手段。

公平与效率的和谐

确保公平是养老保障体系的基本要求，提高效率是为了实现养老保障体系可持续发展。同时，公平与效率本身也需要权衡。从养老待遇的公平性、养老权利的普遍性来看，需要实现代际和谐、代内和谐、城乡和谐。从养老制度的效率性、养老利益的稳定性来看，需要实现养老方式的和谐、多支柱之间的和谐。

代际和谐，即退休职工与在职职工的养老和谐。代际和谐的焦点是如何科学合理地确定退休职工的基本养老保险标准。通俗地讲，退休待遇高也高不得，低也低不得。待遇过高，会加重在职职工的负担；待遇过低，会降低退休职工的生活水平。

代内和谐，即男性与女性的养老和谐。代内和谐的理论基础是女性要比男性更为长寿，通常情况下会长寿4～5岁。基于这种寿命长短的差异，女性应该比男性得到数量更多的养老金，才不至于出现女性退休后的养老待遇低于男性。由于中国实行女性比男性提前退休的政策，男女退休待遇的差距被进一步拉大，需要通过有效的办法来改善代内关系。

城乡和谐，即养老保障体系覆盖城乡和全体国民。党的十七大明确提出，到2020年，中国将建立覆盖城乡居民的全国统一的社会保障体系，届时城乡养老和谐的局面将展现出来。

养老方式和谐，即DB计划与DC计划发展、现收现付制与基金积累制、统一账户与个人账户、公共部门管理与私人部门管理、从低层次统筹到全国统筹、安全性与收益性、传统文化发展与现代制度建设等7个方面要实现和谐。

多支柱之间的和谐。从国际经验来看，“三支柱”养老保障模式下的第一、第二、第三支柱之间，存在一定的补充和替代关系，三大支柱的养老金替代率①分别为 40%、30%、10% 左右，养老金替代率总水平保持在 70% ~ 80% 左右，可以确保劳动者退休前后生活水平不至于波动太大。

目前，中国覆盖城镇企业职工的基本养老保险制度（即第一支柱），目标替代率为 58% 左右，补充养老保险（即第二支柱）的目标替代率为 20% ~ 30%，个人储蓄性养老金（即第三支柱）的目标替代率为 10%。但是，中国基本养老保险的实际替代率远远高于 58%，有些地方或者行业甚至高达70% ~ 80%。与国际做法相比，中国养老保障体系的第一支柱“以一抵三”，其替代率水平相当于发达国家三个支柱的总和。可见，中国的第一支柱又粗又壮，当然“虚胖”；第二、第三支柱又瘦又小，当然“要长大”。

很显然，中国第一支柱承担的养老责任过于庞大，一方面使得国家承担的财政压力过大，使得基本养老保险制度发展不可持续；另一方面，第一支柱挤占和替代了第二、第三支柱的发展空间，造成三个支柱之间发展的不平衡、不协调。

① 养老金替代率是指劳动者退休后养老金领取水平与退休前工资收入水平之间的比率。它是衡量劳动者退休前后生活保障水平落差的基本指标。或者称之为退休收入替代率、退休金替代率、收入替代率。

第三部分

养老金发展
汇聚长期资本

在老龄化背景下，养老金发展正在成为世界各国的核心经济政策。

——刘云龙

用经济学专业术语来表述，养老政策发展是内生于社会经济发展的需要。通俗地讲，养老政策发展是由老百姓的养老需要所决定的，而不是由政治家凭空创造出来的，即使伟大的政治家也只是扮演引导发展的角色。

从当前养老政策发展的现状来看，它已经成为财税政策、金融政策、产业政策、人口与劳务政策、退休年龄政策、教育政策、监管政策等七大经济政策的重要内容。

随着养老金参数式改革、筹资模式改革、结构性改革措施的实施，随着养老金政策成为核心经济政策，在全球人口老龄化时代，出现了奇特的两极现象：一端是人口老龄化汹涌澎湃，另一端是以养老金为代表的长期资本日积月累。

由于养老金体系的第一支柱为社会保障制度，仍然主要采用现收现付制，积累的资产规模相对有限。因此，以养老金体系的第二、第三支柱为代表，构成了养老金发展汇聚长期资本的主渠道、主战场！

一半是海水，一半是火焰。

一端是人口老龄化浪潮汹涌澎湃，一端是养老金资产日积月累。

第二、第三支柱养老金的发展注定要成为汇聚长期资本的主渠道、主战场！

第九章
“以养老为目的”成为第一原则

养老金发展正如修筑万里长渠，又如建造千米高坝。

养老金模式、养老金治理、养老金监管，就是要将这道万里长渠、千米高坝打造成不渗水、不透风的铜墙铁壁。

中国称养老金为“养命钱”，体现了养老金的重要性和特殊性。

实际上“以养老为目的”作为养老金制度①设计初衷、第一原则，至少包含了三个方面的要求：一是要贯彻公平性原则；二是要贯彻积累性原则；三是要贯彻养老消费原则。

由于养老金计划的参与者前赴后继、绵延不断、接踵而至，向养老金计划的缴费源源不断、日积月累，我们可以将继往开来的养老金发展看做是修建万里长渠，或者是修建资本市场上的养老金大坝。养老金制度设计、养老金治理、养老金监管、养老金税收管理，就是要将这道万里长渠、这座百年大坝打造成不渗水、不透风的铜墙铁壁。

养老面前人人平等

养老面前人人平等，是指要贯彻公平性原则。

人人都要养老，因此养老面前人人平等，不能有歧视，不能有遗漏。

参与者资格

美国《国内税收收入法》（即 IRC）在给予私人退休金计划税收优惠的同时，也严格规定了其合格性标准，只有符合计划合格性标准才能够享受税收优惠，以保证享受税收优惠的养老金缴费额的确是为了保障退休收入需要。

① 本章内容围绕“养老金体系的第二、第三支柱发展”来展开，不再涉及第一支柱即社会保障制度。敬请各位读者留意。

美国国会大厦

美国《国内税收收入法》

《国内税收收入法》是《美国法典》第26标题部分（Title 26）。《美国法典》是由美国国会颁布的，对全部法律内容的综合统一编纂。

在美国历史上，对《国内税收收入法》有过两次大的修正。一次是在1954年，另一次是在1986年。现行的《国内税收收入法》几乎每年都被部分地修正。

其中对养老金制度适用的税收待遇由“被递延的报酬401节”所覆盖，著名的养老金计划401（k）就是出自该节，即401节的第（k）款。

资料来源：李锐、李堃：《美国国内收入法典》，中国法制出版社2010年版。

401(k) 计划对雇员的年龄和工龄进行了限制，其规定为：参加计划的雇员年龄不得超过 21 岁，服务工龄满 1 年，就是合格的计划参与者（quanlifed participant）。如果计划规定服务工龄满 2 年给予完全的权益归属，则最低参加计划的工龄可以规定为 2 年。为防止雇主制定苛刻的条件，此规定只对年龄和工龄两项进行了限制。

公平性要求

美国私人退休金计划的合格性要求，除了对雇员的参与资格进行规定外，还要求必须通过无歧视测验，以保证计划有利于全体雇员。其中一项重要的规定就是禁止优惠高薪雇员。计划应对所有雇员一视同仁，覆盖一定数量和比例的雇员。资助雇员退休金计划的雇主不能随意决定哪些雇员可以参加退休金计划，哪些不能参加；也不能随意对计划参加者提供不同的福利待遇。由于高薪雇员比低薪雇员更有可能向私人养老金计划进行税前缴费，为防止参加计划的高薪雇员获得太多的退休金，必须在计划参加的条件要求和计划提供的福利标准上做出禁止优惠高薪雇员的规定。

具体而言，美国私人养老金制度主要通过无歧视要求、最低覆盖要求和最低参加要求三个方面的具体安排来保障计划的公平性。

这里主要介绍美国税收法案有关公平性要求的规定①。

一是无歧视要求。包括：雇主缴费数额无歧视、养老金给付数额无歧视、给付权利和特性的无歧视获得、在特定环境下计划的无歧视效果、雇员缴费无歧视，等等。并且对此设计了一系列的严格数量化测试指标。

二是最低参与率要求。对 DC 计划、DB 计划提出不同的要求，并且对此设计一系列的严格数量化测试指标。

三是最低覆盖率要求。国内税收法案对于最低覆盖要求的规定主要包括：

IRC401(6)的一般性要求。通常情况下，每个季度的养老金计划，在职雇员和以前的雇员都必须满足测试要求。第一项要求是比率百分比测试。计划中受益的非高薪雇员的人数占比至少要高于 70%。第二项要求是平均给付测试。

---

① 资料来源：中国保监会编著：《养老保险国别研究及对中国的启示》，中国财政经济出版社 2007 年版。

不能做出有利于高薪雇员的安排；非高薪雇员的平均给付至少要等于高薪雇员的70%。

IRC410(b)的无歧视分类测试要求。要么满足安全港/非安全港测试，要么满足事实和环境测试。

缴费额限制

政府对私人养老金的税收优惠措施，激励了人们积极地进行养老金的积累，降低了国家的财政压力，但同时也减少了国家的税收收入。为避免当期政府税收的大量流失，税法对每期养老金的缴费额做出了限制。

401(k)计划中雇主向计划的配比缴费可以作为生产成本在每个财政年度税前列支，不计入纳税基数，免税缴费额度最高为企业员工工资总额的15%。

2001年以前，雇员的缴费限额为工资的15%，最高金额不超过10500美元，若加上雇主的配比缴费部分，合计缴费最高限额为雇员工资的15%，且不超过30000美元。

2001年的《经济增长与税收减免调整法案》提高了这一缴费限额，从2002年的11000美元逐渐增加到2006年的15000美元。

2002年以后，雇主与雇员每年合计缴费限额为40000美元。为了避免公司在缴费中出现有利于关键雇员的安排，有关法律还制定了“歧视性测试”条款，例如，为了确保公司为低工资雇员提供401(k)计划，限制由公司给高薪雇员提供延迟支付的最高限。

目前每年能够存入IRAs的最高限额为4000美元，不同参与者的缴费上限随其收入状况、年龄及其他条件而有所不同（见表9-1）。

表9-1 美国三种私人退休金计划的个人缴费限额比较 单位：美元

	401(k)计划	IRAs计划	简易个人退休账户
2001年以前	10500	2000	6000
2002年	11000	3000	7000
2003年	12000	3000	8000

续表

	401(k) 计划	IRAs 计划	简易个人退休账户
2004 年	13000	3000	9000
2005 年	14000	4000	10000
2006 年	15000	4000	2005 年以后以 500 美元的增幅逐步根据生活指数进行调整
2006 年以后	2006 年以后以 1000 美元增幅逐年根据生活指数进行调整	2008 年以后提高到 5000 美元	

资料来源：Economic Growth and Tax Relief Reconciliation Act (June 24, 2001), U. S Congress, sec. 601 & sec. 611；转引自：王岩妍：《美国 401(k)计划评述及其对中国的启示》，中国社会科学院研究生院硕士学位论文，2003 年。

简易个人退休账户

1996 年美国国会通过了《小企业就业保护法案》，该法案提出建立“简易个人退休账户计划”（SIMPLE IRA）即简易 IRA。

设立简易 IRA 计划的初衷是：雇主为他自己或者雇员向这些账户缴费，适用于 EET 税制。与其他计划相比，它没有权益归属时间的限制，立刻拥有 100% 的账户资产所有权，该项规定保护劳动者流动。

雇主建立简易 IRA 计划，需要同时满足三个条件：雇员人数不超过 100 人；填写 1 ~ 2 项税收申报表格；没有其他养老金计划覆盖。

资料来源：科能：《简易 IRA 计划的介绍》。

Joshua Kennon, An Introduction to the Simpie IRA Plan, About. com Guide。

养老金专款专用

养老金专款专用，是指养老金资产积累用于退休养老，因此，养老金必须专款专用，既不能挪做他用，也不能提前使用、任意使用。

养老金专款专用要求贯彻资产积累原则，确保缴费的连续性和稳定性，确保基金保值增值。

对提前取款的惩罚

美国税法对包括401(k)计划和IRAs在内的私人退休金计划明确规定，不得提前取款。

只有符合以下条件才能从个人账户中领取养老金：年龄大于（等于）59.5岁；死亡或永久丧失工作能力；发生大于年收入7.5%的医疗费用；55岁以后离职、下岗、被解雇或提前退休。

一旦提前取款，对此的惩罚包括：未达到退休年龄所提取款项视为一般收入所得，按20%的税率预缴所得税，同时加收10%的惩罚税。通常情况下，税款和罚金叠加将会是一笔重负，因此很少有人会提前支取退休账户里的资产，从而可以实现养老金资产的有效积累。

对借款行为的约束

美国私人退休金计划允许个人向自己的养老金账户借款。但是，这种借款行为不被鼓励和提倡。

401(k)计划和IRAs都允许借款，但是都对借款数量进行严格限制，而且要求借款人必须在一定的时间内偿还本金和利息。

个人向养老金账户借款的最大优点是利息支付到自己的账户中，而不是支付给商业银行或其他商业贷款人。

值得指出的是，通过401(k)计划和IRAs借款，会产生两大不利影响：

一是个人的借款行为会影响养老金账户资产的增值能力，影响未来的收益；二是必须用税后收入来还款，这样就等于为借款进行双重纳税。因为向401(k)计划的缴费是税前款，而支付贷款及利息是税后款。

很显然，不到万不得已的情况，个人通常不会向养老金账户行使借款权。

对困难取款的审查

美国私人退休金计划允许个人向自己的养老金账户进行困难取款，困难取款不需要偿还，但是在1年内不能向该计划中缴费，而且要承担困难取款的两个代价：一是支付所得税；二是接受10%的罚金。

困难取款被严格限制为4种用途：支付自己、配偶或需要抚赡养人的医疗费用；用于自己、配偶或未成年子女支付中级以上教育的下一年的学费；购买第一套住房；避免失去主要住房的居住权。其他理由都不能成为困难取款的条件。

确保账户资产的灵活转移

个人账户的个人缴费及收益和已经受益的雇主缴费及收益，都属于个人资产，个人有权自由处置。当个人辞职或出现其他状况时，应当方便其个人账户资产的转移，以保证退休金资产的有效积累。

美国的法律允许个人账户资产从一个IRAs滚存进入另一个IRAs或者从合格退休计划滚存（rollover）进一个IRAs账户或从一个401(k)计划转入另一个401(k)计划，且对资产滚存免予征税。

活到老消费到老

活到老消费到老，是指要贯彻养老消费原则。

养老金的本意是用来满足老年人消费的需要、过日子的需要，因此不鼓励用作遗产，当然更不鼓励被“啃老”。

确保养老金用于养老消费

为了保障养老金真正用于养老消费，美国税法对于养老金的延期领取也建立了一套严格的惩罚制度。我们仍然以401(k) 计划和IRAs为例：

美国税法规定：雇员年满59.5岁后，无论退休与否，都可以从自己的私人退休金账户中领取退休金。若这时不需要领取退休金，雇员可以将领取时间推迟至70.5岁。但是70.5岁以后，无论雇员是否需要领取退休金，他都必须开始从自己的401(k) 和IRAs账户中提款。

美国税法规定：养老金账户拥有者达到70.5岁时，必须从账户中取款，通常取款时限应该是在应纳税年度的12月31日。也就是说，在12月31日之前，该拥有者从401(k) 和IRAs账户中提取的存款将与其他收入一起计入当年的应税收入。

美国税法还规定第一次取款的时间可以延迟到账户拥有者达到70.5岁那年的4月1日。如果账户拥有者没有在此期限之前提取一定限额以上的退休金，将缴纳相当于该年应取限额50%的罚金。

很显然，在退休者70.5岁之后，“以养老为目的”之养老保障原则就转变为“以养老消费为目的”。对以美国为代表的主要工业化国家而言，消费增长是国家经济增长的重要组成部分和重要保证。在老龄化时代，老年消费增长对于国民经济增长具有十分重要的意义。退休者在70.5岁之后仍然不从养老金账户中取款，就意味着该账户的养老金资产很有可能成为遗产。

确保养老金资产细水长流

世界上大多数国家，允许退休者可以选择一次性领取或分期领取退休金。对于分期领取方式，国家规定了最低领取金额，这一最低金额根据人口预期寿命与现有资产余额来定。

随着人口预期寿命延长，账户养老金资产数量增多，以及老龄化条件下社会储蓄率降低等一系列新情况、新形势，不少国家调整了养老金领取的条件。在过去一段时间里，不少国家鼓励退休者选择一次性领取方式，甚至可以享受特殊的优惠所得税率。但是，现在越来越多的国家鼓励退休者采取年金化的领取方式，希望确保养老金资产细水长流。

由于进行高风险投资或不合理地安排消费支出等多种原因，退休者在退休时一次性领取的养老金往往难以充分起到养老保障的作用，最后政府不得不对这些退休者提供困难救助，从而增加公共开支，也使得个人账户积累的私人养老金失去意义。因此，政府鼓励人们对养老金资产采取分期或年金化领取模式。通常私人养老金计划都对养老金的领取征收所得税，领取得过多的，有的国家还要求缴纳罚金。

美国 401（k）计划规定：如果退休雇员分期领取的金额每年超过 150000 美元或一次性领取金额超过 750000 美元，需要为超过部分缴纳 15% 的罚金。

新加坡公积金制度为了保证其成员有足够的资金积累来应付更长的退休时间，当中央公积金成员超过 55 岁时，需先在其退休账户中预留一个最小数量的金额，然后才可以提取其积累的剩余部分。从 2000 年 7 月 1 日起，这个最低限额是 65000 新元，其中 40000 新元是抵押财产，25000 新元是现金。并且最低限额每年增加 5000 新元，直到 2003 年达到 80000 新元①。

① 中国保监会编著：《养老保险国别研究及对中国的启示》，中国财政经济出版社 2007 年版。

第十章
税收杠杆成为第一推动力

> 税收待遇是推动养老金发展的第一推动力。
>
> 既要戴上望远镜来看待养老金发展的综合收益，又要戴上显微镜来加强税收成本的点滴管理。

税收待遇是推动养老金发展的第一推动力。

既要戴上望远镜来看待养老金发展的综合收益，又要戴上显微镜来加强税收成本的点滴管理。

私人养老金制度①几乎纯粹是税收法律的一个产物，可见税收政策对养老金发展的重要性。目前国际通行的 EET 税制，对雇主和雇员在缴费上、投资收益上免除所得税、只对养老金领取征税的做法，被认为是推动私人养老金发展的主要动力、第一推动力。

对养老金实施税收优惠政策会造成政府的当前税收收入损失，可以准确地计算出来，但是要准确地计算出实施税收优惠政策带来的收益则相对困难，因为收益测算涉及多期间、多领域、多层面的问题。

高明的做法是：使用望远镜，用宏观视角、长远眼光来决断，不计较一时一地、一城一池的得失；使用显微镜，用微观视角、缜密思维来加强税收管理，防止税收流失。

伟大的税收杠杆

从个人或者家庭层面来看，养老金资产是家庭财富结构的重要组成部分，是与不动产投资、股票投资、基金投资、债券投资、银行存款同样重要的金融理财产品。对养老金收入实施税收优惠政策，实际上改变了养老金资产与其他不享受税收优惠政策金融工具之间的投资收益率水平，简单地讲就是投资于养老金比投资其他金融产品划算。这就是税收杠杠的伟大力量。

当然，在推动养老金发展的过程中，税收杠杠的魅力要丰富得多。

一是通过税收手段来推动养老产业发展。老年公寓建设、老年社区建设、老年医疗服务、老年护理服务、老年商业服务等等，往往由商业组织来提供，

① 本章内容围绕“养老金体系的第二、第三支柱发展”来展开，不再涉及第一支柱即社会保障制度。敬请各位读者留意。

但是产业的平均利润率水平十分低下，商业组织自然缺乏积极性。于是，不少国家通过税收优惠政策或者财政补贴来扶持养老产业的发展。

二是通过税收手段来提高养老资源的动员能力。世界各国几乎都对慈善事业、慈善基金的捐款行为提供税收优惠政策，藉以推动社会公益事业发展。

美国个人退休账户发展历程

1974年美国创立了第一个传统IRAs。允许年龄低于70.5岁的雇员参加缴费，每年可缴纳1500美元或收入的15%两者中的较低额，享受税收优惠政策。

1976年《税收改革法案》提出了配偶IRAs。

1978年《税收收入法案》提出了SEP IRAs。

1982年《税收收入法案》允许最大缴费额为2000美元。

1996年《小企业就业保护法案》提出了SIMPLE IRAs。

1997年建立了罗斯IRAs。允许用税后收入缴费，享受投资收益免税。

2001年《经济增长与税收减免调整法案》（EGTRRA），增加传统IRAs的缴费，并且从2002年起开始实施。

EGTRRA规定：2002年到2004年，传统IRAs缴费限额为3000美元；2005年到2007年为4000美元，2008年为5000美元。此后每年与通货膨胀相挂钩，增加500美元。EGTRRA的条款期限截止时间为2010年。

为了鼓励老年雇员储蓄更多养老金，EGTRRA允许年龄超过50岁的个人可以追加缴费。2002年可追加500美元，2006年1000美元。

资料来源：黄星星、董登新：《美国个人退休账户30年发展历程》，《武汉科技大学学报（社会科学版）》2006年第6期。

三是通过税收手段来提高生育率水平。通过奖励生育子女的家庭，惩罚不生育子女或者少子女的家庭，藉以提高人口生育水平，应对人口老龄化的冲击。

四是通过税收手段来推进社会保障市场化改革。

五是通过税收手段来推动多支柱养老保障体系建设。

六是通过税收手段来调整养老方式发展。从 DB 计划到 DC 计划的转变，从现收现付制到基金积累制的转变，从一次性领取方式到年金化领取方式的转变等等，都与税收手段的引导作用密不可分。

在税收杠杆六大作用当中，“通过税收手段来推动多支柱养老保障体系建设”所指的就是 EET 税制。

伟大的 EET 税制

世界各国针对养老金运营的不同环节和不同阶段分别制定税收政策。目前国际通行的经验和做法是实施 EET 税制。EET 税制的经济影响是在当期消费和未来消费之间保持中立，同时确保对收入不重复征税，它鼓励长期的养老金储蓄，引导个人在生命周期里实现收入再分配。

EET 税制不是指对养老金收入不要征税，也不能简单地理解为对养老金收入减免税收，而是指对养老金收入延迟纳税，是一种“放水养鱼”、藏富于民的大智慧。国际经验表明，EET 税制能够产生税收激励作用，有利于调动劳动者积累养老资产的积极性。

从私人养老金制度的法律关系和运营特征来看，它是一个长期承诺的、受法律保护的延期支付合同，同时也是一个基金管理、资金运用和待遇制度不同环节综合发展的补充养老金制度。在私人养老金计划中，其账户内资金将经历养老金缴纳、基金投资和养老金领取三个环节。

实际上，私人养老金计划的三个环节都受到税收政策的影响。在缴费环节，涉及企业所得税和个人所得税；在投资环节，涉及增值收益税和利息税；在领取环节，涉及个人所得税、遗产税、赠与税。

如何来区分针对养老金制度的税制类型？通常的做法是分别考察针对养老

金制度每一个阶段的税收待遇，而税收待遇又可以简单地区分为征税（英文简写为 T）和免税（英文简写为 E）两种，当然还有减征的情况。实际上，目前世界各国在对待养老金制度方面，采用最多的税制类型是 EET 税制①，即允许雇主与雇员从他们的税前收入中扣除养老金缴费额（E），并减免养老金投资收益所得税（E），但是对待养老金领取时则像对待其他应纳税收入一样，征收个人所得税（T）。

根据这三个环节可能的征税领域，可以组成八个基本的税收征管模式（见表 10－1）。

表 10－1　　　　养老金的征税模式组合

	EET	TEE	TTE	ETT	EEE	TTT	TET	ETE
缴费环节	E	T	T	E	E	T	T	E
投资环节	E	E	T	T	E	T	E	T
提取环节	T	E	E	T	E	T	T	E

在这八种税制类型中，最宽松的税制是 EEE 模式，因为它对私人养老金计划的每一个环节都做免税对待；最严厉的税制是 TTT 模式，它对私人养老金计划每一个环节都做征税对待。从发达国家的实践来看，采用 EEE 税制和 TTT 税制的国家并不多，原因是 EEE 税制在税收过程中都给予税收全免的优惠待遇，容易导致税收流失，显然违背个人所得税的公平调节原则；采用 TTT 税制，显然起不到税收激励的作用，反倒是一种竭泽而渔的做法。

ETE 税制只对投资征税，从国家角度讲，税收损失相对较大，而且缺乏对个人收入的调节作用。TET 对缴费和领取两个环节征税，在税收政策上又失公平，也不利于养老金发展。TTE 和 ETT 则是将养老储蓄看做是一种普通的商品和服务，而且 TTE 与针对储蓄产品的税收待遇相同，因此税收优惠程度不明显。

相比之下，TEE 和 EET 模式的税收优惠程度高于 TTE 和 ETT 模式，并且

---

① EET 税制实际上是对养老金缴费、投资、领取三个环节分别采取免税、免税、征税做法的整体概括性表述。

在当期消费和未来消费中保持中性，并且与社会保障制度下的养老金在性质上相同，因此被认为是两种非常可取的政策。

在税率相同的情况下，TEE 和 EET 模式在税收待遇上没有差别。但是，由于个人所得税实行的是累进税率，而个人在不同阶段的收入水平不同，因而适用的税率也不同。雇员在退休后的收入水平比在职的大部分时间的收入要少，从而导致他们在养老金领取阶段适用的边际税率比养老金缴费阶段的边际税率要低，因此，采用 EET 模式可以使他们享受更优惠的税收待遇。

从发达国家的经验来看，实施税收优惠政策的主要目的在于鼓励私人养老金计划的发展。原因在于：税收优惠政策的实行，能够改变企业建立或个人参加私人养老金计划的成本和收益，从而影响他们的行为选择。

这里以美国 401(k) 计划的税制为例进行说明。401(k) 计划是具有广泛影响的成功的私人养老金计划，且 401(k) 计划的迅速发展与其享有的税收优惠政策是密不可分的，而且适用于401(k)计划的 EET 税制被世界上大多数国家所借鉴和采用。

对于雇主而言，无论雇主是将资助的养老金以工资的形式直接付给雇员，还是以税前缴费的形式存入其主办的合格私人养老金计划，都可以在税前列支，能够获得同样的减税待遇。但是，在保持支出相同前提下，雇主通过为员工提供私人养老金的方式将部分员工的工资收入转移到退休储蓄账户，可以改变雇员当期和退休后的收入结构，从而减少雇员的税收支出，这无形之中增加了雇主给雇员提供的福利待遇。而且，通过建立私人养老金计划，雇主可以建立一套完善的有竞争力的薪酬福利体系，吸引优秀员工，增强员工的归属感，提高员工工作的积极性。

对于雇员而言，延期纳税的益处主要体现在以下三个方面：

首先，雇员向 401(k) 计划的缴费可以税前列支，意味着雇员当期应税收入的下降，当期缴纳的个人所得税也相应减少。

其次，延期缴税的优势还在于其对退休资产收益的影响。在 401(k) 计划中，由于个人退休金在投资阶段是免税的，资金可以在账户内滚存投资。我们可以将参加 401(k) 计划与将养老金以定期存款存入银行的方式进行比较，为方便比较，假设两者都以复利投资，且收益率相同。由于将养老金存入银行需缴纳利息税，每期缴纳的利息税会使存入银行的养老金的收益低于 401(k) 计划的养老金的收益。考虑到养老金计划是长期行为且以复利投资，当期投资收益的减少必然会减少以后每期可用以投资的本金，所以，雇员参加401(k)计划的实际税后收入要远大于不参加该计划的税后收入。

最后，虽然401(k)计划的参加者退休后领取这笔退休金时还是要缴纳个人所得税，但雇员退休后的收入一般小于工作时的收入，而且退休金提款还享有特殊优惠税率，适用的税率及所缴纳税款都相应降低，因此可以节省纳税总额。

伟大的政策博弈

由于建立或参加私人养老金计划采取自愿原则，完全由雇主和雇员自己决定，政府并不强制，因此需要建立一套激励机制来加以鼓励，这就是实施税收优惠政策的目的。

国家实施税收优惠政策，是为了调动雇主和雇员两方面的积极性，提高雇员退休后的收入水平，降低基本养老保障体系的支付压力。

如果税收优惠政策的力度不够强大，可能无法吸引雇员参加私人养老金计划，从而达不到引导储蓄资金流向私人养老金计划的目的。如果税收优惠政策的力度过于强大，一方面，将会使私人养老金计划成为一种避税的储蓄工具；另一方面，过大的税收优惠幅度意味着国家财政收入的减少，加重政府财政负担。因此，税制的选取，税惠比例的确定，税收额度的高低，都会影响税收制度的效率。

国际经验表明，实施EET税制，发展补充养老保障制度，完善养老保障体系，有利于减轻社会保障制度的养老负担、提高国内储蓄率、推动资本积累、推动资本市场发展、刺激长期经济增长。

在衡量税收优惠政策的成本—收益时，一定要算大账，千万不要算小账。

在大多数经济学家看来，通过提供税收优惠来鼓励私人退休金制度发展，是美国政府制定的长期经济金融政策。

伟大的税收管理

给私人养老金制度提供税收优惠政策，一个重要出发点就是要贯彻“以养老为目的”之养老保障。因此，享有税收优惠政策的私人养老金计划，必须遵守和贯彻“以养老为目的”之养老基金管理。

世界各国对所实施的税收优惠政策，都进行严格和严密的税收管理，税收管理的主要举措包括：

第一，控制享受税收优惠政策的最高缴费额度。

第二，确保所有雇员缴费的合理性和公平性。

第三，限制提前取款、借款、困难取款等行为。

第四，要求养老金用于养老消费而非遗产继承。

第五，鼓励雇员选择年金化领取方式确保养老金细水长流。

很显然，针对税惠政策的税收管理与实现“以养老为目的”的第一原则具有一致性。第八章已经介绍了美国政府针对401(k)计划的税收管理政策。

下面，以德国为例案考察税收政策管理。

德国国会于2001年5月通过了《养老保险改革法令》，其中一项重要内容就是：大力发展职业养老保险和个人自愿养老保险等商业性养老保险，改变养老保障过分依赖公共养老保险体系的局面。为此，德国采取了直接补贴和税收优惠政策等多种措施（见表10－2）。具体措施包括：

一是直接对养老储蓄进行补贴。所有购买经政府认可的商业性养老保险计划的受雇人士和自雇人士均可享受养老储蓄补贴，补贴由政府相关部门直接注入投保人的储蓄账户。根据养老保险储蓄率的不同，国家将分别给予不同额度的基本补贴和未成年子女补贴。

表 10－2 德国的养老储蓄补贴制度①

年度	储蓄率（%）	基本补贴（欧元/年）	未成年子女补贴（欧元/年）
2002	1	38	46
2004	2	76	92
2006	3	114	138
2008	4	154	185

二是对特别支出实行免税待遇。作为享受直接养老储蓄补贴的替代，用于购买经国家认可的商业性养老保险的储蓄额也可作为“特别支出”享受免缴所得税的待遇。如表 10－3 所示，2002 年可免缴所得税的特别支出额为 525 欧元/年，到 2008 年特别支出额将增加到 2100 欧元/年。

表 10－3 2002～2008 年德国可以享受免缴所得税待遇的最高储蓄额②

年度	可免缴所得税特别支出额（欧元/年）
2002	525
2003	1050
2006	1575
2008	2100

① 资料来源：阿克塞尔·H. 博西－苏潘：《德国养老保险改革动向》，《国际经济学》2005 年 9～10 月号。转引自：侯立平：《21 世纪德国的两次养老保险体制改革》，《保险职业学院学报》2006 年第 2 期。

② 资料来源：同①。

第十一章

基金投资成为第二推动力

养老基金投资是推动养老金发展的第二推动力！

用金融政策来推动养老基金投资，正是汇聚长期资本的高明之举。

养老基金投资是推动养老金发展的第二推动力！

用金融政策来推动养老金基金投资，正是汇聚长期资本的高明之举。

当我们一谈起养老金制度①，第一反应是养老金制度的财政属性。实际上，养老金制度天生就具有金融属性、投资属性。准确地讲，它是财政属性、金融属性、投资属性的结合体、共同体。

当人们普遍认识到税收杠杆是养老金发展的第一推动力的时候，往往容易忽略养老基金投资是养老金发展的第二推动力。不但因为养老金资产需要保值增值，而且参加养老金计划的参与者都希望获得高于其他投资品种的长期收益。正是养老基金投资的长期收益吸引了年轻的劳动者前赴后继地参与养老金计划，才使得养老金资产日积月累，水涨船高。

通过有效的、有力的金融发展政策来推动养老基金投资发展，正是国家汇聚长期资本的高明之举。

养老金的财政属性

养老金制度首先具有财政属性，主要体现在养老保障性、补充保障性、税收优惠性和员工福利性四个方面。它让财政部头痛（因为财政部要提供税收优惠政策），让人力资源和社会保障部（以下简称“人社部”）高兴，当然也让老百姓高兴。

养老保障性

养老金制度的基本社会经济功能是对抗老龄化危机，确保老年人经济安全。由于长寿风险、疾病风险、收入降低风险和通货膨胀风险等四大难题，老年人经济安全具有不确定性。建立养老金制度，充分调动政府、雇主、雇员三

① 本章内容围绕“养老金体系的第二、第三支柱发展”来展开，不再涉及第一支柱即社会保障制度。敬请各位读者留意。

方的积极性，为社会成员年老时准备充足的资金，正是为了有效对抗老龄化危机、确保老年人经济安全的重要制度安排。养老保障性要求养老金资产必须用于养老并采用强制性年金化领取方式，防止提前领取或进行过高风险的投资。

补充保障性

在“三支柱”养老保险体系中，国家提供的基本养老保险、雇主提供的养老金计划、个人购买商业养老保险“三足鼎立”。作为第二、第三支柱的私人养老金制度对整个养老保险体系起补充的作用，与第一支柱共同构筑一个总的替代率水平。同时，三者之间又存在一定的替代性和挤出效应。假定个人购买的商业性养老保险的替代率水平确定，则私人养老金制度的建立和发展，就可以降低基本养老保险的替代率，从而降低基本养老保险的支付压力，最终降低由财政承担的支出压力。

税收优惠性

国际上对养老金制度的通行税收政策是 EET 税制，即允许雇主与雇员从他们的税前收入中扣除养老金缴费额，并减免养老金投资收益所得税，只对养老金领取额征收个人所得税。美国的 IRAs 计划和 401(k) 计划、英国的职业年金计划、加拿大注册养老金计划就是享有这种税收优惠政策的典型。

实际上，EET 税制的税收优惠特征产生了两大积极的作用；

一方面鼓励雇主和雇员向养老基金计划和其他合格的养老金计划供款，增加了全社会可投资的储蓄资产，提高了整个社会的储蓄率，有利于经济的长期增长。

另一方面，它改变了个人选择不同投资组合策略的相对收益率水平，因为相对于不享受税收优惠政策的投资而言，养老基金资产从一开始就可以通过资产的税收优惠性来获得高于其他投资选择所能获得的收益。美国学者们纷纷在“税收政策与资产选择”的大题目下，通过跨区域、历史性的实证分析和计量检验，得出了一些基本结论：由于税收政策的非中性，税收政策改变了人们在非税政策环境下的资产安排策略，养老基金资产的税收优惠性鼓励人们对养老金计划进行供款，导致了养老基金资产的快速积累。

员工福利性

从微观层面上看，养老金计划是企业薪酬福利制度的基础，是雇主为雇员提供的员工福利计划的一个组成部分。员工福利计划是一个范畴很广的概念，美国商务部曾经将它宽泛地定义为“在工资之外的任何形式的支付和收益”，它包括全面覆盖员工生老病死的保险保障计划、股票期权计划、各种货币补贴计划、各种非货币的福利计划（如培训计划、休假计划等）等等。对雇主而言，建立养老金计划是一种负债性的、支出性的财务行为，同时也是满足和实现雇主多重战略目标的重要举措。

通常情况下，雇主决定是否建立私人养老金计划，所关注和考虑的重要问题有：第一，相对于员工的需要而言，向员工提供的福利是否充足。第二，相对于同业公司和同地区的企业而言，该企业的薪酬福利计划是否具有竞争力。第三，相对于已经提供的福利计划而言，建立私人养老金计划是否重复并产生浪费。第四，建立私人养老金计划对雇员的激励作用究竟有多大？要求提供敏感性分析报告。第五，建立私人养老金计划对实现人事和招聘目标有多大的帮助？要求提供相关性研究报告。第六，建立私人养老金计划对企业成本控制有多大的影响？要求提供财务分析报告。第七，建立私人养老金计划是否能够满足法律、监管、税收等方面的要求？

对雇员而言，养老金计划是一种远期实现收益的福利制度，增加了他们退休后可以得到的养老金收入。

养老金的金融属性

养老金制度具有金融属性，主要体现为养老金制度汇聚长期资产的属性。当然，也包括养老金分流银行储蓄的效果。因此，它让银行业监督管理委员会（以下简称“银监会”）头痛，让保险监督管理委员会（以下简称“保监会”）高兴。

流动性、安全性和收益性

养老金资产的流动性主要是指向退休者支付养老金、短期加入者的离职给付、困难取款等方面的情况，其中最主要的是向退休者支付年金。由于养老金管理规定的差异，有些国家允许向养老金计划的短期加入者在离职时给付现金，也允许养老金计划的参与者进行困难取款。因此，养老金资产的流动性要求就会变得相对复杂，它在客观上要求资产管理人预测养老金资产的流动性需要，合理进行资产安排。

养老金资产的安全性主要来源于养老金资产用于保障退休者生活需要，是老百姓的“养命钱”，是退休者维持生活最主要资金来源。因此，必须确保养老金资产的本金安全和资产运用安全。

养老金资产的收益性是指养老金资产必须实现增值要求，这一方面是由资金的自然“趋利性”要求决定；另一方面也是因为长期资产的积累必须能够对抗通货膨胀和其他影响资产实际购买力因素的侵袭。由于养老金计划筹资方式的差异，在有些情况下，养老金资产收益性直接表现为资产管理人的资金成本。

通常情况下，养老金资产的流动性、安全性和收益性三者之间是密不可分的，这就要求养老金必须做到安全性与收益性并重，同时兼顾流动性。

长期性、稳定性和累积性

通常情况下，养老金计划的参与者从第一次供款开始，到第一次领取养老金，资产积累期可以达到 30 ~ 50 年，由此可见养老金资产具有长期性。同时，养老金计划的参与者在养老金管理规定的强制性和税收优惠政策的激励性作用下，往往会持续进行供款①，形成一个稳定的供款现金流。养老金资产的长期性、稳定性和累积性一方面有利于资产管理人对养老金

---

① 当然，每一个人的缴费水平在 30 ~ 50 年的时间里可能会有波动，不一定随着时间的推移从而持续增加缴费额，但是由于养老金计划参与者人群规模的巨大，再加上计划参与者年龄差异、收入水平差异以及其他方面的诸多差异，在缴费额上会呈现出“此消彼涨”的特点，从而从整体上看，缴费额和养老基金现金流是稳定的。

资产进行合理配置，通过选择长期投资品种从而获得较高的投资收益；另一方面，养老金由于其长期性、稳定性和累积性，往往可以累积起数量巨大的资产规模。

资产专用性和储蓄性特征

世界各国都强调养老金制度要“以养老为目的”，明确规定劳动者在退休前不能提取养老金资产用于消费，并且从管理机制上进行许许多多的限制，体现了养老金资产“养命钱”的特征，也体现了管理上的约束性特征。

从资金运动的方式来看，养老金的缴费、资产累积和领取，与银行储蓄的流程非常类似。从资产的性质来看，银行储蓄资产主要是汇聚企业、家庭和个人的闲置资金，实际上养老金资产与银行储蓄资产也具有相似性，它同样具有汇聚企业、家庭和个人闲置资金的功能。

国外经济学家分析养老金资产的储蓄性，并非主要从养老金资产与银行储蓄资产的相似性来加以分析，而是强调养老金筹资方式对国民储蓄的影响，强调养老基金计划对劳动者生命周期里消费行为的影响。这些经济学家纷纷通过对国别、时期、年龄组、保险方式等方面的实证分析，试图验证基金制养老保险方式对储蓄率确实存在或不存在影响。

笔者重视养老金资产的储蓄性，强调的是东方国家高储蓄率的背后，是养老金制度的不完善导致居民试图通过储蓄方式来为退休养老提供收入，强调的是养老基金在分流银行储蓄方面将具有十分重要的作用。

养老金的投资属性

养老金资产的投资属性，主要是指养老基金投资于资本市场，为资本市场提供长期资本。它让证券监督管理委员会（以下简称“证监会”）高兴，让资本市场的参与者高兴。

资产保值增值的需要

养老金作为长期资产，具有保值增值的需要，天然具有投资属性。 是通过获得投资收益，防范通货膨胀导致养老金资产贬值的风险。二是通过获得投资收益，提高退休者的养老金待遇水平。三是通过获得投资收益，缓解人口预期寿命提高带来的长寿风险，或者降低养老金计划的缴费水平。

资本市场发展的需要

养老金资产的长期性、稳定性和累积性，最适合资本市场的发展。

一是可以为资本市场发展提供巨大的长期资金。从表 11－1 中我们也可以看到，在美国 IRAs 和 401(k)计划的投资组合中，IRAs 投资于国内股票的资产达到 8230 亿美元，国内股票投资占到其总资产的 51%。401(k)计划投资于国内股票的资产达到了 6610 亿美元，国内股票投资占到其总资产的 43.6%。很显然，单单是 IRAs 和 401(k)计划投入到美国国内股票市场的资金总额就达到了 1.48 万亿美元。

表 11－1　　2009 年 IRAs 和 401（k）的投资组合　　单位：10 亿美元

类别	国内股票	国外股票	混合基金	债券	货币市场
IRAs	823	263	314	323	230
DC	965	294	395	283	165
401(k)	661	230	319	198	108
403b 计划	200	31	42	32	23
457 计划	33	8	11	11	2
其他 DC 计划	72	25	22	42	31

资料来源：《2009 年美国养老金市场报告》（The U. S. Retirement Market, 2009），请参见：http://www. ici. org。

二是可以为资本市场发展培育出众多的机构投资者。私人养老金不断地向养老基金、人寿保险公司和共同基金等机构投资者注入资金，使它们能活跃在资本市场上，这对于稳定一国的资本市场，提高资本市场的运行效率具有十分积极的意义。

403（b）计划

403（b）计划是一个享受税收优惠的储蓄计划，适用于公共教育机构、由《国内税收收入法典》501（C）所定义的非营利组织的雇主、合作医疗服务机构、自雇人士等。特别是在2001年《经济增长与税收减免调整法案》出台之后，其税收待遇类似于401（k）计划，即适用于EET税制。

资料来源：维基百科（Wikipedia）。

403（b）plan，http：//www. en. wikipedia. org/wiki/403（b）.

457计划

457计划是一个合格的补偿递延养老金计划，适用于州和地方政府以及特定的免税机构，由雇主发起计划，雇员将递延的补偿在税前缴纳。简单而言，457计划与401（k）计划、403（b）计划一样。

与401（k）计划相比，它的一个主要的区别在于：雇员在59.5岁之前提前领取，需要按照普通收入缴纳个人所得税，但是不需要征收10%的罚款。

资料来源：维基百科（Wikipedia）。

457plan，http：//www. en. wikipedia. org/wiki/457_ plan.

有效的资本市场是指资本市场上各种金融资产的价格能够准确地反映有关信息，保证金融资源的有效配置。要使得资本市场有效率，一方面要保证各种信息的准确披露，另一方面还要使金融资产的价格能够及时地对各种相关信息做出正确的反映，这就需要大力发展机构投资者。

以美国为例，1960年之前美国的股市几乎由个人投资者垄断，但到了20世纪90年代中期，人寿保险公司、共同基金和养老基金等机构投资者持有的股票已经占到58%，而上述机构投资者的资金很大一部分来自于私人养老金。

金融市场创新的需要

美国著名养老金专家博迪1990年的研究成果表明，养老基金是促进过去40年美国金融创新的主要力量。提高了金融市场的效率。无论是以直接方式还是间接方式，私人养老金都促进了资产抵押债券的发展、结构性金融工具和金融衍生产品的广泛运用、指数基金、零息债券的出现、市场波动时旨在保护投资者的综合性金融工具的供给等。智利和拉美国家基金制养老保险制度的重大调整，更是极大地促进了金融创新的进程。

而且，在养老基金的积极推动下，英国、美国、智利等国的金融结构开始发生重大变迁，由过去的银行主导型转变成如今的资本市场主导型。同时，养老基金和机构投资者的迅速发展，也推进了会计、审计技术的发展，拓展了金融监管的内涵与外延，对金融监管提出了更高的要求。

总之，养老基金的发展，不但增大了资本市场规模，而且还促进了资本市场的成熟程度和金融创新进程。当然，养老金资产的投资属性，还有其他的表现形式，如稳定资本市场的作用，稳定国家金融体系的作用，增强本土资本力量的作用，等等。

养老金的金融功能

人们对金融体系的认识，直观地来源于对金融机构的认识。中国老百姓最熟悉的金融机构是银行，以前与中国人民银行打交道，后来开始与国有商业银行和股份制银行打交道。20世纪80年代以来慢慢地知道了保险公司，90年代以来特别是2000年以后，大家开始对证券公司、基金管理公司、信托公司有了认识。2004年以后，中国又出现了一种崭新的金融机构，那就是养老保险公司。

金融机构之间的可观测差异，一直引导学术界对金融机构进行无穷无尽的研究。直到两位大经济学家默顿和博迪于 1995 年前后提出“金融功能”学说，建立了“金融功能”学派，开始扭转人们对金融机构形式差异的过度关注，初步引导人们对金融发展进行深度认识。

在默顿和博迪看来，金融体系所要实现的金融功能、资源配置功能相对固定，但是金融机构形式和金融结构变化相对活跃。后者的变动不居恰恰是对金融功能实现的改进和适应。

默顿和博迪在 1995 年界定了金融体系所要实现的六大功能：一是结算和支付。二是汇聚基金。三是跨越时空和产业提供资源转移。四是管理不确定性和风险。五是价格信息发现。六是提供激励。

默顿和博迪认为，由于人口老龄化压力，产生了长期储蓄需求，在税收优惠政策的作用下，从分散的居民那里汇聚了大量的养老金资产，并且通过机构投资者来进行资产管理，有利于大规模不可细分的经济活动开展，并且推动了证券市场发展和权益资产证券化过程，有利于企业股权细分并实现多元化的融资活动，起到了跨越时空和产业为经济发展提供资源转移，为企业发展提供长期资金。于是，金融创新和人口老龄化成为完善金融功能、推动金融结构变迁、促进金融机构发展的两大动力，而养老金发展在实现金融体系六大金融功能的过程中随处可见，无处不在。

很显然，养老金作为长期资产的代表，具有让各国政府领导（总理或者首相）特别高兴的独特金融功能！

全球三大养老金帝国

目前，主要工业化国家的养老金资产规模都十分庞大，不少国家的养老金资产规模甚至已经超过银行资产规模。

目前，美日英三国，养老基金已经成为资本市场上最大的机构投资者，成为本国金融市场上流动性最强的本土资本。美日英三国也因此成为全球最重要的三大养老金帝国。

截至2007年底，世界主要国家和地区“企业养老金”① 基金（即第二、第三支柱养老金资产，第二支柱养老金资产占比大约为2/3，个人养老金和养老保险产品占比大约为1/3）总计大约为29万亿美元。美国私人退休金资产规模为世界之最，为17.1万亿美元，占比为60%左右。英国职业养老金资产规模位居第二，为2.7万亿美元，占比为10%左右。然后依次为：加拿大1.5万亿美元，荷兰1.1万亿美元，澳大利亚1.0万亿美元，日本0.9万亿美元，瑞士0.6万亿美元。

主要由于两大原因，导致各国养老金资产占全球养老金总资产的比重发生变化。一是由于新兴经济体国家企业养老金发展十分迅速，导致主要工业化国家企业养老金资产的占比呈现下降趋势。二是由于各国企业养老金资产投资于资本市场，且投资于资本市场的比重差别较大，导致各国企业养老金资产的占比会出现较大的波动。当资本市场表现优异的时候，投资于资本市场比重高的国家排名相对靠前；当资本市场表现较差的时候，投资于资本市场比重高的国家排名相对靠后。

从美国私人退休金资产占全球养老金总资产的比重变动情况来看，由于投资资本市场的比重较高，因此其占比往往有较大波动；特别是由于新兴经济体养老金资产积累的速度较快，美国的占比呈现逐渐下降的趋势。2001年的时候，美国养老金资产占全球养老金总资产的比重为70%左右，到2007年时候，该比重为60%左右，下降了10%。

英国养老金资产占全球养老金资产的比重的变动，与美国的情况非常类似，主要是因为新兴经济体国家养老金的发展，摊薄了它们的份额，但是这并不影响美国和英国养老金资产绝对额的增长势头。

与“企业养老金”相对应的是“公共养老金”即社保基金（第一支柱养老金资产）。截至2007年底，全球社保基金资产大约为4.4万亿美元，其中美国独占鳌头，社保基金资产为2.2万亿美元，占比为50%。日本位居第二位，日本社保基金（GPIF，年金积立金）大约为1.1万亿美元，占比为27%。接下来是韩国和瑞典。其中美国和日本的社保基金合计占比为77%，超过了3/4②。

---

① 各个国家对此的称呼不一，美国称之为“私人退休金”，英国称之为“职业养老金”，日本称之为“企业养老金”，德国称之为“企业养老保险”，澳大利亚称之为“超级年金”，中国称之为“企业年金”。

② 关于企业养老金和社保基金的相关数据，资料来源于：郑秉文：《金融危机对世界养老金影响有多大?》，《中国证券报》2009年5月14日。

第十二章
养老金监管成为第三推动力

信托精神是投资管理人的“道德情操”和“道德底线”，没有勤勉尽责、诚实信用的优良传统，再多的规章制度也是“笔墨等于零”。

中国著名画家吴冠中先生在绘画艺术上有两个著名的理论：一个是“风筝不断线”，另一个是“笔墨等于零”。虽然他讲述的是绘画的道理，但是借用到养老金管理上，同样十分贴切。

如果我们以英国养老金革命为例，就会对此理解得更加清晰。英国养老金革命的一个重要目的就是要让养老金行走起来，让养老金飞翔起来，但是养老金投资不能信马由缰，天马行空，必须接受养老金治理和养老金监管，必须做到“风筝不断线”。

英国对养老金投资采用审慎人原则，它依赖于英国的信托传统和信托精神，其核心是投资管理人的“道德情操”和“道德底线”，没有养老金投资管理人的勤勉尽责、诚实信用，再多的规章制度也只能是“笔墨等于零”。

实际上，在英国之外，其他国家都对养老金制度的重要性和特殊性有足够的认识，都对养老金进行监管和治理，并且就养老金的投资方向、投资比例、投资组合、投资策略、决策程序、信息披露、投资者教育等一系列内容做出制度性安排，力图通过对养老金投资的有效监管，来确保金融制度和金融体系的安全性和稳定性。

养老金不是“唐僧肉”

从养老金制度运营的特征来看。一方面养老金制度具有长期性。经济学和金融学对长期性金融制度安排的风险程度进行过研究，其研究成果表明，由于信息不对称、有限理性、道德风险等多种因素的存在，针对长期性金融制度安排需要有独立的、专业化的监管力量介入。另一方面，养老金运作具有多环节性，养老金制度包括缴费、投资、领取三个不同的环节，每一个环节中所蕴藏的风险因子和风险程度也是不一样的，因此，对养老金的监管不但是必须的，而且要有针对性。相对于缴费环节和领取环节而言，养老金投资环节面临的风险较大，因此，世界各国对养老金的投资监管往往被置于重点监管和优先监管的地位。

从养老金对金融市场和金融体系的影响来看。由于养老金的长期积累和庞大的资产规模，而且养老基金投资直接与货币市场、资本市场上的金融机构和金融工具联系在一起，一方面，养老金资产容易给其他金融机构和金融工具带来冲击；另一个方面，其他金融机构和金融工具也容易给养老金体系带来冲击。因此，各国政府都会采取措施对养老金投资进行有效监管。

由于养老金制度的税收优惠特征，往往会导致税收收入流失以及“经济扭曲效应”，因此，必须对养老金制度的缴费环节和领取环节进行有效监管，避免养老金发展对税收、收入再分配、其他金融机构发展的负面影响。

对养老金制度的监管要求还包括：方便政府监管政策的实施、实现养老金领取者的要求和预期、有利于开展国际合作等等。

养老金监管的核心内容，主要是与养老金监管动因联系在一起的，其最终的基础还是养老金制度的财政属性、金融属性、投资属性。可以从宏观和微观两个方面来加以考察。

从宏观方面来看，养老金监管的核心内容包括6大方面：

要不要实行税收优惠政策？如何对税收优惠合格计划进行监管？

选择什么样的发展模式，选择信托模式还是选择契约模式？

选择DC模式还是DB模式？DB模式下对偿付能力的要求？

养老基金运营的基本要求是什么？如何规范监管和发展？

统一监管还是分散监管模式？分散监管模式下的监管合作？

选择审慎人原则还是严格数量限制原则？

从微观方面来看，养老金监管的核心内容主要包括15个方面：

养老金计划发起人的资格认定。

养老金计划参与者的资格认定。

养老金计划的税收优惠合格性认定。

雇主向养老金计划的缴费限制。

雇员向养老金计划的缴费限制。

关于权益归属的时间规定。

关于提前取款的经济惩罚。

关于困难取款的资格认定。

婚姻状况与养老金资产分割。

养老金资产与遗产处理。

可携带性要求。

账户管理要求。

投资管理要求。

销售管理要求。

财务再保险要求。

相信他还是管住他

根据各国监管机构对养老金投资资产的组合类别和投资比例的限制程度，可以区分为审慎人原则（以下简称 PPR 或 PMR）和数量限制规则（以下简称 QAR）两种基本的监管模式。

审慎人原则是指在养老金计划和养老基金的投资管理过程中，投资管理人应当达到必要的审慎程度，这种必要的审慎程度是指一个正常审慎的人在他们从事财产交易时所应该具有的谨慎程度。也就是说，审慎人原则通常不对养老基金的资产配置（如投资品种、投资比例）作任何数量限制，但要求投资管理人的任何一个投资行为都必须像一个审慎的商人对待自己的财产那样考虑到各种风险因素，为养老基金构造一个最有利于分散和规避风险的资产组合。

数量限制规则是指对养老基金的资产配置制定明确的数量限制要求，通常会包括投资品种、投资比例等方面的数量要求。

两种监管模式的选择取决于一国资本市场的发育程度、投资管理人的投资管理能力高低、公司治理结构和公司内控制度的完善程度、监管经验多少和监管水平高低以及法律渊源等诸多因素，并且对一国养老金的风险收益模式起着十分重要的作用，对养老金的投资业绩也会产生不同的影响，因此，监管模式的选择一直是养老金投资监管中备受关注的大问题。从法律渊源角度来看，英国和美国属于英美法系国家，大多采用审慎人原则。德国和法国属于大陆法系国家，大多采用严格数量限制规则。

从两者的优劣势比较来看，数量限制规则存在比较明显的缺陷，即由于“数量限制”规则的使用，使得养老基金资产组合受到严格的限制，这将导致以下结果：

第一，导致“资产免疫策略”或“资产负债管理技术”在期限匹配应用上失效，从而增加了养老基金资产面临的收益率波动和资产负债匹配风险。

第二，忽视了资产多样化可以减小资产组合风险和价格波动水平。

第三，不能实现资产配置最优化，影响养老基金投资业绩水平。

第四，使投资组合不能对经济环境、证券、货币和不动资产市场的变化做出快速反应，导致投资组合不必要的损失。

第五，对金融衍生产品使用的限制，导致投资组合偏重低收益的资产和承担不必要的风险。

第六，可能导致资产管理行业投资管理技能难以提高，投资技能退化。

英国在养老金投资运作过程中逐渐形成了以“审慎人原则”为核心的投资规则。一批具有全球视角的基金经理们掌控着庞大的养老金资产，他们在全球范围内配置养老金资产，寻找投资获利的机会。

审慎人原则的法律渊源就是英国的信托法，其特征是在以判例为基础的普通法中形成的。1830 年的哈维德诉亚莫瑞判例首开了采用审慎人原则的先河，判决书中定义：受托人应当诚实和细心，应当审慎地、细心地和有所谋略地履行其自身的职责，关注他们基金的长期头寸以及投资资本的可追求投资收益和投资安全，而不是考虑如何进行投机。在这之后的一百多年时间里，股票投资被认为是风险太大，不适合于任何审慎的受托人，而金融和资本市场理论特别是现代资产组合理论的发展逐步丰富和扩充了审慎人行为的内涵，使其包含了分散投资、多样化投资的含义。可见，审慎人原则是与金融和资本市场理论密切相关的，具有动态演进的特点。

审慎人原则的特点在于：

第一，监管对象集中于投资管理人的行为。审慎人原则主要关注人的行为方面，其中投资决策的制定是测试审慎与否的核心，具体来说，是对资产管理人、机构投资者和决策过程的测试。例如，测试投资决策是否全面考虑了各种因素，在形成资产配置决策的过程中是否达到了适当勤勉的要求，是否遵循了公开性、连贯性的投资原则。

第二，强调投资管理人的诚信义务和投资管理的透明度。审慎人原则要求养老基金投资管理人对养老基金持有人负有诚信义务，这是养老基金投资管理人应当履行的一项最基本的义务。所谓诚信义务也即忠实义务，就是要求养老基金投资管理人在做出投资决策时必须诚实善意，并且合理地相信其行为符合养老基金持有人（而非其自身）的最佳利益。同时，审慎人原则要求增强养老基金投资管理的透明度，防止和打击欺诈行为，以有效保护养老基金持有人的正当利益。

第三，要求投资组合管理采取多样化的方式。采用审慎人原则的目的是分散投资，实现投资的多样化，尽量规避和控制投资风险，以保护受益人免受发起人偿付能力不足或投资风险带来的损失。这是因为，没有一位审慎的商人把鸡蛋都放在一个篮子里。对于一个长期机构投资者而言，审慎人原则应该是与养老基金的资产负债管理相联系的。

第四，允许投资管理人在坚持投资多样化的前提下，实行投资的自由选择。审慎人原则衡量的是投资决策过程而不是投资结果，一般都或明或暗地假定实行投资多样化是符合审慎人原则的标志。事实上，审慎人原则与偿付能力监管一起在确保资产组合的多样化和风险水平相当的情况下允许投资管理人自由选择投资方式。这意味着审慎人原则具有相当大的灵活性，投资管理人对养老基金享有充分的资产配置权。此外，审慎人原则鼓励投资管理人之间开展正常、有序的竞争，防止投资管理人操纵市场，避免投资组合趋同。

第五，监管机构更加关注信息披露。在采用审慎人原则的情况下，监管机构对养老基金投资的内部控制方面有更为严格的信息披露要求，促使其信息披露更加充分，提高其运作的透明度，并且养老基金投资管理人必须遵守监管机构关于信息披露的各项规定。而在审慎人原则的监管模式下，监管机构通常较少干预养老基金的日常运营活动，只有在当事人提出要求或养老基金出现问题时才会介入。在很大程度上，监管机构是依靠会计师事务所、精算师和资产评估机构等中介机构对养老基金的运营进行监督。

正如拿破仑和亚当·斯密所言，英国是一个彻头彻尾的“小店主之国”。处处流露出商人法则、商业规则，事事讲求商业道德、商业精神。信托责任、审慎人原则是养老金“行商英国”的商道、商标。

方方面面的监管

投资组合的限制

为了有效防范和控制养老基金投资于高风险金融品种可能造成的投资风险，许多国家对养老基金的投资组合进行了限制。从 OECD 的调查看，目前大多数 OECD 成员国都存在对养老基金证券组合的数量限制，特别是限制养老金计划的成员和养老基金管理人的利益冲突。

除了日本外，私人养老金计划资产投资于雇主管理的企业即“自我投资”是受到限制的，其最高投资比例限制为 30%，如芬兰、瑞士。有大约一半的 OECD 成员国对投资的资产类型有限制，主要是针对股权投资和国外证券投资。

投资收益率的要求

为了进一步约束养老基金投资者的投资行为，防范养老基金投资风险，有些国家对养老基金的投资收益水平提出了相应的要求。各国对养老基金投资收益水平的要求可分为两种，即最低收益水平和最高收益水平。

目前，大多数国家要求养老基金每年至少给投资者带来一个最低的投资回报率，部分国家也规定了最高的收益水平。最低收益在规定上可采取绝对值和相对值两种形式，绝大多数拉美国家采用相对值的形式，也就是说确定一个市场基准。

阿根廷、智利、秘鲁三国以整个行业的表现作为参照标准，例如，智利就规定养老基金的年收益不得比行业平均收益低2个百分点或低于行业平均值的50%以上。其他一些拉美国家，如哥伦比亚，采取了以市场平均表现和一个标准投资组合共同构建参考指标的办法。也有一些国家以绝对值的形式对投资收益加以规定，例如，瑞士就规定养老基金必须要达到年收益4%的目标。

对养老基金最高投资收益的限制较少出现，目前有此规定的国家主要包括阿根廷、智利、萨尔瓦多和乌拉圭。阿根廷将养老基金投资收益的最高限值设定为行业平均收益的70%，智利则为50%。南美的秘鲁过去也对最高收益有所限制，但有关规定已自1996年11月起停止执行。对养老基金投资收益上限做出规定，主要是防止出现过于冒险和激进的投机行为。

信息披露制度

为了解决养老基金投资管理中的信息不对称问题，防止养老基金投资管理人利用信息优势损害基金受益人的利益，给养老基金资产安全带来道德风险，各国对养老基金投资管理都建立了信息披露制度，以便及时监督投资管理人的行为。

风险补偿机制

为防止因私人退休金计划受托人、投资管理人、保管人的管理不善或违规行为而使养老基金受益人承担超过正常水平的投资风险，确保基金投资收益能够为受益人退休后的生活提供充足保障，许多国家都在对基金投资的各个环节采取相应风险控制措施的基础上，建立了相应的风险补偿机制，以作为保障基金积累水平、保护基金受益人利益的最后一道防线。

针对养老基金不同的筹资方式，风险补偿机制的监管要求也不同。收益确定型（DB）计划往往提供收益担保，一旦投资失败或者投资回报达不到预定收益目标，雇主有义务对养老金赤字进行弥补。但是，严重的情况往往是一旦雇主破产，则由雇主建立的DB计划往往会跟随破产。所以，针对DB计划，大多数国家建立了收益担保公司，其中以美国养老金收益担保公司（以下简称PBGC）最为著名。

PBGC

根据美国1974年《雇员退休收入保障法案》(ERISA),为了保障收益确定型(DB模式)养老金计划的财务安全,提供及时和不中断的养老金收益,以向雇主收取最低水平保险费的方式,创立了由美国联邦政府所有的独资机构——“养老金收益担保公司”(PBGC)。

根据相关法令要求,PBGC要向65岁退休的职工提供最大程度的保证收益(2011年为每人每年5.4万美元养老金)。

2010年度,PBGC向破产的养老金计划的参与者总共支付了56亿美元。该年度,其负债达到1025亿美元,资产为795亿美元,支付缺口为230亿美元。

资料来源:维基百科(Wikipedia)。

Pension Benefit Guaranty Corporation, http://www.en.wikipedia.org/wiki/Pension_Benefit_Guaranty_Corporation.

通常情况下,缴费确定型(DC)计划不提供收益担保,完全由计划参与者承担投资风险,也有部分基金在自愿基础上建立了风险储备,以熨平收益上的波动。德国针对基金制企业养老金计划的个人账户资产实行货币基础担保计划;智利针对DC计划建立了最低真实收益率担保;阿根廷和波兰针对DC计划建立了最低名义收益率担保;就连英国也建立了一个专门针对职业养老金计划的养老金补偿委员会(以下简称PCB)去管理一个补偿计划①。

对基金投资最低收益有要求的拉美国家的政府监管部门,

① 邓大松、刘昌平:《政府在养老金制度监管中的职责》,《中国行政管理》2003年第10期。

采取了以下措施来确保计划参与者的利益能够得以保障①：

建立风险准备金。所有负责养老基金投资运营的基金管理公司都必须以自有资本建立风险准备金，并与养老基金以相同的方式进行投资运作。

建立盈余公积金。部分国家要求养老基金利用高收益时期的部分盈利建立盈余公积金，用以弥补低收益时期的投资损失。例如，在智利基金盈利超过行业均值 150% 的部分都要进入该公积金；在阿根廷超过平均值 130% 的部分也要进入这一公积金。

规定公司重组。市场表现不佳的公司将与其他公司合并或被其他公司兼并。

政府直接干预。政府可以采取直接干预措施以保护养老金投资的利益。20世纪 80 年代初，智利政府就曾临时接管了四家破产的基金管理公司，后将其卖给了私人投资者。

总体而言，如果养老基金投资出现亏损，养老基金管理公司首先要依次使用盈余公积金和风险准备金来弥补损失，当这两项资金用尽后，公司就必须招募新股弥补基金自身的亏损和上述两项耗尽了的储备金。如果公司不能达到上述要求，政府就会介入对公司进行清算，并由政府弥补基金的缺口，基金中的投资者也会随即被转移到自己选定的其他投资公司中。

具体而言，一般由各基金管理公司或出资成立中央担保基金，或自行提取一定比例作储备，或由基金管理公司的自有资本作支撑。当储备不足时，财政预算予以支持。

例如，在智利为了防止基金收益的过度波动，养老基金管理公司被要求建立投资储备和盈余储备两种储备金。投资储备由相当于基金管理资产 1% 的自有资本构成；盈余储备则由基金一年的实际投资收益率超过所有的养老基金平均收益率的 1.5 或 2 个百分点以上的差额部分构成，是养老基金的资产，不属于基金管理公司。当基金的年实际投资收益低于所有的养老基金平均收益率的 0.5 到 2 个百分点以下时，基金管理公司首先用盈余储备金弥补差额；如果不足，再用公司的投资储备金弥补；如果仍然不足，则公司要被强制进行破产清

① 本部分内容主要来源于：翟燕立：《国际养老基金投资监管的实践及其对中国的启示》2002 年。

算，由政府来弥补基金收益率的剩余差额，个人账户余额则被转移到其他基金管理公司。

例如，在澳大利亚也建立了类似的基金转移制度，其法律规定，一旦某养老基金出现问题，其资金则被勒令全部转入其他安全的基金。如果已经发生支付危机，则立即进行基金清算，基金法人要承担无限偿付责任；如果还有亏损，则由财政弥补亏损额，并报保险与养老金管理委员会，然后由各个基金按比例分摊。

火眼金睛的监管

英国政府机构和非政府机构，承担了养老金监管重任。

根据 1995 年《社会保障法案》，英国建立了职业养老金监管局（OPRA）和养老金赔偿委员会。同时，职业养老金监管局下辖职业养老金咨询局（OPAS）和养老金计划民情调研员两个非官方的团体组织，它们配合职业养老金监管局，负责对养老金纠纷进行调解和处理。实际上，它们主要承担对养老金第二支柱即职业养老金计划进行监管的职责。1997 年成立的金融服务局（FSA）负责监管个人养老基金或者开放式养老基金以及资产管理公司，它代替了原来存在的两个监管机构：一个是负责监管销售投资产品于公众的个人投资局（PIA），另一个是负责监管机构投资者的投资管理监管局（IMRA）。个人投资局和投资管理监管局是两个自律性的非官方团体。实际上，它们同时承担了对养老金第三支柱进行监管的职责。

2004 年养老金监管局取代职业养老金监管局（OPRA），养老金保护基金委员会（PPF）取代养老金赔偿委员会。

伦敦国会大厦

建于1835年，当欧洲大陆的其他国家还处于君主专制的统治时，英国已经发展出了一个议会政府

很显然，英国政府希望通过职业养老金监管局的统一监管来确保职业养老金计划“活力十足”、“健康长寿”，同时也希望通过监管者的“火眼金睛”，能够对职业养老金计划受托人的不当行为“明察秋毫”。但是，大家都知道，监管者并没有“火眼金睛”，往往也不能“明察秋毫”，于是，英国政府开始为职业养老金监管局配备“一双彗眼”，即在职业养老金监管局之下，建立了职业养老金咨询局（OPAS）和养老金计划民情调研员两个非官方的团体组织，配合职业养老金监管局开展工作。这两大非官方的团体组织，同时代表了对养老金进行监管的两大辅助性机制：一是建立“吹哨”机制，由职业养老金咨询局（OPAS）引进专业裁判或者专业仲裁者来开展工作。二是建立“成员抱怨”机制，类似于中国“消费者投诉”的管理制度，主要由养老金计划民情调研员组织来实施。

建立“吹哨”机制，是英国政府基于监管现状作出的选择，因为英国有13万多个职业养老金计划，而且80%以上的职业养老金计划覆盖的人数非常少（通常不超过12

人），职业养老金监管局不可能对每一个计划发生任何事情都进行调查，也不可能对每一个计划定期进行现场监管。于是在1995年《社会保障法案》中，将职业养老金咨询局、“吹哨”机制建立起来。要求精算师和审计师向职业养老金监管局报告以下几个方面的行为和事项：与法律相冲突、违反职业养老金规则的内容、侵害计划成员的利益等。

从该机制的运作来看，精算师和审计师是对委托人负责的，他们要将涉及委托人利益的敏感事项直接向监管者报告。不过，如果精算师和审计师没有履行好报告职责，从法律角度来说，不会受到惩罚，但是会受到专业性行业组织的责难。尽管“吹哨”机制在英国存在广泛争议，但是它的功能是十分清晰的，它是代表委托人利益的，可以对受托人的不当行为进行有效约束，从而有利于职业养老金计划的“长治久安”。

“成员抱怨”机制实际上提供的是一个发表意见的论坛或者反映意见的渠道，通常情况下，内部人最清楚问题的所在或潜在问题是什么。英国政府的做法是鼓励广大的养老金计划参与者通过“成员抱怨”机制，直接将自己的意见或不满反映给监管机构和养老金计划民情调研员组织。实际上，这个“成员抱怨”机制有两大作用：一是借助于成员的“内部人”身份，将问题和潜在问题提前发现并加以预防，起到未雨绸缪、防患于未然的作用。二是有利于避免通过司法程序来解决成员和计划发起人、受托人之间的利益冲突，节省了制度经济学所定义的“社会成本”。

通常情况下，养老金计划的参与者（即内部成员）可以写信给职业养老金咨询局（OPAS），职业养老金咨询局是由一系列的专业咨询人士如精算师和律师组成，这些专业咨询人士不在职业养老金咨询局支薪，他们利用自己可能挤出的时间来为职业养老金咨询局工作，可以视为一种志愿者组织。

一般情况下，职业养老金咨询局接到来信后，会转交给某位专业人士进行调查，如果专业人士的调查报告支持“投诉者”的抱怨意见，则最后由职业养老金咨询局向雇主或养老基金发出通知，要求他们采取有效办法平息事情。这是“成员抱怨”机制的第一条渠道。另一条渠道则是养老金计划民情调研员，不管是公共部门还是私人部门的雇员，都可以直接向养老金计划民情调研员反映，隶属于职业养老金咨询局的民情调研员也是由技术专家组成的志愿者组织。

笔者认为，养老金治理是养老金发展的重中之重，英国通过信托法、审慎人原则、养老金监管打造了养老金治理的三道防线。

第四部分

汇聚长期
资本的百年传奇

养老金发展成为汇聚长期资本的主渠道、主战场！

——刘云龙

目前，世界上大多数国家都先后建立了“三支柱”养老金制度。那么，国家在建立、发展、改革养老金制度方面的大智慧、大学问到底是什么？究竟在哪里？

在笔者看来，养老金制度安排的最大奥妙就在“三支柱”上，“三支柱”是纲，纲举目张。三个支柱，谁大谁小，谁先谁后，谁主谁次，学问大得很。可以说，如何摆布、重构“三支柱”，如何处理好“三支柱”之间的主次关系、主辅地位，反映了“养老金治国”的大智慧、大聪明。

纵观英美日德四国的养老金制度发展：

英国收获了养老金革命的巨大收益：浴后重生，凤凰涅槃。原因是养老金资本横空出世，风生水起，行走天下。

美国收获了养老金稳健发展的收益：养老金制度如花似玉，三大支柱个个强健壮美，人人都是世界冠军，长期资本无与伦比。

日本陷入了养老金发展的巨大困境：第一支柱一树独大，第二支柱弱不禁风，长期资本没有成就金融大国，只是货币大国而已。

德国拥有世界上最古老的第一支柱和最年轻的第二支柱，养老金制度只开花不结果，没有积累长期资产，通过产业竞争力的提升来反哺金融竞争力的不足。因此，德国被认为是养老金发展的另类国家。

可以说，英国和美国取得了“养老金治国”的盛名。日本得到了“养老金误国”的骂名。

养老金制度安排的最大奥妙全在“三支柱”上，“三支柱”是纲，纲举目张。

三个支柱，谁大谁小，谁先谁后，谁主谁次，反映了“养老金治国”的大智慧、大聪明。

第十三章
德国养老金“只开花不结果”

德国拥有世界上最古老的第一支柱和最年轻的第二支柱。德国养老金制度只开花不结果，没有积累长期资产。

通过产业竞争力的提升来反哺金融竞争力的不足，也许正是德国养老金发展的金融逻辑。

德国是世界上第一个通过立法方式建立社会保障制度的国家，其起源可以追溯到19世纪末德国首相俾斯麦时期。

目前，德国的养老保险体制主要由三大支柱组成，即法定养老保险、企业养老保险及私人养老保险。这三者所支付养老金的比例大约分别为70%、20%和10%①。

从德国法定养老保险支付养老金占比70%的水平来看，既高于美国社保基金支付占比30%（相对于高收入人群）到40%（相对于低收入人群）之间的水平，也高于日本国民年金支付占比50%以上的水平，而英国国民基础养老金支付占比甚至不到20%。

正如日本的国民年金制度一样，德国法定养老保险仿佛是一颗根深叶茂、枝繁叶茂的百年老树，由于德国法定养老保险提供的养老金支付过于慷慨和大方，直接带来了三大严重后果：

第一，导致国民对第一支柱养老金制度的过分依赖和偏好。

第二，严重挤占了第二、第三两个支柱养老金的发展空间。

第三，强化了国民对第一支柱养老金制度改革的冲突和对立。

卡尔·马克思
纪念章

① 关于德国养老保险制度的运行模式，请参见：http：//www.china.findlaw.cn/info/baozhangfa/ylbx/ylzd/93247_4.html。

最古老的第一支柱

德国社会保障制度的建立和发展①：

1881 年，德国首相俾斯麦提出工伤事故保险法案。

1884 年，国会正式通过工伤保险法案，并于 1885 年 10 月起正式生效。

1882 年，俾斯麦提出了疾病保险法案，在 1883 年获得通过，并于 1884 年 12 月 1 日生效。

1888 年底，老年和残疾社会保险法案提交帝国议会。

1889 年 5 月 24 日，德国国会通过《老年和伤残社会保险法》，并于 1891 年 1 月 1 日开始生效。

至此，德国社会保险制度正式得到建立。

1885 年，德国将工伤保险法的适用范围扩大到工业企业的工人。

1886 年，将其扩大到农业和林业从业者。

1887 年，又将其扩大到建筑业和造船业的工人。

1899 年，德国颁布《残疾保险法》，开始对残疾人提供必要的医疗服务。

1911 年，德国颁布《社会保险法典》。该法典宣布：从 1912 年 1 月 1 日起在养老保险制度中开始生效，从 1913 年 1 月 1 日起在工伤保险制度中开始生效，从 1914 年 1 月 1 日起在疾病保险中开始生效。

1919 年，《社会保险法典》将强制性疾病保险的适用范围扩大到农业工人、佣人、零工、家庭雇佣者以及流动小商贩。

可见，19 世纪末 20 世纪初是德国社会保险制度出现的时期，也是德国现代社会保障制度建立的时期，三大社会保险立法奠定了德国社会保险制度

---

① 丁建定：《德国社会保障制度的发展及其特点》，《南都学坛：南阳师范学院人文社会科学学报》2008 年第 28 卷第 4 期。

的基础。

1919 年，《魏玛宪法》第 161 条对社会保险做出明确规定：为保持健康及工作能力，保护产妇及预防因老年和疾病所导致的生活困难，联邦应该建立综合社会保险制度。

1919～1932 年，德国平均每年通过 6 部社会保险立法，其中 1921 年通过 12 部，1922 年通过 21 部，1923 年通过 16 部。

两次世界大战之间是德国社会保障制度发展的特殊时期。

德国“福利国家”模式的建立和发展

二战后，德国社会保障制度发展的主要特点是建立“福利国家”模式。20 世纪 50～60 年代，德国通过一系列法令，逐步完善各种社会保险制度。

1957 年，德国政府颁布战后具有重要影响的《养老金改革法》。该法的主要内容包括：养老金开始与在职人员工资增长挂钩；社会保障咨询委员会每隔一段时期将依据工资情况调整养老金标准。由于养老金随着工资收入增长，因此有了“活动的养老金”、“弹性养老金”一说。

由于德国人口出生率下降，人口老龄化加剧，德国政府开始采取鼓励生育的政策。1954 年，德国实施家庭补贴法，给被雇佣者提供从第 3 个孩子开始的家庭补贴，家庭补贴的财政资金来源于雇主缴费。1961 年，德国规定从第 2 个孩子开始提供家庭补贴。1964 年，德国对家庭补贴制度进行调整，联邦政府开始承担家庭补贴的费用，并在联邦劳工局建立家庭补贴机构。于是，德国家庭补贴制度逐步建立并完善起来。

20 世纪 50～60 年代中期，德国社会保障制度发展受到强烈的国家干预并逐步走向福利国家。1957～1961 年，德国疾病保险参与率从 90% 提高到 100%，1963 年，德国公共社会支出占国民生产总值的比例为 17.11%，高于英国与瑞典等福利国家。

20 世纪 50～60 年代，被称之为阿登纳（1949～1963 担任联邦德国总理）时代，美国前总统尼克松在其名著《领导者》一书中写到的“开启铁幕时代”的联邦德国总理就是他①。阿登纳时代是联邦德国建立“福利国家”的时代。

德国走向养老金改革时代

20世纪60年代中期以后，德国社会保障制度呈现出既发展也改革的特点。1963年，艾哈德当选德国总理。艾哈德既是一位卓越的政治家，也是一位著名的经济学家，他撰写的经济学名著就是《来自竞争的繁荣》②。

与前任总理阿登纳强烈的国家干预主义倾向相比，艾哈德强调市场竞争的重要性，具有经济自由主义倾向。艾哈德在其施政宣言中明确指出：社会立法必须进行彻底评估，并宣布进行社会公平的官方调查。艾哈德总理希望德国在社会保障与经济发展之间取得平衡和协调。

从此以后，德国开始走上了漫长的养老金改革之路。

1966年，社会公平调查委员会提交的一份报告开始对疾病保险与养老金制度进行经济学分析，政府认为，必须通过降低社会保险津贴标准并提高社会保险缴费率来应对社会保障制度的财政压力。

1967年，德国通过财政修正法，降低国家对养老金的补贴，分阶段提高养老金缴费率，1968年，提高到15%；1969年，提高到16%；1970年，提高到17%。

1969年，德国实施养老金财政赤字公平分担制度，当某个养老金机构的基金支出超过一定比例时，实行直接公平化支付，以维护各类养老金之间的财政公平。

1974年，德国实施《企业养老金法》。该法的主要内容包括：企业职工即使在达到退休年龄前离开企业也仍然可以要求支付已允诺的企业养老金，前提是他们在离职时至少已35岁，并且要么获得此项允诺已满10年，要么在该企业中工作12年并且获得允诺已满3年。如果雇主无力支付，养老金也不会失去。它将由为此目的而设立的一笔基金中支付。《企业养老

① 理查德·尼克松：《领导者》，世界知识出版社1987年版。

② 路德·维希·艾哈德：《来自竞争的繁荣》，商务印书馆1983年版。

金法》强调了企业提供补充养老金的责任，开启了雇主为雇员提供企业养老金的一个新时代。

1992年，德国实施了养老金改革。

1992年养老金改革坚持了三个原则：一是工资与保险费保持大致一定的比例；二是确保退休雇员的生活水平；三是使领取养老金者能够分享到经济发展的成果。经过这次改革后，年老的雇员在从职业生活过渡到退休时就有了更多的选择自由。此后，德国的养老保险制度渐趋成熟。

1992年养老金改革的主要内容包括：

第一，提高退休年龄。退休年龄定为男性65岁，女性60岁。

第二，调整养老金计算公式。1992年起月养老金金额等于收入积分（EP）、服务年限（SY）、调节因子（AF）、养老金现值（PV）四者的乘积。其中：收入积分反映了投保人的相对收入状况，表示投保人每一年的工作报酬与当年所有投保人的平均收入之比；服务年限表示被保险人实际缴纳养老保险的年限；调节因子随着投保人领取养老金的时间不同而取值不同，达到法定退休年龄后领取养老金的调节因子取1，未达到法定退休年龄而领取养老金的调节因子小于1，鼓励延迟退休；养老金现值是一个变动的养老金计算因数，它可以确保每年在工资变化时对养老金也能做出相应的调节。它反映了一名平均工资水平的雇员每投保一年所得到月养老金水平，并且每年都随着雇员平均工资的变化而变化。

第三，提高养老保险费率。引入了联邦补贴自我调整机制，即联邦补贴随着保险费率的提高而提高，由此来确保养老保险机构的财务状况。

德国《1992 年养老金改革法案》的主要内容是:

第一章 被保险人

第二章 受益

第三章 数据保护和组织

第四章 资金筹集

第五章 特别的管理举措

第六章 惩罚措施

其中:

第一章 被保险人

第一部分 法定保险的覆盖范围

第 1 节 被雇佣者

下面提到的这些人士应该参加强制保险:

1. 为了报酬或培训而被雇佣的个人。

2. 失去工作能力的个人。

3. 为年青人提供服务、在培训机构或相似的为残疾人服务的机构中工作的人，他们参加培训是为了获得雇佣资格。

4. 宗教组织的成员，基督教牧师及类似机构的成员，在他们为这些机构服务及不在学校参加培训的时间。

第 2 节 自雇者

以下提到的自雇人士应该参加强制保险:

1. 老师和教练在他们的自雇期间，不雇佣任何已经参加强制保险计划的人。

2. 自雇人员在他们照看病人、照看分娩后的妇女、照顾婴幼儿期间，不雇佣任何已经参加强制保险计划的人。

3. 协助妇女分娩的助产士和男性人员。

4. 《航海人员法案》所指的远距离航海人员。

5.《艺术家社会保险法案》详细规定的艺术家和新闻工作者。

6. 家庭工作者。

7. 海边的水手和渔夫组成的船员，或者没有渔船的渔夫，并且不雇佣四个以上的已经参加强制保险的员工。

8. 已经在工匠名册上注册的工匠；在特定情况下，《工匠法典》第 2 到 4 节所规定的工艺企业的管理人员不在此范围内；如果一个合作伙伴在工匠名册上已经注册，只要其作为合作伙伴满足工匠名册上的注册条件，都被认为是工匠。

第 3 节　其他被保险人员

在以下的时间段需要参加强制保险：

1. 被确认为幼儿的抚养期（第 56 节）。

2. 依法参军或替补公务员工作超过 3 天。

3. 他们收到责任方的疾病津贴、伤残津贴、对战争受害者计划的疾病津贴、过渡性津贴、赡养津贴、失业补贴或失业救助，如果他们在津贴补助开始后的上一年度中参加了强制保险。

4. 他们收到提前退休给付，如果他们在津贴开始前立即参加强制保险。

第 4 节　强制保险计划的申请

（一）下列人士若要参加强制保险必需申请：

1. 境外发展的雇佣人员。他们在《境外发展雇佣法》所覆盖的范围内，提供了境外发展服务或前期服务工作。

2. 在国外工作一定期限的德国公民。

（二）自雇人士，不仅仅包括暂时自雇的人员，如果他们在自雇后 5 年内申请参加强制保险计划，或者由于自雇而没有及时参加强制保险计划，需要在申请的基础上参加强制保险计划。

（三）下列人士将在申请的基础上参加强制保险

1. 在第 3 节第 1 大段第 3 要点（clause 3 of sentence 1 of section 3）中，所提到的收到社会津贴的公民，在此条款下将不能参加强制保险计划。

2. 仅仅因为没有参加强制疾病保险，或者参加了疾病保险而没有疾病津贴的公民。这些已经参加强制保险的公民，因为他们处于没有工作能力的期间或康复期；或者是因为他们在没有工作能力的期间或康复期的上一个年度，已经参加了强制保险计划，但是没有超过 18 个月。

这同样适用于长期在国外定居的居民。

（四）强制保险的开始：

1. 属于第 1 和第 2 分节的情况，自接到申请之日起，但是最早的起始日必须是满足条件的该天。

2. 如果是事件发生 3 个月后开始的申请，属于第 3 分节第 1 大段第 1 要点的情况，自补助开始之日算起；属于第 3 分节第 1 大段第 2 要点的情况，在丧失工作能力或恢复工作能力的开端之日；在其他情形下，自收到申请之日开始。但是，最早的时期是先前的强制保险结束之日，因为此前的就业或者活动是被强制保险的。强制保险的终止日，是前提条件消失的最后日期。

第 5 节　保险的责任免除

第 6 节　强制保险的免除

资料来源：国际劳工组织网站。

“*Pension Reform Act 1992*”, International Labor Organization. http://www.ilo.org/dyn/natlex/docs/WEBTEXT/25018/64835/E92DEU01.htm.

1999 年，德国通过了《法定养老保险改革法》[①]。该法在养老金计算公式中加入人口发展因子，以此来面对由于人口寿命增加而导致的养老金平均领取年份的增加，人口因子是根据 1992 年养老金改革以来的 65 岁人的平均寿命变化情况确定的，与性别没有关系，而且，人口寿命增加的因素折半考虑，以便使人口老化与高龄化的负担能公平地分摊到保险费缴纳者和养老金领取者身上。

该法通过“养老金水平保障条款”来保证标准养老金水平，即所谓的一个平均收入者投保 45 年后的净养老金占平均净工资的比例，不会因为人口发展因子的计入而低于 64%。若计入人口因子，到 2030 年养老金月值将为 103 马

① 郑春荣：《德国养老保险体制现状改革方案及其筹资模式》，《德国研究》1998 年第 2 期。

克，而不再是 109 马克。

1999 年养老保险改革方案中的重要内容包括：第一，分级的工作能力下降养老金取代无职业能力养老金和无工作能力养老金。第二，子女抚育期的高估。子女抚育期的评价逐步由平均收入的 75% 提高至平均收入的 100%。第三，改善企业补充养老保险的框架条件。

1999 年养老保险改革方案体现的总体趋势包括：第一，降低过高的养老金水平；养老保险费率尽可能保持平中有降，以降低德国的工资附加成本。第二，在筹资模式上，更多考虑人口老化、高龄化趋势的挑战，加大资本积累模式的份额。第三，更多地强调生育子女的义务，并在养老金的计算上或是税收和家庭政策上给予更多的优惠措施。第四，同失业作斗争仍是解决社会保障问题的关键，提高妇女就业率，缩短教育时间，改善缴费者与领取养老金者之间的比例；若德国中长期的人口发展态势如预期的那样，德国届时有可能不得不放宽移民政策，等等。

2001 年，德国政府开始全面推行“里斯特改革”法案（Riester reform）。该法案是由德国劳工和社会部前部长里斯特提议倡导的。德国公民只要同保险公司、银行或基金签订私人退休养老金合同，就可以得到国家的补助，并且补助金额每年都在逐渐增加。2007 年，每个成年德国公民可以从国家得到 114 欧元的补助，条件是雇员将其净工资的 3%（最少 60 欧元，最高 500 欧元）用于缴纳签约的里斯特退休金。此外，国家还为每个加入里斯特养老保险计划的雇员的子女支付 138 欧元。从 2008 年起，国家将把对无子女的德国公民的里斯特退休金的补助金额提高到每年 185 欧元。

2004 年，德国社会保险系统可持续发展委员会建议将“可持续因子”纳入养老金的计算公式中。

可持续因子主要反映全社会养老保险缴纳人数与领取人数的比率变化趋势。它所包含的内容非常广泛，不仅关注人口寿命的变化，还反映了包括出生率、人口流动及就业等人口发展动向，而且它可以根据具体情况来抑制养老金支付的增长：

当失业率降低时，提高养老金支付水平。因为失业率降低，意味着领取失业救济金的人数减少，支付额可以减少。从而养老金领取数额可以增加。

当领取养老金的人数过快增长时，则下调养老金支付水平。因为它意味着在职职工需要缴纳养老金的负担加重，这样只有通过降低退休者的养老金支付水平才能实现养老金收支平衡。

这样，不论是就业者或是退休者都有负担养老金成本的义务。

最年轻的第二支柱

受到第一支柱的挤压①

第一，慷慨的公共养老金引致提前退休。1970年以来，德国男性雇员的平均退休年龄由65岁降到了61岁，女性则由62岁降到了58岁。1998年，退休金申领者中只有1/4达到了法定退休年龄。

2000年前后，年龄在60～64岁之间的德国老年人仍然在工作的只有30%，而在日本和美国老年人就业率则分别达到了73%和55%。德国65岁以上的人还在工作的只占到5%，日本和美国则分别占到了34%和17%。

1992年养老金改革法规定：10年内，除投保年限较长且丧失工作能力者才被允许提前退休并领取全额养老金外，其他提前退休者不再领取全额退休金。但是，曼海姆老龄化经济学研究院认为，这项改革最多只能将平均退休年龄提升半年，并没有起到很大作用。

第二，慷慨的公共养老金挤压了私人养老金的发展空间。由于公共养老金十分丰厚，职工缺乏参加第二、第三支柱养老金计划的积极性，反而加重了对第一支柱养老金的依赖，加大了对养老金改革的对抗。

第三，慷慨的公共养老金阻碍了“制度退出”的通道，导致养老金制度改革陷入“路径依赖”的陷阱：老制度“改不动”，新制度“长不大”。

---

① Richard Jackson（美国战略和国际研究中心）：《德国养老制度的变迁》，《财经文摘》2009年第8期。

受到国内财经政策的挤压

第一，缺乏税收优惠政策的引导，私人养老金资产规模较小。2000 年，德国私人养老金资产仅占到德国 GDP 的 15%。这一比例虽然比法国高，但是却远远低于澳大利亚、荷兰、瑞士、英国和美国，在这些国家，私人养老金资产占 GDP 的比重都在75%~125%之间。

第二，提供私人养老金计划的企业较少。德国的大企业通常会为雇员提供私人养老金计划。但是，中小企业并不热衷建立私人养老金计划。

第三，大多数私人养老金计划采用账面资产（book value）的做法，可用于资本市场投资的比重很小。这部分资产大多数成为企业运营资金的一部分，并没有作为金融资产投入到资本市场。1998 年，德国养老金资产中有 57% 体现为账面资产。这种财务会计制度和筹资方式，对提供私人养老金计划的企业十分有利，减少了资金开支。但是对雇员十分不利，雇员名下的私人养老金资产难以得到较高的投资回报。同时，私人养老金账面资产没有采取基金积累制，雇员一旦离开该企业，就有可能会失去其名下的私人养老金资产，因此不利于雇员流动。

第四，德国资本市场发展落后于商业银行，进一步制约了私人养老金的投资，进而严重影响到私人养老金制度优势的发挥。

“为伊消得人憔悴”

目前，德国养老保险制度面临的主要问题表现为①：

第一，经济增长速度降低。经济低迷造成工资增长率上不去，同时造成失业率下不来，对养老保险制度产生减收增支的双重不利影响。

第二，国家财政负担沉重。德国社会福利支出已经占到 GDP 的 1/3，而养

① 中国驻德国大使馆：《德国对养老保险实行重大改革》，2004 年 7 月 6 日。请参见：http：//www.fmprc.gov.cn/chn/pds/ziliao/zt/ywzt/wzzt/jjywj/t142141.htm。

老金支付则占社会福利支出的一半，给国家财政造成了沉重负担。

第三，代际转移难以为继。德国养老金采用现收现付制，直接依赖于在职职工与退休职工之比，随着人口老龄化，在职职工负担加大。

第四，竞争能力严重受损。高福利、高工资、高税收日益成为企业负担，造成产品高成本，并严重影响了企业的国际竞争力。

可以预见，未来德国养老金改革的主要举措将包括：

第一，降低养老金领取比例。

第二，提高养老金缴纳比例。

第三，提高退休年龄。

第四，扩大私人养老保险。

第五，建立主权养老保险基金。近期来德国政府每年注入 700 亿欧元来建立养老保险基金，同时把提高的生态税补充到养老基金中。

第六，实行更为优惠的鼓励生育政策，从根本上改善人口年龄结构。

第七，引进年轻移民，在促进科技发展的同时缓解社会老龄化压力。

第八，重构社会关系保险，发挥家庭和亲友在养老保险中的作用。

第十四章
英国养老金“凤凰涅槃”

百年以来，英国政府用了50年的努力，做大做强了第一支柱；又用了50年的努力，做小做精了第一支柱。

是100年的轮回吗？不是！是浴后重生，是凤凰涅槃。

形象地说，英国养老金是“行走的养老金”。一方面，英国养老金制度具有可变革性、可改革性，变动不居，奔跑不已；另一方面，英国养老金资产行走天下，全球飞翔，川流不息，不但高比例投资于权益市场、海外市场，而且高比例投资于另类市场。

议会大印章

1651 年，这个印章用来印在官方文件上，以证实其真实性，它显示了 1651 年的议会中议长主持会议时的情况。

英国最开始建立的第一支柱，又粗又笨，高水平全覆盖。由于人口老龄化加剧，导致财政支付压力凸显，结果不得不实行养老金私有化改革，从而拉开了全球养老金私有化改革大潮。在养老金私有化改革过程中，撒切尔夫人大刀阔斧，手起刀落，为养老金改革立下了汗马功劳。于是，在税收优惠政策的诱导下，通过独具匠心的“协议退出”机制设计，有效地降低了第一支柱的替代率水平，降低了第一支柱的压倒性优势地位，促使人们越来越倚重、越来越热爱第二、第三两个支柱。结果，原本一马当先、一枝独秀、一股独大的第一支柱，反而越来越处于从属和次要的地位。第二支柱在税收优惠政策的作用下，反而异军突起，后来居上，成了老大哥。第三支柱虽然没有得到偏爱，但是稳扎稳打，波澜不惊，也发展得顺风顺水。就这样，英国养老金制度的“三支柱”体系锻造成型。

在 OECD 国家中，英国在人口之战中得分不高，原因是老龄化十分严重，但是，其养老金支付在财政支出中的占比却是 OECD 国家中最低的，这一高一低的数据背后，养老金改革的力量就显现无遗了。第一，得益于对养老金制度的改革，为第一支柱甩掉了部分的养老包袱，减轻了财政负担。第二，得益于第二、第三支柱养老金在全球范围内投资、在权益类市场上投资、在另类市场上投资。一句话，得益于让养老金行走起来，得益于让养老金飞起来！第三，得益于良好的养老金投资收益。

20 世纪以来，英国政府在养老金制度发展上一共干了两件大事：

一是做大做强了第一支柱。从1908年开始到1958年，历时50年，刚好半个世纪。英国政府用了50年的努力，建立了世界上覆盖面最广、福利程度最高的养老金制度，其实就是做大做强了第一支柱，并且尝到了甜头。

二是“甩包袱”甩出来“三支柱”养老金体系。实际上，早在1930年英国就迈进了老龄化国家的行列，65岁以上的人口比重超过了7%。这时候，英国政府就开始感觉到风头不对，由于第二次世界大战的爆发，以及二战后短暂的生产率增长，养老金支付问题没有引起足够的重视。但是，经过了20年左右的时间，养老金支付的压力开始凸显，于是，英国政府就开始小心翼翼地对养老金制度进行微调，1947年的《金融法案》明确了养老金税收优惠政策的上限和一次性领取的比例，算是对1921年通过的《金融法案》的调整，标志着养老金发展的方向开始转变了。1959年《国民保险法案》正式引入“国家分级养老金计划”，目的是在定额养老金之外，提供额外的收入关联养老金，它标志着英国定额养老金制度与收入关联分级养老金制度和私人职业养老金制度开始“双轨并行”。从1959年开始，英国政府开始了持续不断地、前赴后继地为第一支柱“甩包袱”，通过千方百计的动员、千思万想的设计，结果甩出了一个“三支柱”养老金体系。从1959年到2010年，又是一个50年过去了。

约翰·梅纳德·凯恩斯，他所处时代最有影响的经济学家。

从1908年到1958年，是英国养老金制度发展的50年，是养老金制度可爱的50年。从1959年到2009年，是英国养老金制度改革的50年，是养老金制度激荡的50年。

可爱的养老金制度！

做大做强第一支柱的50年（1908~1958年）。

关于英国养老金制度的最早起源①，学者们的看法不尽相同。有学者认为始于1908年自由党政府养老金法案的颁布。也有学者认为，正式的养老保障制度应起源于1601年伊丽莎白女王颁布的济贫法（Poor Law）及友谊社（Friendly Societies）。英国资深养老金问题专家克里斯·莱文（Chris Lewin）认为，英国退休雇员的养老金给付有更悠久的历史，早在1269年国王亨利三世因仆人威廉年老体弱，便授予他每天4便士的养老金。还有学者认为②，大致在17世纪60年代（1660年前后），英国政府为皇家海军军官们建立了第一个正式的养老金计划③。

在这里，笔者选择从1908年《老年人养老金法案》开始讨论。

受自由市场思想的影响，自由党劳埃德·乔治政府正式推出“非缴费型”养老金计划，为70岁以上老年公民提供一定的养老保障。1908年通过了《老年人养老金法案》，该法案从1909年1月1日起开始实施，因此1909年1月1日被称之为“养老金日”。2009年1月1日，英国人迎来了“养老金日”的百年诞辰。值得指出的是，该法案倡议者和推动者就是有“福利国家之父”美誉的贝弗里奇。

1921年《金融法案》，对满足一定条件的养老金计划给予税收优惠。

---

① 陈星：《英国养老金制度发展演变及其启示》，《中国地质大学学报（社会科学版）》2007年第4期。

② A brief guide to the history of pensions in the United Kingdom。

③ 建立海上霸权是英国自英法百年战争（1337~1543年）结束后就确立的国家发展战略，建立强大的海军自然是该战略的基础，于是从那时起的很长一段时间里，海军军官就成为英国的“宝贝一族”，通过正式的养老金制度让他们退休无忧，既是特权，也是福利。

1925 年《缴费型养老金制度》，由张伯伦内阁颁布，结束了非缴费的做法，首次确立了缴费型养老金制度。

1942 年，贝弗里奇发表了《社会保险和同类服务》的报告，建议实施福利国家政策。1944 年 9 月，英国政府颁布“贝弗里奇计划”，全体英国公民在养老保险等各方面，无论贫富，均享有“从摇篮到坟墓”式的全面保障。

1946 年英国政府筹建社会保险部，并且根据“贝弗里奇报告”颁布《国民保险法》，将国家养老金制度纳入整个国民保险制度，它是英国养老金制度的一次重要变革。

1947 年《金融法案》。对养老金所享受的税收优惠设立上限，并且限制一次性领取养老金的比例。

可以说，这 50 年是做大做强第一支柱的 50 年，是属于英国“福利国家之父”贝弗里奇的 50 年，是一个伟大的福利国家由梦想变成现实的 50 年。

英国国民保险制度

英国国民保险制度（UK National insurance）是英国社会保险体系的一种，它是用来帮助成员支付因为疾病等原因而产生的费用，以及支付国家养老金。

在英国生活和工作、年龄在 16 岁以上（或符合参加养老金计划的年龄）、而且收入超过政府规定水平，他们必须支付养老保险费。

雇员和雇主参加第一级养老金计划，其缴费连同个人所得税直接从工资中扣除并由雇主统一支付。自雇人士参加第二级养老金计划，收入足够高的人士参加第四级养老金计划，并支付相应的养老保险费。同时，每个参与者必须拥有一个“国民保险账号”即 NINO。

资料来源：英国居民咨询局。

National insurance, citizens advice bureau, http: //www. adviceguide. org. uk.

激荡的养老金制度！

为第一支柱甩包袱的50年（1959～2010年）。

用经济学专业术语来讲，养老金改革的基本脉络是公共养老基金的收缩与私人养老基金的引入和扩张①。用通俗的语言来讲，是为第一支柱松绑、为第一支柱甩包袱的50年。

福利是刚性的，只能上不能下，只能多不能少，这是显而易见的道理。眼见着已经到手的或者说国家承诺给予的收益，现在没有了或者说减少了，可想而知会引发多大的声讨或者反击。

但是，以撒切尔夫人为代表的保守党政治家们，却要义无反顾地对养老金制度进行了彻彻底底的改革。

如何对长期形成的养老金制度进行改革？正是考验英国政治家们的大问题。结果，他们不约而同地选择了“协议退出”机制，“协议退出”机制浓缩了英国政治家们的聪明才智。

如果我们把英国50年间改革养老金制度不一定恰当地比喻为二万五千里长征的话，既要经受爬雪山过草地的艰难困苦，又要有“四渡赤水”的伟大智慧。当然，你也可以说有“明修栈道，暗度陈仓”的计谋，有“声东击西”的机巧。

在这里，我们来看看英国政府、英国的政治家们如何“四渡赤水”、“暗度陈仓”、四次“协议退出”。

“一渡赤水”，1959年《国民保险法案》。引入国家分级养老金计划，目的是在定额养老金之外，提供额外的收入关联养老金，引导原先的缴费者选择“协议退出”（contract out）的做法。它标志着英国定额养老金制度、收入关联分级养老金制度、职业养老金制度开始同时并行。

---

① 陈星：《英国养老金制度发展演变及其启示》，《中国地质大学学报（社会科学版）》2007年第4期。

撒切尔夫人

“二渡赤水”，1975 年《社会保障养老金法案》。推出了国家收入关联养老金计划（以下简称 SERPS），要求全部工薪雇员参加强制性的 SERPS，但是允许已经是职业养老金计划的成员继续留在原计划之内。后来该法案得到修正：如果雇主提供了职业养老金计划，而且能够满足一定的条件，那么雇员就可以“协议退出”国家的 SERPS 计划。看得出来，此时的职业养老金计划已经很重要了。果然，推出 SERPS 计划以后，英国政府开始建立和完善对职业养老金计划的监管。通过该法案，英国组建了养老金制度的第二支柱。

1980 年《社会保障法案》。它打响了对社会保障制度改革的第一枪。

1986 年《金融服务法案》。它开启了第一次金融“大爆炸”。

“三渡赤水”，1986 年《社会保障法案》。1986 年《社会保障法案》不同于 1980 年的那份，改革的力度和范围要大得多，吹响了撒切尔政府力图降低公共养老支出、向私人部门转移养老责任的冲锋号角。它体现在两个方向上：一是降低国家公共养老金待遇；二是发展私人部门养老金计划。该法案的主要创新举措包括：

第一，推出了一个全新的个人养老金计划①。该计划一出，工薪雇员不但可以“协议退出”SERPS，而且可以不参加雇主提供的职业养老金计划而选择建立一个完全属于自己的个人养老金账户，为此政府还设立专门的奖励机制（5.8% 的国民保险缴费返还，以及 2% 的特别奖励金②）。

---

① 至此，英国政府为雇员提供了可供选择的三种“收入相关联”的养老金计划：SERPS、职业养老金计划、个人养老金计划。

② 2% 的特别奖励金，只提供给原属于 SERPS 计划、现选择加入到个人养老金计划从而退出 SERPS 的成员，退出职业养老金计划加入个人养老金计划的雇员不能享受。

第二，允许缴费确定型（DC 型）的职业养老金计划“协议退出”SERPS。此前的英国职业养老金计划大多比照 SERPS 设立，大多采用待遇确定型（DB 型）计划。1986 年《社会保障法案》开始允许 DC 型计划退出 SERPS，但要求雇主保证最低缴费水平。1986 年《社会保障法案》推出的个人养老金计划，让更多的职业养老金计划“协议退出”SERPS，标志着英国把为老年人提供养老保障的主要责任从社会的公共部门转移给了私人部门。这项改革减轻了政府未来的财政负担，改善了政府的财政状况。因此，相比较而言，1986 年《社会保障法案》具有转折性意义①。

1991~1992 年“麦克斯韦尔丑闻”。麦克斯韦尔是英国著名的镜报集团（MIRROR GROUP）的董事长，为了解决公司运营资金不足的问题，他从自己上市公司设立的职业养老金计划的养老基金中，先后抽取了 10 亿英镑现金，结果这笔挪用资金打了水漂，其中 4.6 亿英镑付之东流。这一事件严重损害了职业养老金计划成员的福利。

1993 年《古德报告》。“麦克斯韦尔丑闻”发生后，英国政府立即组织以古德教授为首的养老金法律审查委员会进行调查，委员会于 1993 年 9 月发表了著名的《古德报告》。

1995 年《养老金法案》。在信托法的基础上限制和规范雇主、受托人的权力，并建立了全面监管养老金计划的机构。

1996 年职业养老金监管局（OPRA）成立。它取代此前已经存在的职业养老金管理委员会（OPB），专门负责职业养老金计划的监管工作。

1998 年绿皮书《新福利的契约：养老金中的合作》。英国就业和养老金事务部推出该绿皮书，旨在继续原撒切尔政府力图减少国家公共养老金给付成本的改革思路，并通过存托养老金计划的引入向私营部门转移给付负担。

1999 年“最低收入保证”制度。主要针对老人、妇女和儿童等弱势群体，实行“收入支持”政策。

英国《1999 年福利改革和养老金法案》颁布实施。

---

① 郑秉文、胡云超：《英国养老制度改革“市场化”取向的经验与教训》，《辽宁大学学报》（双月刊）2003 年第 4 期。

英国《1999 年福利改革和养老金法案》的主要内容：

该法案包括六大部分 90 款。

第一部分　存托养老金计划（1～8）

第二部分　养老金：总则（9～18）

第三部分　离婚者的养老金（19～26）

第四部分　养老金分享（27～51）

第五部分　福利（52～80）

第六部分　总则（81～90）

其中：

第一部分　存托养老金计划

1. “存托养老金计划”（stakeholder pension schemes）的涵义

（1）作为养老金计划体系中的存托养老金计划，是为了第 2 节和以下一些情况所设立的，即：

（a）满足第（2）到第（9）分节的条件，以及

（b）载明的其他条件。

（2）第一个条件是：基于信托方式或其他载明的相似方式。

（3）第二个条件是：建立计划的机构要遵守所载明的一些要求。

（4）第三个条件是：除了一些载明的例外情况，该计划用现金购买方式来支付养老金收益，正如《1993 年养老金法案》（即《1993 年法案》）第 181 节所描述那样。

（5）第四个条件是：必须遵从以下载明的要求，范围可能涉及如下情况：

（a）由养老金成员或他们的代表进行养老金缴费

（b）由缴费投资所获得的任何收入或资本收益，或者

（c）养老金计划下的权益价值

它们可能会用来支付管理养老金计划的费用、佣金或者为了计划参与者利益所需要的其他开支。.

（6）第五个条件是：遵从《1993 年法案》第 113 节中相关规定的要求（养老金计划成员的相关信息揭露等），并且适用于它。

（7）第六个条件是：按照最低的缴费水平要求及其他载明的约束条件，计划参与者可以选择他们认为合适的比例向养老金计划缴费。

（8）第七个条件是：到目前为止，除了有必要确保养老金计划有免税或税收优惠（按照《1993 年法案》中所规定的内容），该计划在尊重成员权利的情况下接受转移支付（transfer payments）的是：

（a）其他养老金计划

（b）按照《1988 年收入和公司税收法案》第 3 章中的第 14 部分所描述的合同（退休年金合同）和养老金计划

（c）年金和保险的购买和转移，必须落实到养老金计划的权利项下，并且

（d）年金的购买或者加入，正是为了履行 29 节（1）（b）或相应的北爱尔兰第一部分存托养老金计划立法所规定的养老金责任。

（9）第八个条件是：计划享有第（8）分节中的税收减免或优惠。

2. 存托养老金计划的注册

（1）职业养老金监管局（“监管局”）必须注册存托养老金计划。

（2）按照第（3）分节，监管局应该注册管理养老金计划。如果养老金计划的受托人，或者与养老金计划相关的任何人或列明的个人：

（a）提出了申请，缴纳了监管局所规定的费用，并且

（b）申明与计划相关的下列条件完全得到满足，即

（i）在第1节中第（2）到（9）分节中所提到的条件，并且

（ii）在（1）分节中所列明的其他条件。

（3）监管局有合适的理由认为，与计划相关的这些条件没有得到完全的满足，监管当局可以：

（a）拒绝注册养老金计划，或者

（b）养老金计划已经注册，从注册者那里移去。

（4）《1995年养老金法案》（即《1995年法案》）第3节（禁令）和第10节（民事处罚）适用于任何一个已经注册的养老金计划受托人，该法案的第10部分适用于与该养老金计划有关的任何人。

（a）他没有采取任何能够合理地保证与养老金计划相关条件（视情况而定）得到满足，或者虽然计划已经被注册，但是他没有采取任何合理的措施去保证条件得到满足。

（b）以他的名义申请注册养老金计划，在提出申请的时候养老金计划的条件并没有得到满足。

（5）任何正在申请注册养老金计划的个人，明知或者粗心地向监管局提供了虚假或者误导性的信息的，需要对此负责：

（a）处以不超过法定最大额的罚款。

（b）罪行成立，将被关押或者被罚款，或处以两项惩罚。

（6）《1995年法案》的第115条（法人团体或苏格兰合伙企业违法），适用于在第（5）分节中有关的违法行为，同样适用于该法案第1部分与它有关的违法行为。

（7）国务大臣可以根据法律制定条款。

（a）对于查阅登记册，或从中摘取内容，或登记册的翻译，或从副本中摘取内容，都受制于公开的监督，并且

（b）对于登记册复印，或从中摘取内容，必须确保通过一定的方式、在一定的时间里提供给任何人，必须列明需要支付的费用和需要满足的条件。

3. 方便加入存托养老金计划的雇主责任

（1）除非法律另有规定外，与雇员相关的雇主应该遵守以下责任：

（2）第一个要求是：为了达到上述要求，并且为他们的雇员提供养老金计划成员身份，雇主应该确保在任何时候雇员至少拥有一个由雇主指定的养老金计划。

为了得到本分节的要求，雇主在为雇员指定一个养老金计划之前，应该和雇员以及代表雇员的机构进行商量。

（3）第二个要求是：雇主应该为雇员提供：

（a）所指定的一个（或每一个）养老金计划的名称、地址，以及：

（b）载明的其他信息。

（4）第三个要求是：为了给雇员提供养老金计划的信息，雇主应该允许所指定的养老金计划选择代表，或者安排合理的途径。

（5）第四个要求是：根据所载明的合格条件要求，如果参加合格计划的雇员提出要求，雇主应该：

（a）直接通过薪资扣减向养老金计划缴费。

（b）向受托人或者养老金计划管理人，或者是由法律允许并列明的某个人，支付缴费。

（6）第五个要求是：如果是由雇主为了（2）分节而指定雇员参加的养老金计划终止，应该撤销对该计划的指定（如果该要求不能被实施，只是意味着在其他情况下他不能撤销对该计划的指定）。

（7）《1995 年法案》第 10 节（民事处罚），适用于不遵守上述要求的雇主。

（8）雇主为了（2）分节的目的，而在指定养老金计划之前；或者为了该目的而指定养老金计划的任何时候，雇主都不能：

（a）为了与此不相关的目的而开展调查，或者对信息做出反应，除非是为了：

（i）弄清该计划是否按照第2节所规定的时间注册，

（ii）弄清是否已经为他们提供了计划成员身份，或者

（iii）促使雇主遵守第（3）分节，或者

（b）因为特殊需要，为了知道养老金计划过去、现在、未来的业绩情况，而不得不进行调查或监督。

（9）在这一节中：

“雇主”是指任何雇主，在英国任何地方的公民或者公司。

与雇主相关的“合格计划”，是指：

（a）指定的计划或者指定的计划之一，或者

（b）规则所规定的任一存托养老金计划。

与雇主有关的“相关雇员”是指：英国境内的所有被雇佣的雇员，以及由英国任何一个地方的公民或公司雇佣的在英国以外地方工作的雇员。例外的情况是，对于任何雇主而言，他的雇员：

（i）其雇佣关系已经使他们成为雇主职业养老金计划的成员。

（ii）其收入低于《1993年法案》中的181节所规定的“低收入水平线”，或者

（iii）符合所列明的其他情况。

4. 获得遵从第3节和对应的北爱尔兰立法的信息

5. 确保遵从第3节和对应的北爱尔兰立法的手段

6. 特定实施细则的应用

7. 减少缴费率等：细化不同的百分比率

8. 对第一部分的解释和应用

资料来源：英国司法部。“*Welfare Reform and Pensions Act 1999*”，http：//www.legislation.gov.uk/ukpga/1999/30/contents.

2001年“存托养老金计划”。它是低管理成本的个人养老金计划，被认为是其他各种个人养老金计划的范本。

“四渡赤水”，2002年将Serps转换到S2p。把国家收益关联计划（Serps）转换成国家第二养老金计划（S2p）。这是英国养老金制度改革过程中出现的第四次“协议退出”机制设计。

2002年的三大报告。2002年7月，独立评估人士皮克林（Alan Pickering）公布了他的独立报告《更简洁的方式，更好的养老金》。2002年11月，国家审计署发布了对职业养老金监管局的评估报告《OPRA：应对养老金计划成员面临的风险》。2002年12月，职业养老金监管局也发表了独立专业人士撰写的《OPRA五年评估报告》。2002年12月，英国就业和养老金事务部发布了绿皮书《简化、安全和选择：工作和养老储蓄》，该书认为职业养老金监管局没有发挥应有的监管职能，同时绿皮书建议英国成立一个新的监管机构。这些不同的报告得出了和绿皮书大致相同的结论。在这种的背景下，英国出台了《2004年养老金法案》。

2003年“救生船”基金建立。此前数年英国养老金投资收益大幅度降低，导致不少养老金计划破产，于是英国政府向所有实行“最终薪金计划”的公司强制征收特种税，建立一笔“救生船”基金，又称为养老金保护基金（PPF），用于补偿公司破产后养老金落空的雇员。

PPF

根据英国《2004年养老金法案》而创建的养老金保护基金（PPF），是由养老金保护理事会管理的法定企业组织。它最主要的责任是：当雇主依法破产，或者养老金计划的资产不足以支付PPF提供的补偿标准时，向合格的DB模式的养老金计划成员提供赔偿的法定机构。它每年向所有合格的DB模式养老金计划收取费用，然后进行投资运作实现资产增值。

同时，它也对因为欺诈而遭受重大资产损失的职业养老金计划提供保护。

资料来源：PPF官方网站，http：//www. pensionprotectionfund. org. uk/About – Us/Pages/About – Us. aspx.

2003年推迟退休时间的运动。2003年10月，英国政府宣布，凡愿意工作到70岁再退休的人，可获得数额最高达3万英镑的奖金，启动了延缓退休时间的运动。

《2004年养老金法案》。组建了新的养老金监管机构：养老金监管局（TPR），允许养老金监管局采取积极主动的监管方式①。

2005年《特纳报告》。2005年11月30日，养老金委员会发布了一份关于改革养老金制度的报告。养老金委员会主席特纳（Adair Tuner）在这份报告中提出了一系列改革现行养老金制度的建议。《特纳报告》一石激起千层浪，引发了全社会的大讨论。

2006年白皮书《退休保障：朝向一个新的养老金制度》。白皮书提出了一些建议，并直接推动了《2007年养老金法案》的出炉②。

《2007年养老金法案》。对延迟退休年龄进行了再次调整，进一步明确高老龄化退休的政策。

《2007年养老金法案》

2007年7月26日通过的《2007年养老金法案》，共分四大部分31款。

《2007年养老金法案》的目录：

第一部分 国家养老金（1～13）

1. A类和B类退休金：单一缴费条件

---

① 郑秉文、孙守纪：《英国职业养老金监管体制的发展历程》，《欧洲研究》2008年第2期（双月刊，总第150期，4月5日出版）。

② 吴慧琼：《最新英国养老保险制度改革简述》，《时代经济论坛》2007年第10期。

2. B 类退休金：权益限制条件的放宽

3. 父母和看护者的缴费（contribution credit）

第二部分　职业和个人养老金计划（14 ~ 19）

14. 最低养老金保证收益的范围

15. 取消对 DC 计划“协议退出”的限制

第三部分　个人账户转移管理（20 ~ 23）

第四部分　总则（24 ~ 30）

其中：

第二部分　职业和个人养老金计划

协议退出（contracting - out）

14. 最低养老金保证收益（guaranteed minimum pensions, GMP）的范围

（1）在《1993 年养老金法案》（c. 48）的节（section）“13（1）（协议退出计划：最低养老金保证收益的要求）”后，插入：

（1A）若满足节 24B 中提及的条件，则方案可被修订，从而无需提供在分节（subsection）（1）（a）和（1）（b）中要求提供的各种材料。

（2）在《1993 年养老金法案》（c. 48）的节 17（1）（幸存者最低养老金）后，插入：

（1A）若满足节 24B 中提及的条件，则方案可被修订，从而无需提供在分节（1）中要求提供的各种材料。

（3）在《1993 年养老金法案》节 25 前（斜体小标题前），插入：

“24A 最低养老金保证收益转换为其他福利：介绍：

24B 转换条件

24C 等值精算

24D 幸存者福利

24E 标准流程

24F 转出（transfer out）

24G 计划修订权

24H 执行 GMP 转换条件

15. 取消对 DC 计划“协议退出”的限制

（1）资质证明材料（满足下列一项即可）

（a）与现金购买协议退出相关的协议退出证明；

（b）一个合适的计划证明，且在证明废止日期前可即刻生效，并于废止当日效力终止。

（2）此节中的“废止日期”，是指分节 30 中所指定的适用于分节（1）的即将生效的日期；“协议转出证明”、“现金购买协议退出计划”和“合适的计划证明”的定义，请详见《1993 年养老金法案》（c. 48）节 181（1）（当日即生效）。

（3）在细节（schedule）4 中：

（a）第一部分和第二部分中包含由分节（1）所导致的、或与之相关的修正内容，同时

（b）第三部分包含与第一部分修正案相关的储蓄计划。

（4）自废止日起，第一部分的修正条款即对那一细节具有法律效力（为确保所制定的法规自废止日起有效，第一部分修正条款所授予的制定法规的权利可随时予以执行）。

（5）国务大臣可以通过法规—

（a）做出推论性的、附带或补充规定，同时

（b）做出过渡性的、暂时性的或保留性的规定，

如他认为确有必要或是判定与分节（1）或细节 4 中的规定相适宜或有关。

（6）分节（5）中的规定可特别修正、废除或撤销任何法案中的任何条款或附属立法（无论该条文何时通过或制定）。

（7）本节所述条款下不可制定用于修正或撤销法案中任何条款的规定，除非该规定草案此前已有陈述，或由议会决议通过。

（8）与分节（7）内容不相符的规定，议会有权予以废止。

资料来源：“*Pension Act 2007*”，百度文库。http://wenku.baidu.com/view/7c46720490c69ec3d5bb75f8.html.

在经历了20世纪80～90年代20余年的“市场化”改革之后，英国的“三支柱”养老保险制度终于完美收官。

笔者曾经在不少场合都讲到：英国养老金制度改革，简单而言，可以理解为对1946年通过的“从摇篮到坟墓”的《国民保险法案》的一退、二退、三退、四退！通俗地讲，就是一退再退，一退再退，总共进行了四次大退却！正是经历了这四次“战略大撤退”、“战略大转移”之后，英国的养老金制度终于形成了完善的“三支柱”体系。在英国养老金制度“市场化”改革浪潮中的这四次大退却，被笔者戏称为英国养老金制度改革万里长征中的“四渡赤水”（见图14－1）。

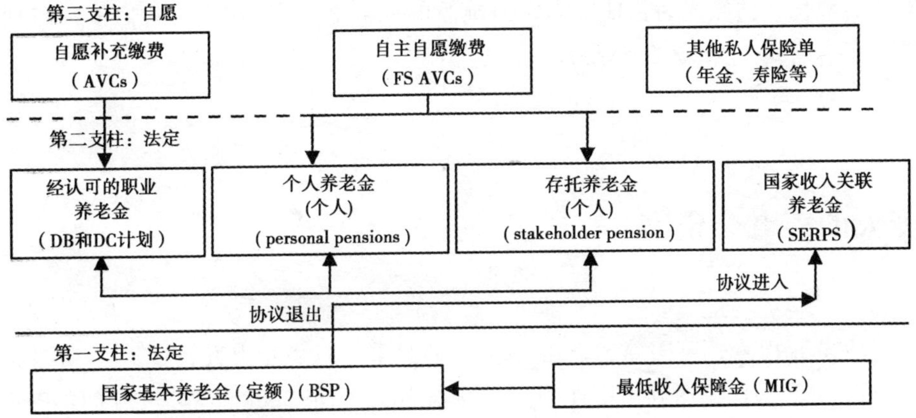

图14－1　英国养老金体系图

资料来源：郑秉文、胡云超：《英国养老制度改革“市场化”取向的经验与教训》，《辽宁大学学报》（双月刊）2003年第4期。

会飞的养老金资产!

英国的公共养老金（即第一支柱）相对于职业养老金、个人养老金（即第二、第三支柱）而言，资产规模相对较小。这是英国政府持续不断地为第一支柱“甩包袱”的结果，使得第一支柱在“三支柱”养老金体系中的相对地位降低。

英国的职业养老金发展取得了长足的进步，职业养老金资产占全球养老金总资产的比重目前基本保持在10%左右。可以说，英国依靠第二支柱养老金资产的增长，已经成为长期资本实力雄厚的“养老金帝国”，让人们依稀看到了“迟暮帝国”的第二个春天。

庞大的养老金资产!

1980年以来，英国养老金在GDP中的比重一直稳步上升，1999年英国养老金占GDP的比重达到历史性高点87%，2001年至2008年养老金占GDP的比重也一直保持在60%~80%之间。从英美德日四国养老基金占GDP的比重来看，美国和英国远远高于德日两国，这应当归功于英美两国第二、第三支柱养老金的发展（见图14－2、图14－3）。

沉底的养老金

英国的公共养老金即社保基金的投资，与美国、西班牙等国一样，全部投资于政府债券市场。可以说，英国公共养老金为英国政府的债券市场“打了底”!

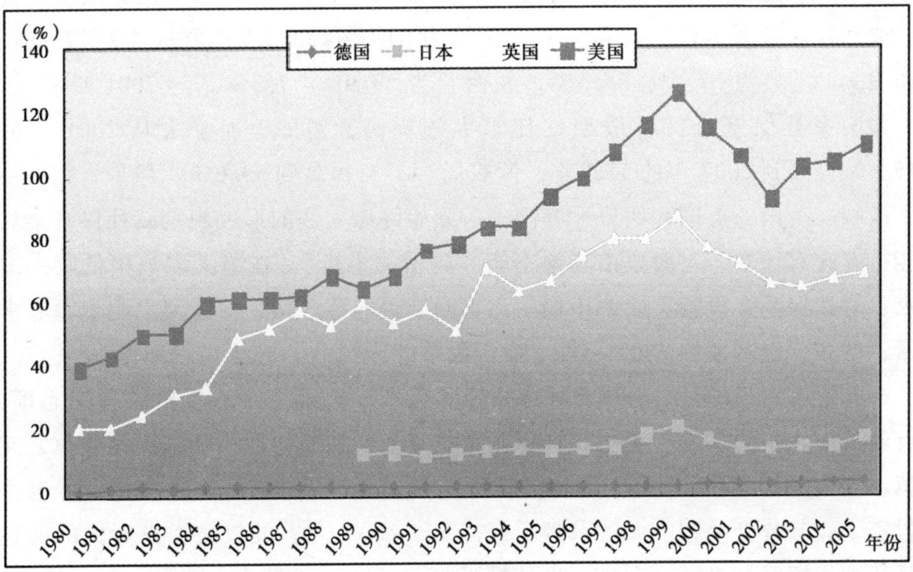

图 14－2　英美德日四国养老基金占 GDP 比率

资料来源：笔者根据 OECD 数据库指标计算获得。

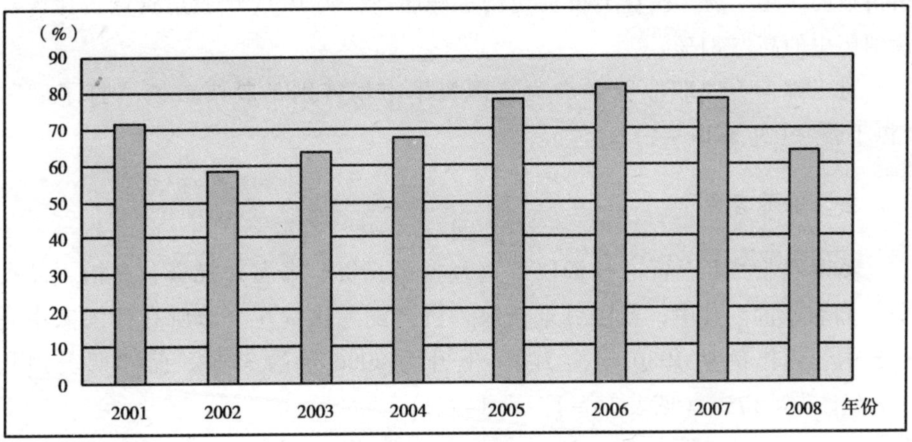

图 14－3　英国养老基金占 GDP 比重

资料来源：笔者根据 OECD 数据库指标计算获得。

世界各国社保基金投资方向的差别很大，可以说出现了两个极端的现象。

处在第一个极端的国家，投资于股票市场的比例较高，从股票/债券两项投资占全部社保基金资产的比重来看，法国为64.5%/33.5%，爱尔兰为72.1%/16.9%，瑞典为57.1%/38.5%，新西兰为59.9%/17.3%。与2001年相比，有些国家社保基金持有股票的比重大幅提高，例如，加拿大从2001年的15.6%提高到2007年的57.9%，挪威从14.7%提高到59.6%。但是，在另一个极端，美国、英国和西班牙等国家，则始终以立法的形式规定其社保基金只能持有政府债券，对股票市场绝不能“越雷池半步”。在绝大多数中低收入国家，对社保基金投资于股票市场的比重限制得非常严格，对投资上限卡得非常紧，例如，巴基斯坦2007年规定投资股票的比例不得超过17.7%①。

非常有意思的是，美国②对待社保基金和私人养老金在投资管理的态度，有着天壤之别的差异。美国在社保基金投资上，如履薄冰、如临深渊，慎之又慎，至今坚持100%投资于国债，从不“越雷池半步”。但是，在私人养老金投资上，却放开手脚、大展拳脚，保持50%~60%左右的权益类投资比例（包括股票投资基金投资、金融衍生品投资）。

以股票投资、基金投资、金融衍生品投资为代表的权益类资产是英国职业养老金投资最重要的金融资产，在1986年金融“大爆炸”之后，随着英国股票指数的一路上扬，权益类投资比例水涨船高，到1993年股票资产占比曾经达到历史的高点81%。

可以说，英国职业养老金为英国资本市场特别是股票市场“打了底”、“撑了腰”（见图14－4）！

会飞的养老金

英国职业养老金资产投资以“高权益类投资、高海外投资、高衍生品投资”闻名于世。其中，英国养老金海外资产配置比例在全球所有的国家中是最高的，该比例从1980年的7.9%上升为2006年的35%，而同期美国从0.7%上升到17%（见表14－1、表14－2）。

---

① 郑秉文：《金融危机对世界养老金影响有多大?》，《中国证券报》2009年5月14日。

② 从这个特点来看，美国和英国一样。

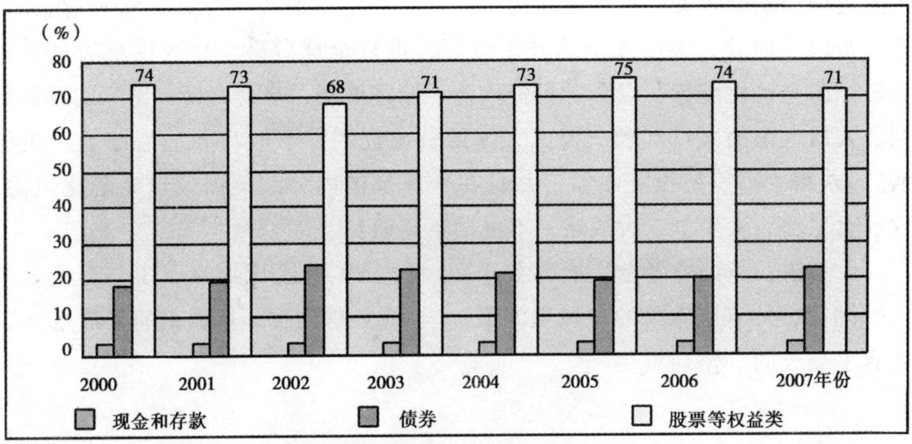

图 14－4　英国养老基金投资结构

表 14－1　1980～2006 年部分 OECD 国家养老金资产组合中外国资产的比重　单位：%

年份	澳大利亚	加拿大	日本	英国	美国
1980	—	4.6	0.5	7.9	0.7
1990	10.3	6.4	7.2	17.8	4.2
1995	14.1	4.2	9.6	19.8	11.0
2000	20.9	25.0	6.7	22.0	11.0
2006	31.0	33.0	30.0	35.0	17.0

资料来源：IMF 2003、2004；IFSL 2008。

表 14－2　2006 年部分 OECD 国家养老金资产组合中外国资产的比重　单位：%

国家	外国股票	外国债券	外国总资产
澳大利亚	26.0	5.0	31.0
加拿大	32.0	1.0	33.0
丹麦	13.4	50.4	63.8
日本	18.0	12.0	30.0
芬兰	43.0	34.0	77.0
瑞士	25.0	10.0	35.0
瑞典	15.0	11.0	26.0
英国	32.0	3.0	35.0
美国	16.0	1.0	17.0

资料来源：IFSL 2008。

英国养老金投资的高度国际化，让人不禁联想到其“行商本色”。在“日不落帝国”时代，英国在全球开工设厂，进行全球贸易，如今则是通过养老金资产的全球化配置，以金融投资代替了船坚炮利，享受着新兴国家的发展红利、人口大国的人口红利、资源大国的资源红利，不但巧妙地治疗了“英国病”，获得了高额的投资收益，并且在全球范围内分散英国人口老龄化风险。这种大思路、大手笔、大战略，不可谓不高明！

应该讲，英国养老金发展得益于20世纪80年代开始的那场“养老金革命”烈火，才有了今天的“凤凰涅槃”。也应该感谢那一场真正的“冷水浴”，才有了今天的“浴后重生”。

第十五章
美国养老金“瑕不掩瑜”

美国养老金制度如花似玉，三大支柱个个强健壮美，人人都是世界冠军，长期资本发展的威力无与争锋。

美国养老金发展，展示了美妙绝伦、历时弥新的“养老金治国图”、“养老金强国画”。

中文喜欢用“漂亮”来评价个人的形象，也用来评价一项工作的完美程度。美国的养老金制度发展同样可以用“漂亮”二字来概括。

自1933年罗斯福开始担任美国总统至今，美国13位总统作为养老金改革和发展的总设计师，为完善养老金体系这个复杂建筑不断地擘划筹谋、殚精竭虑，最终形成了由公共养老金、私人退休金和商业养老保险三个支柱共同构成的养老保障体系。

公共养老金，又称为社保基金，是美国老年人的“饭碗”，越是收入低的老人越依赖政府的社保基金，美国人最重要的身份证就是“社会保障号码”，可见养老金体系的第一支柱对于美国人是多么重要。作为第一支柱的社保基金是由美国政府强制征收工薪税所形成的“联邦老年人、遗属和残疾人信托保险基金”（以下简称OASDI，又称为“联邦社保基金”，它由联邦政府即美国中央政府来管理），工薪税率为雇主和雇员各负担工薪所得的6.2%，自雇人员为12.4%，是典型的现收现付制养老金运营模式，全国统一标准，雇员只问耕耘，不问收获，在退休后由联邦政府按照退休当时的情况统一给予退休金。

美国联邦社保基金(OASDI)

根据1935年美国国会通过的《社会保障法案》，美国建立了“联邦老年人、遗属和残疾人保险计划”（OASDI），由社会福利和社会保险计划组成，即美国的社会保障制度。它是1935年“罗斯福新政”的一个组成部分。

它通过扣减工薪税（联邦保险缴费法案税，FICA）的方式来筹集资金。所有的工薪税进入“联邦老年人、遗属和残疾人信托保险基金”，即美国联邦社保基金。

2011年联邦社保基金理事会的年度报告显示：5400万人正在领取养老金，1.57亿人正在缴费。根据预测，到2023年，收支将不再平衡，到2036年社保基金就会被耗尽。在克林顿和小布什总统任期，曾展开社会保障私有化的大讨论。

资料来源：维基百科（Wikipedia）。

Social Security（United States），http：//en. wikipedia. org/wiki/Social_Security_(United_States)

到2008年底，OASDI的覆盖面已经达到1.57亿人，几乎包括了所有成年公民。有5090万人领取OASDI基金，全年支出金额为6153亿美元①。这些资产至今100%投资美国国债，但是不允许投资股票。截至2010年8月该计划持有的美国国债达到2.5万亿美元，当年联邦社保基金的收入为7990亿美元。小布什总统前些年提出的养老保障私有化改革方案，就是希望允许将这部分社保基金资产部分地投向私人企业。

作为第二支柱的私人退休金主要是私人退休账户和雇

① 资料来源于：维基百科。请参见：http：//en. wikipedia. org/wiki/Social_Security_(United_States)。

主资助的养老金计划，如个人退休账户计划（以下简称I-RAs）、401（k）计划、403（b）计划、457计划等，主要特征是雇主资助、个人自愿、政府给予税收优惠。

第三支柱是指以个人年金保险、团体年金保险为主体的商业养老保险，美国商业养老保险市场同样非常发达，成为美国商业人寿保险市场的主体，并且使得美国成为全球最大的人寿保险市场之一，人寿保险的覆盖率很高(见图15－1)。

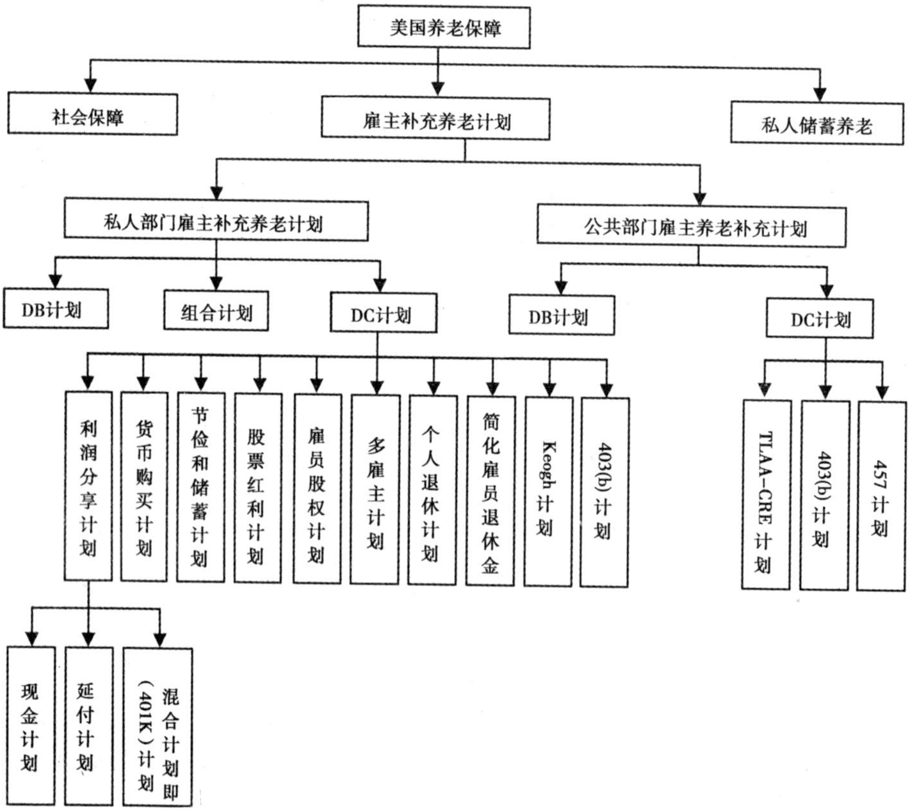

图15－1 美国养老保障图示

资料来源：中国保监会编著：《养老保险国别研究及对中国的启示》，中国财政经济出版社2007年版。

美国国鸟　白头鹰

第一支柱之美

美国政府在1935年开始构建养老金制度的时候就非常谨慎，完全不像英国人那么慷慨，它只覆盖老年人及老年遗属，后来才扩展到伤残人士，所以美国最初建立起来的养老金制度第一支柱很细小，可以说是灵巧的第一支柱、短小精悍的第一支柱。

总体来看，在美国养老金制度第一支柱的发展过程中，既有罗斯福（1933~1945年）、杜鲁门（1945~1953年）、肯尼迪（1961~1963年）、约翰逊（1963~1969年）、卡特（1977~1981年）、克林顿（1993~2001年）、奥巴马（2008年起）等民主党政府不断扩大社会保障的贡献，又有艾森豪威尔（1953~1961年）、尼克松（1969~1974年）、福特（1974~1977年）、里根（1981~1989年）、老布什（1989~1993年）、小布什（2001~2008年）等共和党政府收缩社会保障的贡献。具体而言，也不尽然，民主党政府与共和党政府在社会保障发展上并不是那么泾渭分明，针锋相对。

1935年《社会保障法案》。标志着美国社会保障制度的正式诞生，标志着关注贫困者的责任由非正式的民间组织转向了正式的国家制度，标志着政府必须站出来，通过发挥政府职能来有效地克服“市场失灵”。1935年《社会保障法案》是罗斯福新政的重要组成部分。

1946年《就业法案》。杜鲁门政府为就业保障提供了立法依据。

1956年《社会保障修正法案》。艾森豪威尔政府扩大了福利保障的范围，将老年遗属保险制度扩大为老年遗属残疾保险制度。

1962年《社会保障之公共福利修正案》。肯尼迪政府提高了联邦政府对地方政府社会福利开支的财政支持力度和范围。

1972年《州和地方财政援助法》。尼克松政府赋予地方政府在提供社会福利方面的责任，压缩联邦政府的责任。

1974年《雇员退休收入保障法案》。该法案又称为《ERISA法案》，诞生了个人退休金账户（即IRAs），由福特政府拉开了美国养老金制度第二支柱大发展的序幕。

1978年《国内税收收入法案》。根据1978年《国内税收收入法案》的第401条k款的规定，美国著名的401（k）计划诞生了，这项规定在1979年得到法律认可，1981年又追加了实施规则，这是卡特政府的贡献。

1981年开始的里根政府，认为解决社会保障问题的关键不仅是削减援助，更重要的是将救济责任移向州和地方政府。

1988年开始的老布什政府，强调了教育的重要性。

1992年开始的克林顿政府，提出了社会保障改革的方案和目标。

《2006年美国退休金改革法案》。小布什政府称此法案是“美国30多年来对退休金法律体系最为广泛的一次改革”。

《2006年美国退休金改革法案》

2006年8月17日布什总统签署了《2006年美国退休金改革法案》。

《2006年美国退休金改革法案》的主要内容：

第一编 对单一雇主的DB计划筹资规则的改革

第二编 对多雇主的DB计划和相关条款筹资规则的改革

第三编 利率假设

第四编 PBGC担保和相关条款

第五编 信息披露

第六编 投资建议、禁止交易和受托规则

第七编 收益精算标准

第八编 养老金相关收益条款

第九编 提高养老金计划多元化和相关条款的养老金计划

第十编 配偶养老金保护条款

第十一编 养老金监管条款

第十二编 免税组织条款

第十三编 其他条款

第十四编 税收条款

其中：

第八编 养老金相关收益条款

A分编——对减免额的限制

第801节：提高单一雇主计划的减免限额。

第802节：对多雇主计划的减免限额。

第803节：对混合计划减免额规则的更新。

B分编——永久性特定养老金条款

第811节：由《2001年经济增长与税收减免调整法》（EGTRRA）做出的关于养老金和个人退休安排计划的永久性规定。

第 812 节：储蓄者的积分（credit）。

C 分编——改善养老金携带、分配、缴费的规则

第 821 节：关于购买许可服务积分的说明。

第 822 节：允许年金合同的税后金额滚存。

第 823 节：关于政府计划最低分配规则的说明。

第 824 节：允许直接从退休计划转到罗斯 IRAs（RothIRAs）计划。

第 825 节：参与退休计划的资格认定。

第 826 节：关于管理困难取款和不可预见的财务困境规则的修订。

第 827 节：对服役 179 天以上的现役人士，从退休计划中取款可以免费。

第 828 节：对于在特定的公共安全部门工作的员工，提前支取其退休金计划的分配，可以豁免 10% 的罚款税。

第 829 节：特定的退休计划分配，允许向非配偶的受益人进行转移。

第 830 节：直接支付个人退休计划的退税。

第 831 节：在特定银行破产的情况下，允许附加的 IRA 赔偿。

第 832 节：对 415 节平均赔偿限额的认定。

第 833 节：针对特定退休储蓄的激励机制，要根据通货膨胀系数设定总收入限制。

D 分编——健康及医疗福利

第 841 节：为退休人员未来医疗福利和集体议价形成的医疗福利，使用节余的养老金资产。

第 842 节：向多雇主的健康计划转移节余的养老金资产。

第 843 节：允许向由薪酬信托协会组织发起的医疗福利计划提供资金。

第 844 节：关于对附带长期看护保险期权（future）的人寿保险合同，以及年金保险产品的认定。

第 845 节：政府退休计划中公共安全官员的医疗及长期护理保险的分配。

E 分编——美国税务法庭的现代化

第 851 节：税务司法官员生存年金的生活费用调整。

第 852 节：65 岁及以上税务法庭法官的人身保险成本。

第 853 节：税务法庭法官参与节俭储蓄计划（thrift savings plan）。

第 854 节：特殊税务法庭审判法官的尚存配偶及未成年子女的年金。

第 855 节：税务法院起诉案件的司法管辖权。

第 856 节：关于召回的规定。

第 857 节：特别审判法官就某些就业地位案件审理和裁决的权力。

第 858 节：税务法庭管理机构批准办理公平补偿权。

第 859 节：提交呈请书的税务法庭审理的申请费。

第 860 节：为 SE 纳税人扩大使用的税务费用。

F 分编——关于其他规定

第 861 节：延长目前所有政府计划中关于延期偿付的州和地方政府适用的特定非歧视性计划。

第 862 节：清除对黑肺病残疾信托超额基金使用的总限额限制。

第 863 节：关于团体人寿保险死亡给付的对待。

第 864 节：关于协助管理大学入学考试的工作人员、监考员和训导长的对待。

第 865 节：教会计划中个人年金的“祖父规则”（grandfather rule）。

第 866 节：对由教会计划持有的杠杆化房地产经营收入的免税。

第 867 节：教会计划规则。

第 868 节：雇员权益的无偿转让。

资料来源：美国劳工部。

“*PENSION PROTECTION ACT OF 2006*”，PUBLIC LAW 109—280—AUG. 17，2006，United States Depatrment of Labor.

2008年奥巴马“新政”。“新政”鼓励民众攒钱养老。

值得指出的是①，在1935年实施社会保障法时，美国养老金制度实行的是基金积累制，当时的工薪税为1%。1939年，政策的制定者开始转向现收现付制。这一转制过程很容易就完成了，因为它使得退休者尽快得到了利益，未来的退休者得到了较好的预期。但是，要从现收现付制转向基金积累制却存在着巨大的困难，一方面，在职职工要为自己的未来养老进行积累；另一方面，他们又要为退休者或者即将退休的在职职工缴费。要消化这些成本，最有效的方式自然是增税。

考察美国社会保障的发展历史就会发现，政策制定者对成本的增加十分敏感，从1935年到1983年的50年间，工薪税改革一直采取渐进主义策略。在最初的社会保障法案中，1937年只是征收了1%的工薪税，到1949年才增加到3%，但是即使如此，对于政治家来说也增长太快了。因此，国会要求1960年以前保持3%的封顶线。尽管后来国会将工薪税提高到了6.2%，但是这一工作共花费了20年时间才完成，50多年来增加工薪税的平均水平为每年0.1%。

同样值得指出的是②，美国社会保障制度，也就是养老金体系第一支柱的发展，也深深地烙上了美国财政联邦主义的特点。财政联邦主义的一个重要特点是地方自治、地方政府优先提供公共物品。从1935～1969年，社会福利和社会保障事项，并不由联邦政府来负责，而是州政府来负责，它构成地方政府的财政支出项目。与财政联邦主义制度相联系，美国联邦和地方政府实行分税制，联邦政府主要征收所得税，地方政府主要征收财产税。这样，矛盾就出来了。地方政府如果向穷人提供福利支出，构成地方政府的财政支出。但是，由于他们是穷人，地方政府从他们那里征收的财产税就很少。这样，地方政府一算账，就发现很不合算。于是，地方政府就拼命“输出贫困”。他们采取的措施是：规定很低的福利救济金，从而使领取救济金的穷人移居到福利救济金更高的州。

---

① 杨立雄：《利益、博弈与养老金改革：对养老金制度的政治社会学分析》，《社会》2008年第4期。

② 刘云龙：《民主机制与民主财政》，中国城市出版社2001年版。

“输出贫困”、竞相降低州政府提供的救济金水平，其结果是使得贫困的人们更加贫困，并最终扭曲了人口在地理空间上的合理分布，它表明由州政府来安排社会福利管理难以成功。于是，在1969年的“夏皮罗诉汤普森”一案中，联邦法院以居民可以在各州之间自由迁移为由，废除了居住期限的规定（这是州政府提供救济金的一个比较宽松的限制性条件），从而完成了联邦政府对此项权力的接管。于是，从1969年以后，联邦政府从州政府手中接过来提供救济金的事权归属，同时也获得在全国范围内征收社会保障税的征税权，这是民主党人约翰逊总统“伟大的社会”理想的一个组成部分。

1969年之后，联邦政府和地方政府在社会保障问题上，出现了财政分工关系的动态调整，形成了具有美国特色的“新联邦主义”，它也体现了美国第一支柱收放结合、动态调整之美。

第二支柱之美

如果说1935年是美国公共养老金制度即第一支柱建设的起始之年，那么美国第二支柱的萌芽则要早得多，要早出整整60年①。

1875年，美国运通公司（The American Express Company）在美国建立了第一个私人养老金计划。

在19世纪70年代以前，私人部门的养老金计划没有出现，主要是因为此前的绝大多数企业都是小型的家族企业。

1921年《税收收入法案》。对股票分红或者利润分享计划（profit - sharing plans）等信托收入免除利息收入税。此前对信托收入征税，是因为当它超过雇员缴费时会分配给雇员。该法案没有批准对此前缴费超出额的税收减免。

1926年《税收收入法案》。对养老金信托收入免税。

---

① 美国员工福利研究所：《美国养老金计划的发展史》，1998年3月。

1928 年《税收收入法案》。允许对雇主向合格的养老金信托超出当前养老金债务水平的合理缴费进行税收减免。

1875～1929 年，美国和加拿大有 421 个私人部门养老金计划得以建立，其中 28 个在此期间没有持续。到 1929 年，397 个私人部门的养老金计划在美国和加拿大运作。

在 1930 年之前，一些主要的美国企业建立了养老金计划：新泽西标准石油（1903 年）、美国钢铁公司（1911 年）、美国通用电气公司（1912 年）、美国电话电报公司（1913 年）、固特异轮胎和橡胶公司（1915 年）等。

1935 年之后，美国政府积极顺应老百姓的需要，并且根据美国综合国力的增强，把第二、第三支柱从小到大地给长起来了。其中，以 IRAs 和 401（k）这一对“双胞胎”为代表的美国私人退休金制度，构成了美国养老金制度第二支柱的主体，2009 年 IRAs 和 401（k）计划资产占到美国养老金总资产的 52%，形成了具有美国特色的养老基金。美国政府发展第二、第三支柱的主要手段，就是采取了税收优惠政策，也就是大家熟悉的 EET 税制，即对缴费、投资收益免税，但是对养老金领取征税。EET 税制看似简单的税收制度，但是它是美国养老金发展的第一推动力，因为它改变了金融产品之间的相对比较优势，使得人们在养老金上的缴费相比存款、投资基金更加合算。

下面，我们就来看看第二支柱中的这对“双胞胎”。

个人退休金账户

个人退休金账户，即 IRAs，是完全由个人建立并拥有所有权的、享有税收优惠的、用于退休后生活保障的自愿性投资性账户。美国政府建立 IRAs 旨在为当时无法享受现有私人退休金计划的人员提供退休保障，减少收入需求与实际退休收入之间的巨大差距。1974 年美国国会修改了《国内税收收入法案》，规定对养老金账户的投资收益免税，但是缴费不免税。美国国会在同年通过的《雇员退休收入保障法案》内增加了个人退休金账户，规定未参加其他退休金计划的雇员可建立 IRAs，符合税收优惠条件的个人可以享受两项税收优惠，即缴费免税、投资收益免税，只在退休金领取时缴纳个人所得税。IRAs 为没有被退休金计划覆盖的个人提供了更加宽松的税收优惠。1981 年

《经济振兴和恢复法案》将IRAs的适用范围扩展到全部工人，包括有养老基金覆盖的工人。

2009年底，IRAs的资产规模已经达到4.2万亿美元（在2007年资本市场顶峰时期曾达到过4.78万亿美元），占据美国整个养老基金的25%以上，覆盖了美国4600多万人以及39%的家庭。

401（k）计划

401（k）计划也称为401（k）条款，是指根据美国1978年《国内税收收入法案》第401条第（k）项的规定。该条款适用于私人公司，为雇主和雇员的养老金存款提供税收方面的优惠。401（k）计划是“以养老为目的”的私人退休金计划。401（k）计划的参与者，与IRAs一样，可以享受两项税收优惠，即缴费免税、投资收益免税，只在退休领取时缴纳个人所得税。

讲到401（k）计划的诞生，还有一个非常有趣的美国式故事。这个故事的主人公是特德·贝纳（Ted Benna），他被誉为美国的“401（k）计划之父”。他曾经是一名优秀的企业咨询顾问，熟悉企业税收、企业财务和企业员工福利。他在1981年火眼金睛地发现了美国1978年《国内税收收入法案》中的一个漏洞：由于雇员从雇主建立的养老金计划那里得到的是一个递延的补偿，不是直接的现金支付，不管是雇主缴费还是个人缴费，都不应该纳税。这样，利用1978年《国内税收收入法案》第401条第k款的规定，雇主和雇员的缴费都可以是税前的（当然，对雇主缴费免税，对投资收益免税，对领取养老金时缴纳个人所得税的规定是明确的）。利用这样一个大漏洞，就可以帮助商业机构大张旗鼓地为其雇员提供有诱惑力、有竞争力的退休金计划。按照美国宪法的精神和美国人的逻辑，只要没有违反法律，就应该是合法的。于是，他在1981年大胆地帮助一家企业建立了401（k）计划。后来，其他企业纷纷仿效。使得401（k）计划迅速蔓延开来，立刻获得星火燎原的效果。当然，特德·贝纳先生的“不世之功”得到了人们的赞赏。后来，特德·贝纳先生长期担任美国401（k）协会的主席。

如果说养老金资产积累和流动是万里长渠的话，那么众多的完备的法律规定使得它成为一道牢不可破的铜墙铁壁。为了防止有人利用401（k）计划投机取巧，美国国内税法规定：参加401（k）计划的个人除一些特殊情况外，不得在59.5岁之前提款，不然将被征以重税和10%的惩罚性罚款；401（k）计划允许借款和困难取款，要求用税后收入归还借款和困难取款；401（k）计划为了刺激退休者的当期消费，避免大量的养老金资产成为遗产，规定参加人员在70.5岁以后，必须开始从个人账户中取款，否则政府将对应取款额征税50%。

雇主为雇员出资建立401（k）计划，不是法定的责任，但是在工会、市场竞争、美国文化的作用下，发起建立401（k）计划已经成为雇主自觉、主动、积极承担的雇主责任。所以，401（k）计划已经成为美国薪酬福利制度、员工福利计划的重要内容。401（k）计划在美国的影响已经远远超出其作为养老保险体系的一个组成部分和为退休养老进行资产积累的有效机制，正在成为一种美国文化、美国精神。

现在，美国的广大家庭中出现了“少儿401（k）储蓄计划”。父母亲为了鼓励少儿从小就树立节俭观、节约意识、责任意识，复制并创造出了“少儿401（k）储蓄计划”，即父母亲为少儿建立一个独立的存款账户，当少儿每次将节省下来的零用钱存入该账户时，父母亲也向该账户进行匹配性存钱。这样，少儿节俭意识和储蓄意识就可以得到有效培养。由此可见，401（k）计划所代表的美国文化和美国精神正在代代传承。

到2009年，401（k）计划已经覆盖了30万家企业、4000多万雇员，积累的资产达到2.75万亿美元。

由于401（k）计划的资产主要投资于股票和共同基金，因此，资本市场的风险直接传导于401（k）计划，并导致资产价值的大幅波动。同时，401（k）计划在制度设计上也存在一些不足之处。2001年美国安然事件的爆发，集中体现了401（k）计划在制度设计上的缺陷。

安然公司成立于1985年，是由美国休斯敦天然气公司和北方内陆天然气公司合并而成。安然公司经历了四大步跨越，从名不见经传的一家普通天然气经销商，逐步发展成为世界上最大的天然气采购商和出售商，世界最大的电力交易商，世界领先的能源批发做市商，世界最大的电子商务交易平台。从1990年到2000年的10年间，安然公司的销售收入从59亿美元上升到了1008亿美元，净利润从2.02亿美元上升到9.79亿美元。2000年8月，安然股票价格攀升至历史最高水平，每股价格高达90.56美元。

就在安然公司发表2001年第三季度亏损的财务报表后，安然帝国的崩塌就开始了。2001年11月30日，安然股价跌至0.26美元，市值由峰值时的800亿美元跌至2亿美元。2001年12月2日，安然正式向破产法院申请破产保护，破产清单中所列资产价值高达498亿美元，成为当时美国历史上最大的破产企业。

安然公司超过21亿美元的职工养老金资产中，安然公司的股票占了58%，随着公司股票的大幅贬值，安然1.5万名员工高达13亿美元的401（k）计划退休金资产化为乌有。

安然事件爆发后，立即引起美国国会对401（k）计划的反省：

第一，单一的本公司股票投资比重过大导致投资结构单一，蕴藏巨大的投资风险。主要由于三大原因导致401（k）计划中投资本公司股票的比重过大：一是雇主以本公司股票作为非现金匹配，可以获得税收方面的优惠；二是本公司股票投入401（k）计划可以确保股票持于友方之手，从而防止公司被竞争对手或其他人恶意收购；三是本公司股票与雇员的养老金“重叠”，可以实现“员工持股”的激励作用。

如果雇员所在的公司发展良好，401（k）计划的资产会随着本公司股票价格上涨一起增长，具有“双重保险”、“双重激励”的刺激作用。但是，一旦本公司发展失败，401（k）计划资产随着公司股票价格下跌一起缩水，就会遭遇“双缺口”、“双重压力”的打击，雇员不但会因为公司裁员而失去工作，还会失去养老金。

第二，雇员通过401（k）计划持有的本公司股票，如果继续遵守必须长期持有、并不得在股价管制期予以抛售的规定，将损害雇员的利益。这种规定给本公司高管人员滥用权力、并把损失转嫁给本公司的雇员和其他中小投资者大开方便之门，把雇员的利益完全暴露在资本市场的风险冲击之下。

针对这种状况，美国国会立即提出新的改革思路，主要包括三大内容：

第一，应当在401（k）计划中明确雇员持有本公司股票的上限。

第二，可以对401（k）计划参与者售出本公司股票的时间进行一定的限制，但不宜规定太长的期限。

第三，在股票价格管制期间，公司高管人员抛售本公司的股票要有一个明确的限制。

由于各种利益集团参与博弈，各方的利益诉求需要得到考虑和平衡。最后，布什政府建议：允许参加401（k）计划的雇员在3年后自由出售本公司股票。

总而言之，小小401（k）计划，凝聚美国大智慧！如今它已经成为影响全球养老方式选择的重要参照和坐标。

资产管理之美

美国养老金发展不但有制度设计和机制设计之美，还有资产管理和金融发展之美。

截至2009年底，美国养老金总规模达到15.96万亿美元，而同期美国的GDP为14.33万亿美元，养老金资产规模是GDP的1.11倍。美国养老金资产总额要比中国、日本、德国三个国家GDP的总和还要多。如此规模庞大的养老金资产主要由社保基金、IRAs和DC计划、私人DB计划、年金组成，其中最重要的组成部分是IRAs和属于DC计划的401（k）计划（见表15－1）。

表15－1　1990～2009年美国养老金资产构成情况　单位：亿美元

	I		II			III					
年份	州和地方政府养老金计划	联邦养老金计划	IRAs（个人退休金账户）	DC计划	私人DB计划	年金	总额	DC/DB	I/II/III		
1990	8100	3400	6360	8910	9230	3890	39890	96.53%	1	2.13	0.34
1991	8940	3820	7760	10600	10740	4200	46060	98.7%	1	2.28	0.33
1992	9740	4260	8730	11610	10990	4700	50030	105.64%	1	2.24	0.34

续表

年份	I		II			III	总额	DC/DB	I/II/III		
	州和地方政府养老金计划	联邦养老金计划	IRAs（个人退休金账户）	DC计划	私人DB计划	年金					
1993	10670	4680	9930	13200	12130	5190	55800	108.82%	1	2.30	0.34
1994	11050	5120	10560	14070	13050	5230	59080	107.82%	1	2.33	0.32
1995	13250	5410	12880	17130	14920	5700	69290	114.81%	1	2.41	0.31
1996	15060	6060	14670	19530	16130	6050	77500	121.08%	1	2.38	0.29
1997	17740	6590	17280	23350	17830	6280	89070	130.96%	1	2.40	0.26
1998	19960	7160	21500	26210	19280	7780	101890	135.94%	1	2.47	0.29
1999	22820	7740	26510	29780	21170	8780	116800	140.67%	1	2.53	0.29
2000	21660	7970	26290	29210	19510	8910	113550	149.72%	1	2.53	0.30
2001	20120	8600	26190	26550	17230	9770	108460	154.09%	1	2.44	0.34
2002	17770	8940	23300	23340	14460	9800	97610	161.41%	1	2.29	0.37
2003	20170	9590	30800	28650	17170	11090	117470	166.86%	1	2.29	0.37
2004	21200	10240	34750	32280	18460	12080	137820	174.86%	1	2.72	0.38
2005	27630	10720	36520	36220	23100	14430	148620	156.80%	1	2.50	0.38
2006	31750	11410	42070	42450	25570	15210	167480	166.01%	1	2.55	0.35
2007	32090	11970	47840	44410	26910	15920	180210	165.03%	1	2.70	0.36
2008	24250	12210	35790	34530	19570	13550	139890	176.44%	1	2.47	0.37
2009	27660	13240	42300	40880	21480	14070	159630	190.32%	1	2.56	0.34

资料来源：《2009年美国养老金市场报告》（The U. S. Retirement Market, 2009），请参见：http://www.ici.org。

截至2009年底，IRAs的资产规模已经达到4.23万亿美元（在2007年资本市场顶峰时期曾达到过4.78万亿美元），DC计划达到4.08万亿美元，其中DC计划最重要的部分401（k）计划规模达到了2.75万亿美元。这样IRAs和401（k）计划的资产总和达到了6.98万亿美元。而2009年中国的GDP总量为4.985万亿美元。

这样一看，美国养老金资产规模之大，就非常清楚了（见图15－2、图15－3、图15－4）。

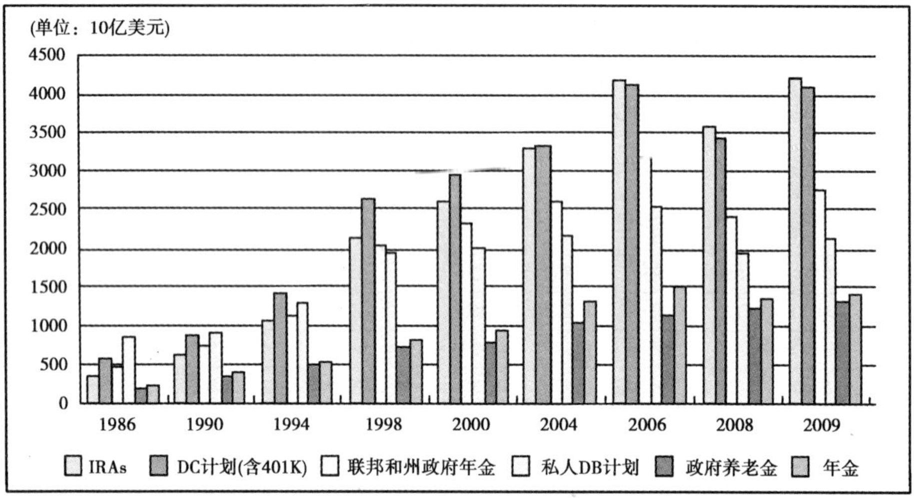

图 15-2 1986~2009 年美国养老基金总资产发展情况

资料来源：《2009 年美国养老金市场报告》（The U. S. Retirement Market, 2009），请参见：http：//www. ici. org。

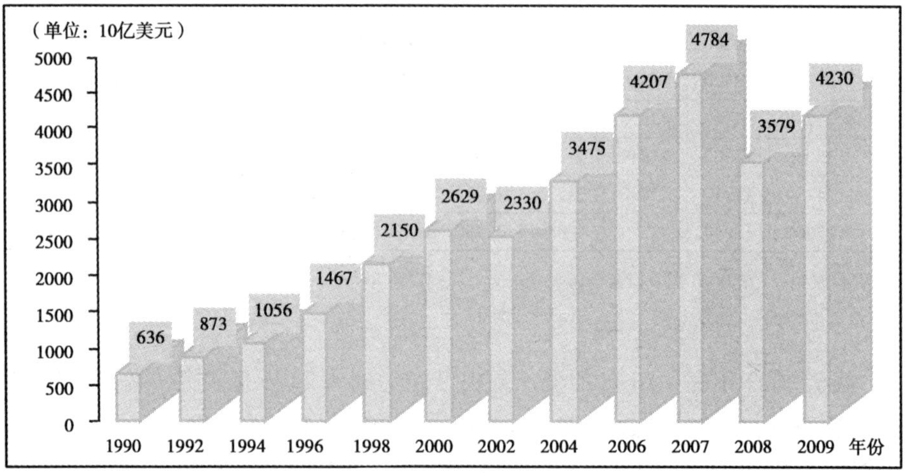

图 15-3 1990~2009 年个人退休账户（IRAs）资产变化

资料来源：The U. S. Retirement Market, 2009, http：//www. ici. org。

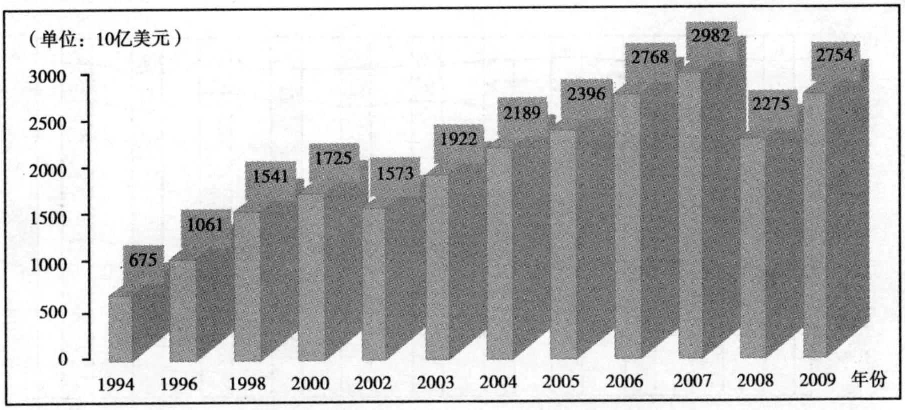

图 15－4　1998～2009 年 401（k）计划

资料来源：《2009 年美国养老金市场报告》（The U. S. Retirement Market, 2009），请参见：http：//www. ici. org。

投资组合的变迁

在过去 20 年里，美国私人退休金资产规模在迅猛增长的同时，投资组合也出现了明显变化。我们以 IRAs 为例，1981 年底 IRAs 总资产的 72% 投资于银行存款，7% 投资于共同基金，12% 投资于经纪商账户的证券，9% 投资保险公司的年金保险产品。到 2009 年底，IRAs 银行存款占比为 10%，投资于共同基金和经纪商账户证券的比例上升到 82%。其中，46% 投资于共同基金，36% 投资于经纪商账户的证券，年金保险产品占比仍为 7%（见图 15－5）。

从表 15－2 中我们也可以看到，在 IRAs 和 401(k) 计划的投资组合中，IRAs 投资于国内股票的资产达到 8230 亿美元，国内股票投资占到其总资产的 51%。401(k)计划投资于国内股票的资产达到了 6610 亿美元，国内股票投资占到其总资产的 43.6%。很显然，单单是 IRAs 和 401(k) 计划投入到美国国内股票市场的资金总额就达到了 1.48 万亿美元。从资金规模的绝对数来看，它也是了不起的天文数字。

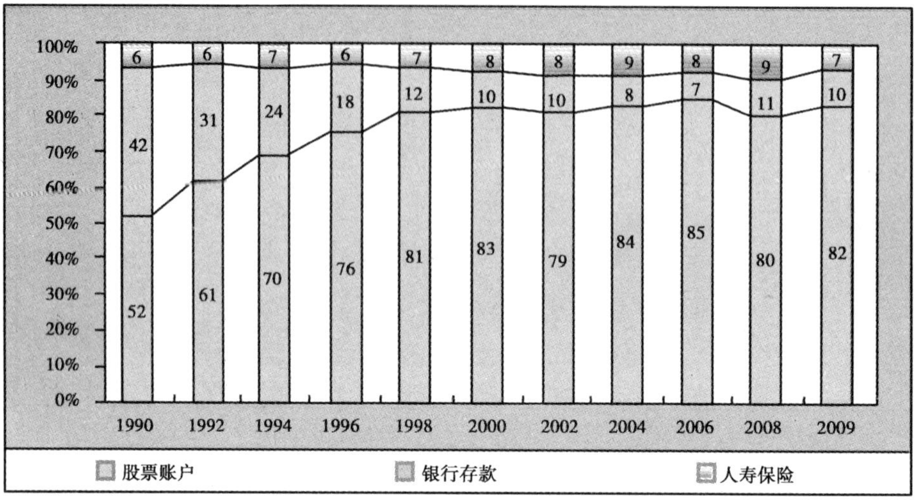

图 15-5 1990~2009 年 IRAs 投资组合结构

资料来源：《2009 年美国养老金市场报告》（The U. S. Retirement Market, 2009），请参见：http://www.ici.org。

表 15-2　　2009 年 IRAs 和 401（k）计划的投资组合　　单位：10 亿美元

类别	国内股票	国外股票	混合基金	债券	货币市场
IRAs	823	263	314	323	230
DC	965	294	395	283	165
401（k）	661	230	319	198	108
403（b）	200	31	42	32	23
457 计划	33	8	11	11	2
其他 DC 计划	72	25	22	42	31

资料来源：《2009 年美国养老金市场报告》（The U. S. Retirement Market, 2009），请参见：http://www.ici.org。

第十六章
日本养老金“一树独大”

日本养老金体系的第一支柱一树独大，第二支柱弱不禁风。

庞大的人口红利没有沉淀为庞大的长期资本，日本错失了成为金融大国、金融强国的历史性机遇。

作为东西方文明碰撞最为激烈的日本，对西方文明的学习是东亚国家中最为彻底的。在养老金领域同样如此，日本养老金制度具有浓郁的西方血统，钢筋雄浑，高水平广覆盖。日本养老金第一支柱的建设，耗时125年。从1875年的“恩给”制度的初步实施，经过1961年“国民皆年金”制度的全面开花，一直延续到2001年启动的养老金改革。

日本养老金第一支柱，就好比一棵根深叶茂的百年老树，耸立在那里，占尽天时地利，紧靠它的第二支柱得不到阳光的照耀，也得不到地气的滋养，只能艰难地成长。直到2001年，才复制美国建立了日本“山寨版”的401（k）计划，它就是以“企业养老金”为代表的私人养老金制度，自然是先天性营养不良，始终成不了气候，担当不了重任。倒是给了远处的第三支柱一个成长机会，日本的第三支柱主要采取团体年金保险的方式来发展，主要由人寿保险公司来进行商业化的管理。这样，日本养老金制度体系的最大特点就是，第一支柱一树独大，根深叶茂。

今天，作为一个从人口红利期迅速转变到人口负债期的国家，日本正承受着历史上最为曲折复杂的养老金之变：不断的改革就如同日本国内不断变换的首相和政局一般风雨飘摇，层出不穷的养老金丑闻，以及社会大众对公共养老金制度的不信任和失望之情，又融进了日本经济停滞的20年之悲情。

下面，我们首先来看看日本百年养老金发展之路。

又粗又笨的第一支柱

日本的养老金制度由来已久。1868年日本历史上著名的“明治维新”运动开始，此后的第7年即1875年，日本就已经拥有了以军人及官吏为对象的“恩给”制度。

1923年制定了《恩赐年金法》。

1939年建立了船员保险制度。

1941年制定了《劳动者年金保险法》。体力劳动者在年老、伤残、死亡时，本人或其家属可以领取养老金。

1944年制定了《厚生年金保险法》，把养老保险制度扩展到普通工薪人员。

1954年通过了《厚生年金保险法（新法）》。把过去报酬比例制的养老金，改为定额部分加报酬比例部分的双层养老金。

此后，日本经济迎来了历史上罕见的黄金发展时期，农村劳动力大量涌入城市，传统的父权大家族制度日渐式微，家庭结构和观念都发生了很大变化，使得家庭养老问题浮出水面，再加上人口平均寿命的延长，日本成为世界上最长寿的国家。当时，日本养老金制度只是以大企业劳动者和国家公务员为主要保障对象，覆盖面只占全国人口的1/4，大多数人被排除在养老保险制度以外，再加上收入不稳定，生活不安定，他们难以进行必要的养老储蓄。因此，扩大养老保险覆盖面、建立老有所养的国民养老保险制度迫在眉睫。

1961年制定了《国民年金法》。规定20岁至60岁的日本国民都要加入国民年金，实行“全民皆年金”制度。至此，日本养老金制度的第一支柱，已经打造成型。

日本从20世纪60年代开始建立起来的“全民皆年金”制度，一个重要特点是五花八门，形形色色，缺乏统一性，呈现出“三大类八项制度分立”的局面，因此在养老金给付上难免出现重复给付和退休收入不平等现象。同时，老龄化速度进一步加快，65岁以上人口占总人口的比重于1970年超过7%，正式进入人口老龄化国家的行列，1980年达到13.5%，1985年达到15.1%，领取养老金的人数迅速增多，日本开始面临养老金支付的财政压力。

1985年制定了《年金修改法》。改革的目的是要建立统一的公共养老金制度，实现公共养老金待遇的公平和公正，减轻政府的财政负担，稳定政府的财政收入来源，确立了妇女的“年金权利”。

1989年设立了“国民年金基金”。规定年满20岁的在校学生也必须加入“国民年金”，试图扩大覆盖面，将年轻人纳入其中，藉以达到“开源”即扩大缴费来源的目的。

1994年引入月工资浮动制。养老金支付与月工资挂钩并浮动，而不再与年工资挂钩，使得养老金支付的数额可以降低，借以达到“节流”即减少养老金支付的目的。

1997年实施“基础年金账户”制度。

1998年将日本铁路（JR）、日本电信电话（NTT）、日本烟草产业公司（JT）等行业性组织的“共济组合”统一到“厚生年金”。

1999年决定将“厚生年金”和“共济年金”的给付水平减少5%，引入在职养老年金等①，进一步减少养老金支付。

值得指出的是，日本政府并非对又粗又笨的第一支柱无动于衷，无所作为，自20世纪80年代开始也一直在做调整，主要特点是开源节流，在第一支柱本身上做大文章，这种做法被学术界称之为“参数式改革”，即围绕第一支柱的缴费和养老金领取的参数进行调整，而不像英国、智利那样大刀阔斧地进行“结构性改革”，即对养老金体系的三大支柱进行改革。

迟迟长不大的第二支柱

通过2001年“企业养老金改革”，“日本版的401（k）计划”浮出水面。在人口红利迅速透支的大背景下，面对国内日益严峻的养老金赤字，传统的第一支柱模式已经难以负担白发苍苍的日本社会，养老压力重重的日本政府开始了第二支柱的艰苦改革。

日本养老金第二支柱就是传统的企业补充养老保险制度。企业补充养老保险为收益确定型计划（即DB计划），它的支付方式是根据职工收入、工作年限来预先确定职工未来退休后的给付额，它的筹资模式为现收现付制，完全由企业而不是个人来承担养老金给付风险。随着就业人员老龄化，以及泡沫经济破裂后养老金投资的本金亏损，导致不少企业养老金计划纷纷解体，就业人员得不到全额养老积累额。再加上日本企业长期以来采取终身雇佣制度，职工的养老金不能因工作调换而随之转移，阻碍了企业发展和员工流动，进而影响日

① 王伟：《日本公共养老金制度改革评析》，《日本学刊》2007年第4期。

本经济发展。

2001 年 6 月，日本政府通过了《企业养老金改革》的立法，正式引入缴费确定型计划（即 DC 计划）和基金积累制。这样，DC 计划就代替了 DB 计划，基金积累制就代替了现收现付制（见表16－1、图 16－1）。

表 16－1　　日本退休养老体系的变化①

		第一支柱	第二支柱	第三支柱
2001 年前	名称	国民年金保险	企业年金	个人年金
	性质	收益不相联 公共经营	与收益相联 雇主发起 部分私人、部分公共	个人提供 私人储蓄 家庭支持
	参加方式	2000 万 Ⅰ 3900 万 Ⅱ 1200 万 Ⅲ	3300 万 EPI；1200 万 EPF 1000 万 TQPP；80% 的企业提供 SBP；600 万成员获得 MAA	购买个人年金
2001 年养老金体制改革法案	名称	国民年金保险	企业年金	个人年金
	性质	收益不相联 公共经营	与收益相联 雇主发起	个人提供 私人储蓄 家庭支持
	没有变化的部分	—	EPI：没有变化 MAA：没有变化	私人储蓄和家庭支持：没有变化
	有变化的部分	—	EPF：有变化。 TQPP：10 年内废止。	允许新的个人年金

注：1. Ⅰ代表自雇人士（第一类人）；Ⅱ代表私人部门雇员和国内居民（第二类人）；Ⅲ代表被保险人的抚养人（第三类人）；2. EPI 代表厚生年金保险，3300 万人，覆盖所有在私人部门工作的“第二类人”；EPF 代表厚生年金基金计划，1200 万人，代替厚生年金保险收益和缴费；TQPP 代表税收适格年金计划，1000 万成员；SBP 代表退职一次金计划（severance benefit plans），覆盖 80% 的企业；MAA 代表共济年金，600 万成员。

① 转引自：刘云龙、傅安平：《企业年金——模式探索与国际比较》，中国金融出版社 2004 年版。

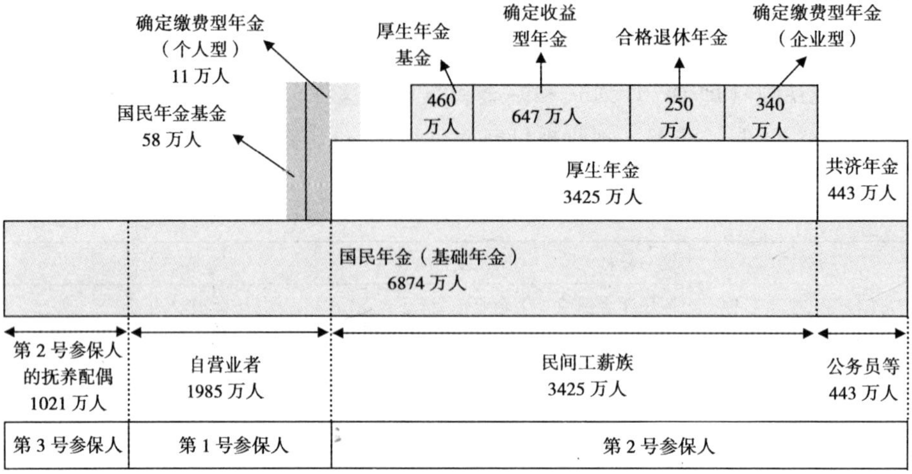

图 16－1　日本养老金体系（2010 年度数据）

资料来源：日本厚生省。

2004 年养老金改革旨在保证养老金制度的可持续性和稳定性。2004 年养老金改革的方向是抑制养老金支付额增长过快，引入国民养老金保费的强制性征收等。改革的目标是要恢复国民对养老金制度的信任，打消人们对养老金制度是否可以持续的疑虑，维持经济活力，构筑稳定和可持续发展的养老金制度。于是在 2004 年 6 月《年金改革相关法案》得到正式实施。

2005 年，当时的日本首相小泉纯一郎及其他内阁成员由于未缴纳养老金被曝光，导致自民党在当年的参议院选举中败北。

2007 年，养老金记录不全问题①导致当时首相安倍内阁支持率急剧下降。

---

① 所谓“养老金记录不全问题”，是指主管养老金的日本社会保险厅遗漏了 5095 万份养老金保险记录，此外还有 1430 万份厚生年金记录没有录入电脑。此举导致很多已经缴纳养老保险费的国民无法按期领取养老金。

2009 年执政达 50 年之久的自民党政府下台，在野的民主党入阁称相，养老金改革的失败也是重要原因之一。

乘势而起的第三支柱

日本的第三支柱主要包括个人年金保险、团体年金保险，由个人和家庭自愿储蓄和购买年金保险产品，主要由人寿保险公司来进行商业化的运营管理，其中第三支柱是商业人寿保险市场的主体。

日本是仅次于美国的保险金融超级大国①。在 2007 年《财富》全球 500 强中，入选的 46 家保险企业里，有 8 家来自日本，数量之多为全球第二位。而在保险密度和保险深度方面，甚至比美国有过之而无不及。

日本保险业是以海上保险、火灾保险（属于财产保险范畴）为中心发展起来的，在 20 世纪 50 年代后，由于日本社会老龄化和人口数量的增长，使得日本寿险业有了飞速发展。20 世纪 90 年代初，日本保险业达到了一个高峰。1994 年，日本保费收入总数、寿险业务量、保险密度和保险深度指标均为世界第一位，保险费收入总数达 6060 亿美元，首次超过美国，人均保费达 4849 美元，把长期保持世界第一的瑞士抛于其后。1995 年，日本的保险费规模、寿险业务量和人均保费三项指标仍称冠于世界。虽然经历 1997 年至 2004 年的衰退重组合并的波折，但日本仍可以称是世界上保险业最发达的国家之一。

日本采取集中单一的监管体制，1998 年以前大藏省是日本保险业的监管部门，下设银行局，银行局下设保险部，具体负责保险监管工作。20 世纪 90 年代以后，日本金融危机加剧，金融机构倒闭频繁。为了消除泡沫经济的消极影响，日本政府进行了一系列金融改革，建立起跨行业的金融监管机制。1998

---

① 数据和资料来源：王小罡：《日本家庭投保率为何世界第一》，《投资快报》2007 年 9 月 12 日。

年6月日本成立了金融监督厅，接管了过去由大藏省对银行、保险和证券的监管工作。金融监督厅下设保险监管课，具体负责对保险业的监督管理。

“财迷式”资产管理

1950年12月日本颁布了《日本输出银行法》，1951年颁布了《资金运用部资金法》和《日本开发银行法》，1953年颁布了《产业投资特别会计法》等。根据这些法律，原大藏省（相当于中国的财政部）“存款部”改称“资金运用部”，由此构成了一套稳定的、多渠道的财政投资融资资金供给体系①。

1953年，日本建立了第一个财政投资融资计划（以下简称“财投计划”）。

1961年日本设立年金福利事业团对社保基金进行运营。

实际上，日本是将第一支柱中的主体即国民年金保险（覆盖7100万人），以及第二支柱中的“最大头”厚生年金保险（覆盖3300万人），汇集成养老保险基金，通过厚生省（相当于中国目前的人力资源和社会保障部，此前的劳动和社会保障部）主管的国家特别会计结算，将汇集的养老保险基金存放给大藏省资金运用部，成为财投计划的重要资金来源。

日本财投计划是政府通过不同渠道将所筹措的公共性、储蓄性、有偿使用的资金作为原始资金，按照国家的决策导向和政府规范加以管理，向国家财政、地方财政、公营企业、民间企业、个人等出资与贷款的制度。这是有别于以税收为财源的中央政府一般财政的投资融资活动。

2001年正式建立“年金积立金”制度（以下简称“旧的GPIF”，即“旧年金积立金”），对投资体制进行重大改革，受厚生劳动省直接委托予以市场

---

① 按照养老金三支柱的分类，通常情况下把第一支柱积累的资产称之为社保基金。在日本，社保基金的投资采取了“财政投资融资计划”（以下简称“财投计划”）、“年金积立金”方式。因此，在本书中，出现了几个不同的表述方式。笔者将它们等同于社保基金，以与其他国家的养老金资产分类相对应。

化投资。

2006 年建立“新年金积立金”（即“新的 GPIF”）作为独立投资机构，专司市场化投资业务，同时宣布“旧年金积立金”解散。“新年金积立金”制定了“战略资产配置”目标①。

截至 2007 年 12 月底，日本社保基金即“年金积立金”资产总规模为 1.1 万亿美元（大约合计 120 万亿日元），是仅次于美国的世界第二大公共养老基金。

截至 2008 年 12 月底，日本社保基金资产缩水到 116.6 万亿日元，即一年时间损失了 8.4 万亿日元（包括财投计划的损失，大约合计 780 亿美元）（见表 16 - 2）。

表 16 - 2　　2008 年日本社保基金资产基本组合目标

	国内债券	国内股票	国外债券	国外股票	短期资产
资产配置	67%	11%	8%	9%	5%
浮动范围	±8%	±6%	±5%	±5%	—
长期投资目标收益率 3.37% ，风险容许偏差 5.55%					

资料来源：日本“年金资金运用基金”网站。

目前，重建日本公共养老基金投资的计划浮出水面，并考虑减少对回报率低的国债进行投资。但是，当公共养老基金真正从日本国债中转出的时候，势必会对日本经济发展产生重大影响，因为日本国债是日本 GDP 的 1.8 倍，日本政府之所以能够保持如此高的负债率水平，一个重要原因就是其负债成本低，即支付国债的利率水平很低。一旦日本公共养老基金脱离日本国债，无疑将大幅推高长期国债利率，增加负债成本。这对日本债务承担者——日本国民来说，可能是得不偿失②。

日本养老制度何去何从，是目前日本政府需要考虑的重大战略问题。

① 郑秉文、房连泉、王新梅：《日本社保基金“东亚化”投资的惨痛教训》，《国际经济评论》2005 年 5 ~ 6 月。

② 《经济学人》2008 年第 7 期。

第五部分

中国长期资本发展战略

发展养老基金，推动资本市场国际化，在全球范围内分散老龄化危机，实现伟大的跨期套利、跨境套利，是中国未来经济发展和金融发展战略的重大选择。

——刘云龙

按照孟子的说法，中国是典型的广土众民之国，当然有无穷无尽的发展潜力和发展后劲，中国崛起既是众望所归，也会水到渠成。

改革开放30年来，中国在人口红利、市场化红利、工业化红利、城镇化红利、国际化红利（以下统称为人口红利和增长红利）的推动下，取得了举世瞩目的“中国奇迹”，到2010年中国已经成为全球第二大经济体。

改革开放30年后，中国也面临一系列“喜中有忧”的情况：新“四化”和人口老龄化，未富先老与未富高储，社会人口抚养比过高与家庭人口抚养比过重，财政压力过大与金融压力过多，“消失的人口”与“消失的女人”，全国统筹与全国统一社保，为财政减负与为金融发展助推，推动投资增长与推动消费增长，特别是前所未有的人口老龄化，可以说是中国“千年未有之大变局”。

未来40年间，即到2050年前后，中国仍然必须坚定不移地抢抓、深化人口红利和增长红利，确保经济长期增长。但是，仅仅依靠越来越衰减的人口红利释放来实现大国崛起的宏伟目标，一定会“心有余而力不足”。所以，必须为中国未来发展寻找新的动力，开辟新的通道！

新动力就是养老金红利，新通道就是长期资本发展！

实现从人口红利到养老金红利、资本红利的伟大跨越、惊险一跳，正是中国未来40年的发展方向。

通过资本市场国际化，在全球范围内分散老龄化危机，实现伟大的跨期套利、跨境套利，是中国未来40年的核心发展战略。

第十七章
中国养老保障体系发展的来龙去脉

从现在开始，把中国养老金发展提升为国家核心经济政策，可以确保中国未来40年的长期经济增长。

1978年以来，为了适应改革开放的需要，中国对传统的社会保障制度进行改革，得到了较好的发展，取得了较好的成绩。

但是，从一定意义上讲，中国社会保障制度改革局限和停留在扮演拾遗补缺的角色上，局限在被动地为经济发展服务上，没有将养老金发展提升到国家发展战略层面上来。

基于中国人口结构转变、经济增长方式转变、金融结构转变、经济发展阶段转换、经济增长动力转变等一系列新的发展任务，从现在开始，需要将中国养老金发展提升为国家核心经济政策，需要对中国养老政策发展进行整体安排和统筹规划。

风风雨雨的社保改革历程

2008年是中国改革开放30周年，2009年是新中国成立60周年。改革开放30年来，中国社会保障制度改革取得了显著的成就，推动了市场经济体制改革，促进了经济发展，维护了社会稳定。

1951年颁布《中华人民共和国劳动保险条例》后，城镇建立了职工劳动保险制度并覆盖城镇机关和企业事业单位职工及供养直系亲属；同时，农村建立了面向乡村孤老残幼的“五保”制度，面向农民的农村合作医疗制度。“文化大革命”期间，劳动保险制度被取消并演变为“企业保险”。

1978年适应改革开放的需要，中国对传统的社会保障制度进行改革。到2008年，社会保险覆盖面日益扩大，待遇水平逐年提高，基金收支规模快速增长，制度运行平稳。以养老保险为例，2007年覆盖人数达到2.01亿人，基金收支分别达到7834亿元、5965亿元。

改革开放30年来，中国社会保障制度、机制和体制改革经历了风风雨雨的历程。

中国社会保障制度改革的艰难历程①：

中国社会保障制度改革历程根据不同时期的社会保障制度改革目标、重点和重大政策举措，可划分为改革探索、制度框架初步形成与统筹城乡发展三个阶段。

1978～1992年的改革探索时期

这一时期，中国经济体制改革的核心是转变企业经营机制、增强企业活力，实行以承包为主的多种形式的经济责任制。在这种改革背景下，社会保障改革的指导思想定位于服务企业改革的需要，国家把社会保障改革作为企业改革的配套措施来进行，以单项制度改革为突破口。

在改革步骤上，首先从改革城镇企业养老保险制度和建立失业（待业）保险制度入手，再随着有关企业改革政策的出台，陆续制定了其他相关的社会保障改革措施。在养老保险方面，1984年，国家在全民和集体所有制企业开始了退休费用社会统筹的试点；1991年，国务院发布了《关于企业职工养老保险制度改革的决定》，实行基本养老保险、企业补充养老保险和职工个人储蓄性养老保险相结合的养老保险制度，基本养老保险费用由国家、企业和个人共同负担，实行社会统筹，先由市、县级统筹再逐步过渡到省级统筹。在失业保险方面，1986年为了配合国营企业劳动合同制，国务院颁布了《国营企业职工待业保险暂行规定》，首次在中国建立了企业职工待业保险制度；1993年国务院修订了该规定，发布了《国有企业职工待业保险规定》，进一步扩大了待业保险的覆盖范围，提出由企业缴费建立待业保险基金，用于保障待业职工的基本生活。

---

① 2008年前后，中国经济学家和社会保障学家们针对"中国社会保障制度改革30年"，展开热烈的讨论，产生了丰富的研究文献。例如，郑功成：《中国社保30年变迁》，《新京报评论周刊》2008年11月22日。郑秉文：《改革开放30年社会保障制度发展历程》，《上海证券报》2008年12月13日第8版。董克用、郭开军：《中国社会保障制度改革30年》，《中国国情国力》2008年第12期。汪泽英、何平：《我国社会保障制度改革30年成就与发展》，《工人日报》2008年11月11日。邹东涛主编、欧阳日辉副主编：《我国社会保障制度改革30年》，《改革和发展蓝皮书》第二十二章，社会科学文献出版社2008年版。本书关于《中国社会保障制度改革的艰难历程》的内容，引用自：汪泽英、何平：《我国社会保障制度改革30年成就与发展》，《工人日报》2008年11月11日。

1993～2004年的制度框架初步形成时期

1992年，党的十四大提出中国经济体制改革的目标是建立社会主义市场经济体制。1993年，党的十四届三中全会通过的《中共中央关于建立社会主义市场经济体制若干问题的决定》，把建立社会保障制度作为社会主义市场经济基本框架的五个组成部分之一，明确了中国社会保障体系的基本内容。随后，城镇社会保障制度改革按照党的十四届三中全会确定的目标、任务和基本原则来进行，重点是养老保险、医疗保险和失业保险制度，目标是建立一套适应社会主义市场经济要求的社会保障制度。在养老保险方面，1995年，国务院发布了《关于深化企业职工养老保险制度改革的通知》，基本养老保险实行社会统筹与个人账户相结合的制度模式并在全国试点，费用由企业和个人共同负担。在医疗保险方面，1995年，在江苏省镇江市、江西省九江市进行试点，探索建立社会统筹与个人账户相结合的医疗保险制度；1996年试点扩大到38个城市。在工伤保险方面，1996年，原劳动部发布了《企业职工工伤保险试行办法》，规范了工伤保险的认定条件、待遇标准和管理程序，建立工伤保险基金。1994年，原劳动部颁布了《企业职工生育保险试行办法》，对生育保险的实施范围、统筹层次、基金筹集和待遇支付等进行规范。

1997年以来，中国社会保障改革步伐加快，国务院于1997年发布了《关于建立统一的企业职工基本养老保险制度的决定》，统一了城镇企业职工基本养老保险制度；1998年发布了《关于建立城镇职工基本医疗保险制度的决定》，明确了基本医疗保险制度的模式和改革方向；1999年发布了《失业保险条例》，进一步明确了覆盖范围、筹资办法、缴费比例、享受条件和保障水平。同年，国务院颁布了《城市居民最低生活保障条例》和《社会保险费征缴暂行条例》，进一步规范了城市贫困居民社会救助和社会保险费征缴工作；2004年颁布了《工伤保险条例》，进一步明确了覆盖范围、筹资办法、缴费比例、享受条件和保障水平。

为配合国有企业改革，妥善处理分流下岗人员和保障城镇贫困人员基本生活，1998年后逐步建立“一个中心、两个确保、三条保障线”的政策体系。2000年国务院颁布了《关于印发完善城镇社会保障体系试点方案的通知》，并在辽宁省试点，探索社会保障制度从单项制度推进向系统建设转变、以覆盖国有企业为主向以覆盖城镇从业人员转变的经验，3 年试点取得了较大的成功。

到 2004 年底，以养老保险、医疗保险、失业保险和城市居民最低生活保障制度为主要内容的、适应社会主义市场经济基本要求的社会保障体系框架初步形成。

2005 年以后的城乡社会保障制度统筹城乡发展时期

2005 年以来，《中共中央国务院关于推进社会主义新农村建设的若干意见》等文件的出台，标志着中国经济社会进入以人为本、落实科学发展观和统筹城乡发展的时期。

在这一大的背景下，中国社会保障制度发展进入统筹城乡、全面覆盖、综合配套、统一管理的阶段。2005 年国务院颁布了《关于完善企业职工基本养老保险制度的决定》，实现养老保险覆盖范围由职工向城镇灵活就业人员的拓展，改革养老金计发办法，强化激励约束机制，建立长效机制；2006 年，国务院颁布了《国务院关于解决农民工问题的若干意见》，国务院办公厅转发《劳动保障部关于做好被征地农民就业培训和社会保障工作指导意见的通知》，推进农民工和被征地人员社会保障制度建设；2007 年国务院颁布了《国务院关于在全国建立农村最低生活保障制度的通知》、《国务院关于开展城镇居民基本医疗保险试点的指导意见》，全国建立兜底性的城乡最低生活保障制度，同时将医疗保险由职业人群拓展到城镇非职业人群。

中国社会保障制度改革的伟大成就①

中国社会保障改革 30 年历程，取得了六大改革成就：

第一，国民社保观念革新。从单纯依靠国家到接受责任分担，是国民社会保障观念的一个巨大的进步，观念革新可以视为社会保障改革的第一大成就。

第二，国家主导、责任共担、社会化、多层次化的国家—社会保障制度，已经全面替代了原有的国家负责、单位包办、板块分割、封闭运行、全面保

---

① 引用自：郑功成：《中国社保 30 年变迁》，《新京报评论周刊》2008 年 11 月 22 日。

障、缺乏激励型的国家—单位保障制度。新的社会保障体系基本框架已经形成，社会救助、社会保险、社会福利三位一体的基本保障体系及慈善事业、商业保险等补充保障，共同构成了新型社会保障体系。

第三，借鉴国外经验，结合本国实际，部分地实现了制度创新。借鉴智利养老保险个人账户的做法，构建了社会统筹与个人账户相结合的基本养老保险模式；借鉴新加坡的经验，住房公积金制度被引入中国；吸收国外及中国香港地区、中国台湾地区的做法，慈善公益组织得到了发展，并成为社会保障的有益补充等。中国社会保障改革也为世界提供了新鲜的经验。

第四，与法制建设进展同步，社会保障管理与经办体制同样取得了重要进展。中国的社会保障管理体制正在沿着监管权责明确、管办分离的正确方向发展。

第五，较好地化解了市场经济改革带来的社会风险，为经济改革与发展创造了条件。同时，越来越多的城乡居民受惠于新型社会保障制度。

此外，由于新制度实现了从“单位人”到“社会人”的转变，社会成员适应时代剧变的承受能力明显增强，个人自主择业的权利和发展空间得到扩大，所有这些，都表明社会保障制度改革不仅是中国改革事业取得成功的重要因素，而且确实较以往更好地发挥了促进社会与个人发展的功能。

中国社会保障制度面临的挑战和突出问题①

当前，社会保障制度建设与党的十七大目标有差距，面临着一系列突出问题，主要表现在四方面：

一是制度存在缺失，广大农民、大部分农民工和城乡无收入老年居民目前尚无养老保障制度安排。退休人员医疗待遇未实行社会化管理。

二是覆盖面窄。2007 年中国 1.53 亿 60 岁以上老人中，只有 4400 万人能够享受定期待遇，不足 1/3；在 7.7 亿劳动人口中，参加了养老保险的仅有 2 亿人，占 26.5%；在 5.9 亿城镇人口中，参加医疗保险的仅有 2.4 亿人，不足 40%。

---

① 引用自：汪泽英、何平：《我国社会保障制度改革 30 年成就与发展》，《工人日报》2008 年 11 月 11 日。

三是管理体制不顺。社会保障事务管理分散在多个部门，不利于政策的统一规范。基金在地方管理，导致提高统筹层次难，跨统筹地区调剂基金和转续养老保险关系困难。

四是历史负担沉重。关闭的破产国有企业、困难企业职工和退休人员共约2000万人，由于资金问题未纳入医疗保险制度。

同时，我们还面临人口老龄化、就业形式多样化、城镇化的挑战。目前中国已进入老龄化社会，与西方已老龄化的国家相比，中国具有未富先老、老年人口规模大、老龄化速度快、高峰期持续时间长的特点。预计21世纪30年代进入老龄化高峰期，老年人口将达3.5亿~4.5亿人，负担系数大幅增加，养老支出急剧增加。退休人员人均医疗费用是在职职工的4倍，老龄化导致医疗保险支出急剧增加，基金支付风险大。中国正处在工业化、城镇化加快发展阶段，大量农民工流动就业的现象将会长期存在。灵活就业数量和比例上升，传统的以“单位”为对象的社会制度不能适应这种分散化、流动性强的就业格局。

社会保障制度未来发展方向①

当前中国经济社会已经进入了“以工促农，城乡支援农村，工业反哺农业”的发展阶段，社会保障进入统筹城乡发展阶段。社会保障制度发展既要遵循自身的规律，又要服务于经济社会发展大局。

坚持社会统筹和个人账户相结合的制度模式。完善养老保障体系对策主要体现为“全、统、实”三个方面。

“全”就是实现城乡全覆盖，重点是建立农村养老保险制度和养老补贴制度，农村养老保险制度实行“基础性养老金加个人账户”的模式，覆盖从业人员。养老补贴制度覆盖城乡60岁以上无保障低收入老人。

“统”就是提高统筹层次，实现基础性养老金全国统筹，理顺中央与地方责任。中央按工资总额的一定比例向单位征收养老保险费，负责基础性养老金发放，缺口由中央负责。过渡性养老金、个人账户养老金由省级经办机构管理

---

① 引用自：汪泽英、何平：《我国社会保障制度改革30年成就与发展》，《工人日报》2008年11月11日。

与负责。

“实”就是做实个人账户，统筹基金和个人账户基金应分别管理和建账，互不挤占，真正变现收现付为部分积累。坚持个人账户基金市场化投资运营方向，加强基金监管体制、法规体系、组织队伍和能力建设，实现基金保值增值。

犹豫中发展全国统一社保

1993年前后，笔者还在中南财经大学攻读经济学硕士学位，曾以《市场经济是海洋经济》为题发表过一篇短文，笔者在文章中指出：市场经济不应该是池塘经济，而应该是海洋经济。通过扩大市场半径、扩大交易范围，进而扩大分工体系、促进自主创新，有利于让市场主体充分获得市场化收益，有利于提高企业竞争力、产业竞争力和国家竞争力。并且建议：尽快打破条块分割、诸侯经济格局，逐步建立起全国统一的大市场，建立全国统一的交易规则。

2008年正好是中国改革开放30周年，也引发了笔者对改革开放30年伟大成就和宝贵经验的思考。笔者又想起了1993年前后撰写过的那篇文章，希望通过完成《从池塘经济到海洋经济——中国改革开放30年回顾与反思》这样一篇文章，来进一步阐述笔者对未来经济发展的一些看法。

在笔者看来，中国虽然经过改革开放30年的洗礼，但是经济生活中仍然大量存在池塘经济的特征，必须加快从池塘经济过渡到、演进到海洋经济的步伐。

实际上，中国社会保障制度的建立，也需要经历一个从池塘经济到海洋经济的发展过程。

提高统筹层次，提升保障功能

保险经济学中有一个著名的“大数法则”：风险单位数量越多，实际损失的结果就会越接近预期损失的结果。社会保障统筹原理与保险原理一样，是一种分散风险、共担风险、风险损失再分配的机制，同样服从大数法则。在全国范围内的社保统筹，无论从人口规模还是风险分散程度来看，最能体现这一法则。

低层次统筹的弊端主要表现为：

第一，不符合大数法则的要求，无法真正实现全国范围内进行风险分散与资源整合。如果说全国统筹是一片浩瀚的汪洋大海，低层次统筹则是散落着的一片片狭小的芦苇荡。

第二，容易出现地区间保障水平苦乐不均的现象。一些地区的财政发生养老金支付危机，而另外一些地区的财政却在享受养老金结余。当然，造成这种苦乐不均现象的深层次原因是劳动力年龄的差异。

以中国为例，由于农村年轻的劳动力大量流向沿海经济发展的城市或者地区，造成人口流入城市和地区的平均劳动力年龄下降，结果出现社保资金结余上升，其实质是劳动力流出地对农村劳动力流入地的“补贴”。而中部地区特别是老工业城市，由于人口结构老龄化，结果出现大量的养老金支付缺口。很显然，在劳动力流动的条件下，即使实现省级统筹，仍然难以彻底消除保障水平苦乐不均这种不合理的现象，因为省级之间的调剂仍然难以实现，这个问题还是不能迎刃而解。因此，实现全国统筹是一个发展方向。

第三，由于资金分散管理，社保资金容易出现被滥用、挪用、侵占等问题。全国社保基金被分割在2000多个县市级统筹单位，每个单位的五险基金基本上又都是相对独立管理，分由不同的行政单位。例如×××医保基金中心、×××养老基金科，如果再加上农保等，全国的基金管理被分割成一万几千个，并且还受到地方政府的左右。上万个属于“事业单位”性质的管理中心，不但编制不够，人手紧张，难以集中起来进行市场化投资；即使实施“自我管理”，它们既不是专业金融机构，又缺少金融投资专业人士，只能维持现状，起到“看门人”的作用，不敢开展基金管理，更不敢对其实行市场化投资策略，只能死死地规定社保资金存在银行买国债，忍受低收益率的侵蚀和通货膨胀的贬值风险。为了获得较高收益率，个别地方有关部门便挪用资金去搞房地产开发、搞楼堂馆所建设、搞资金拆借，难以避免出现利益输送等腐败现象①。

其实，中国低层次统筹过程中出现的问题，美国政府就曾经遭遇过②。美国政府正是通过提高统筹层次、建立联邦层面的全国社保，最终克服了这些问题。

关于全国统一社保的大辩论

近年来，学术界对中国是否需要建立全国社保展开了激烈的大讨论。

反对建立全国统一社保体系的学术观点认为：建立全国统一大社保体系，会加重企业经济负担，减弱企业的国际竞争力，容易引致“福利国家”模式，容易导致“福利病”；“在中国这么大的发展中国家搞统一的社会保障体系是根本不可行的，战略目标是错误的，是‘洋跃进’；社会保障制度并不必然能维持社会的稳定”③。

支持建立全国统一社保体系的学术观点认为：统一社保是增强民族凝聚力和认同感的经济基础；养老权是公民的基本权利，应该覆盖全体国民；统一社保是建设和谐社会、小康社会的重要标志；中央财政实力可以支持，农村和城镇可以快速衔接。

全国统一社保是增强民族凝聚力和认同感的经济基础

现代民族国家在近代之所以出现，一个重要原因是居民对安全的需要，他们希望告别永无休止的战争、内乱和暴力，所以他们宁愿以支付税收的方式来支持国家建立强大的武力和国防，确保家园的安全。社会保障并没有与民族国家同时出现，但是社会保障代表了国民经济安全的需要，所以居民愿意支付以社会保障税或者养老保险费为代价的方式来购买经济安全。正是从这个意义上讲，社会保障是国民认同国家、确保国家有亲和力的重要基础，它代表了一种国家与国民达成的契约：我老了，国家可以养我；我生了大病，国家可以帮

---

① 郑秉文：《社科院专家：全国统筹是社保制度的“命运之钥”》，中国报道，请参见：中国网，http：//www.china.com.cn，2009 年 2 月 24 日。

② 请参见本书第十四章中的相关内容。

③ 陈平：《中国能否支撑统一社保》，《证券时报》2002 年 4 月 21 日。

我。

美国是联邦制国家，公民的社会保障都是由联邦政府管理，不是州政府、地区政府管理，地区政府负责教育，联邦政府负责管理养老和医疗保障事务。因此老百姓对美国有很高的认同感，虽然美国的各州都有各自的独立性，可老百姓认同的是美国，因为绝大多数人的社会保障在联邦政府层面①。

全国社保建设“宜早不宜晚”

笔者认为，推进全国统一社保体系建设，还原劳动力的真实成本，短期内会影响企业盈利，但从中长期来看有利于企业在劳动力使用、资本使用、技术使用上的平衡和选择，反而有利于企业提前转变发展方式，增强竞争力；特别是中国在人口红利期的后期，果断启动该项工程显得尤其明智和理性。

如果中国经济发展继续延续劳动力的粗放使用，等到中国进入人口负债期再来建立全国统一社保，到那时企业竞争力可能会真正地衰退。而且，从目前开始建设全国统一社保体系，利用养老金支付结余，推动资本市场发展，可以获得金融发展的巨大收益。

当中国还在就是否需要建立全国统一社保争得不可开交之际，欧盟统一的养老金制度“轻舟已过万重山”②。

胆战心惊的社会养老重负

相比西方发达国家的“先富后老”的老龄化特点，中国老龄化过程具有“未富先老”、“未发达先老”的特点。可以看出中国老年人经济安全的脆弱性，老年人经济风险的严重性，未来财政压力的紧迫性。

第一，在职职工与退休职工之比已经达到 3∶1，赡养比和社会抚养比过

---

① 周天勇：《社保要尽快做到中央统筹管理》，《搜狐财经》2006 年 12 月 20 日。

② 请参见本书第五章《欧盟统一养老金制度》的相关内容。

重。1980年，中国在职职工和退休职工之比还是13:1，即13个在职工作人员赡养1位退休人员。到了1990年，这个比例缓慢下降到10:1。但是，到了2003年，这个比例突然骤降到3:1。根据预测，在职职工和退休职工比到2020年还会继续下降到2.5:1①。赡养比过高，社会人口抚养比过重，劳动者需要承担的养老重负由此可见一斑。

第二，1对夫妻可能需要赡养6位老人，家庭抚养比过高。2006年一项对京沪穗城市居民的调查显示，35%的城市家庭要赡养4位老人，49%的城市家庭要赡养2位至3位老人。而从赡养费看，35.6%的城市家庭每年花费超过1万元②。如果独生子女夫妇的下一代还是独生子女，那么第三代就要面对1对年轻夫妻赡养6位老人的局面，即4:2:1的家庭抚养比模式。

第三，庞大的养老金隐性负债。现收现付制隐含了养老保障体系由在职职工向退休职工提供养老保险金的承诺。在养老金制度从现收现付制向基金积累制转轨时，养老保险体系需要同时为当代人积累资金并支付对上一代人的债务，也就是说原来的隐性负债需要显性化。1993年，党的十四届三中全会提出个人养老实行“统账结合制度”的目标，就是要从现收现付制度走向部分积累制③，于是养老金隐性负债问题浮出水面。

隐性债务规模估算以一定的精算假设为基础，在不同的精算假设下，估计结果会有较大的差异。相关机构和部门对中国养老保险隐性负债规模进行了测算，世界银行1997年的测算结果为1.9万亿元，中国人民大学2000年的测算结果为2.6万~4.5万亿元，社保研究所2001年的测算结果为2.9万亿元，国务院体改办2001年的测算结果为1.8万~10.8万亿元。规模巨大的隐性负债形成了沉重的转轨成本，成为中国养老保障制度改革无法回避的问题。

第四，庞大的公共开支不足。哈佛大学博士、世界银行经济学家邹恒甫教

---

① 李本公：《我国到2020年在职和退休职工比将达2.5:1》，新华网，2006年12月12日。

② 万一、刘元旭、杨金志：《明天，一对夫妻如何供养四位老人?》，《新华每日电讯》2006年11月12日。

③ 中国经济改革研究基金会及研究会联合专家组：《中国社会养老保险体制改革》，上海远东出版社2006年版，第105页。

授指出：中国政府在教育医疗卫生和社会保障方面花的钱太少。要建立一个起码的和谐社会，政府在这三项上的开支应占国民收入的18%。中国现在是多少？不到6%。美国现在是多少？28%。法国是多少？38%。北欧是多少？48%①。

2008年11月1日，著名社会保障专家、中国人民大学郑功成教授领衔完成的《中国社会保障改革与发展战略》的课题报告指出：根据国际对比研究和中国的发展趋势，中国社会保障支出占GDP的比重在三步走战略的目标年份即2012年、2020年、2049年，应分别不低于7%、15%、25%；其中财政性社会保障支出占财政支出的比重到2012年、2020年、2049年，应分别不低于15%、20%、30%②。随着财政性社会保障支出占财政支出比重的不断提高，财政压力不可小觑。

弱不禁风的"三支柱"养老金体系

中国第一支柱养老金发展状况

目前，由社会保障制度提供的基本养老保险作为第一支柱的基础性作用得到强化。中国基本养老保险可以分为城镇职工养老保险和农村养老保险。根据人力资源和社会保障部发布的统计公报，1992年，中国参加城镇基本养老保险人数为10200万人，城镇基本养老保险基金总收入为316.8亿元；到2008年，全国参加城镇基本养老保险人数达到21890万人，初步测算城镇基本养老保险基金总收入在9000亿元以上。参保人数和基金总收入整体呈持续增长趋势，表明第一支柱承担着中国城镇居民养老的主要职

① 邹恒甫：《经济学决不可回避价值判断和公正问题》，中国经济学教育科研网，http://www.cenet.org.cn；或参见：http://www.douban.com/group/topic/4379801/。

② 申剑丽：《2040年或为拐点，建议设社保战略储备基金》，《21世纪经济报道》2008年11月4日。

能（见图 17－1）。

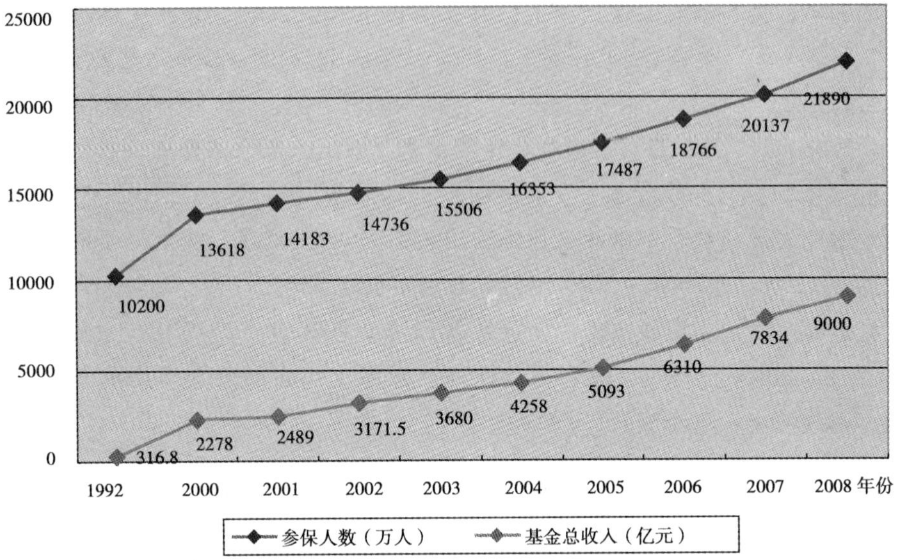

图 17－1　中国基本养老保险参保人数和基金规模状况

中国第二支柱养老金发展状况

企业年金制度作为中国“三支柱”养老保障体系的第二支柱，产生于 20 世纪 80 年代末、90 年代初，至今已经历了三个发展阶段：企业补充养老保险阶段（20 世纪 80 年代末至 2000 年）、企业年金初步试点阶段（2000 年至 2004 年 5 月 1 日之前）、企业年金规范发展阶段（2004 年 5 月 1 日至今）。

为建立多层次的社会保障体系，探索适合中国国情的企业年金制度，形成养老保险体系稳固的“第二支柱”，劳动和社会保障部在企业年金领域进行了很多政策探索，拉开了企业年金市场发展的大幕。

2004 年劳动和社会保障部出台了《企业年金试行办法》、《企业年金基金管理试行办法》，并于 2005 年 8 月完成了首批企业年金基金管理机构认证工作，成为中国企业年金发展过程中的重要标志。

中国企业年金制度安排的基本取向，主要包括三个方面：

一是借鉴英美第二支柱养老金制度安排，采取信托型基金管理模式。根据 2004 年颁布的《企业年金试行办法》、《企业年金基金管理试行办法》，中国企业年金制度安排的基本特征包括：企业自愿建立；DC 计划形态为主；建立个人账户；完全基金积累；信托基金管理模式，由受托人、账户管理人、托管人、投资管理人分别承担不同的职责；明确了企业年金基金投资范围与投资比例。

从制度安排上看，中国企业年金的制度与英国职业养老金计划、美国私人退休金制度安排很相似，集中表现为对养老基金采取信托基金管理模式。

二是利用税收优惠政策推动企业年金发展。虽然当时中国还没有出台全国统一的企业年金税收优惠政策，但是许多地方政府已经针对企业年金制度出台了相关的税收优惠政策，对企业年金市场发展起到了重要的推动作用。截至 2006 年 5 月，中国已经有 23 个地方政府出台了或正在报批税收优惠政策，企业年金支出可列入成本的比例从 4% 到 12.5% 不等。很显然，随着地方性税收优惠政策的陆续出台，企业建立企业年金计划的积极性将逐步提高。

一个可以预见的情况是：随着人口老龄化和基本养老保障支付压力的加剧，随着中央财政税收收入的逐步增长和财政收支情况的逐步改善，随着金融改革的逐步深化和金融体系的逐步完善，国家出台统一的税收优惠政策的可能性越来越大，这将为企业年金市场提供广阔的发展空间。

从总体发展规模来看，1991 ~ 2003 年长达 13 年的时间，中国只有 1.75 万家企业建立企业年金计划，参加职工仅 655.8 万人，累计基金规模仅 380 亿元；到 2008 年底，有 2.98 万家企业建立了企业年金计划，参加职工达到 1034.3 万人，基金规模达到 1276.87 亿元（见图 17 - 2）。到 2009 年底，企业年金基金规模达到 2525 亿元；到 2010 年底，该基金规模为 2809 亿元。

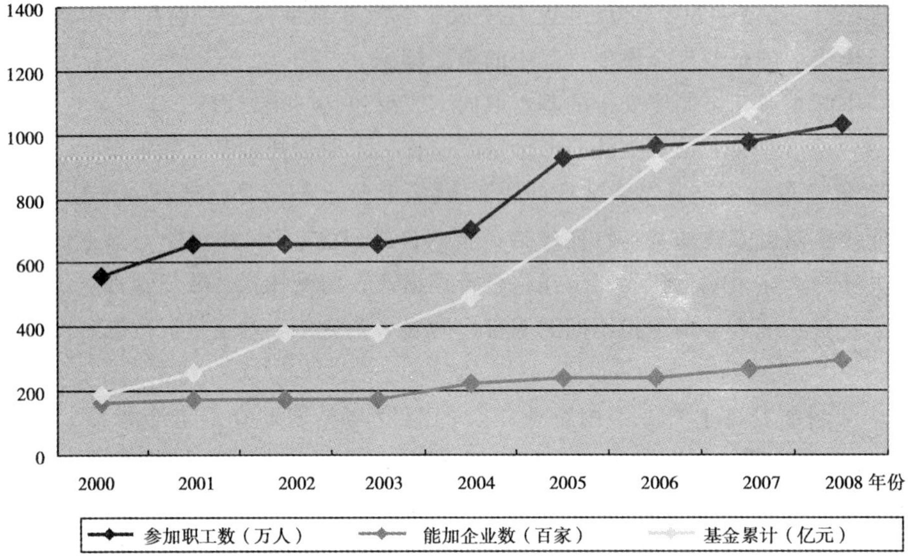

图 17－2　中国企业年金发展现状

总体上看，企业年金市场发展速度较快，基金积累规模较大，企业和职工参与的积极性较高。当然，从目前来看，行业分布较窄，建立企业年金计划的企业主要集中于电力、石化、交通、烟草、钢铁、金融等部分行业。不同所有制企业差别较大，非国有经济（民营、外资、合资）、中小型企业参与的程度低，国有大中型企业依然是主角。

三是多元化的合格养老金计划体系有待建立。目前，中国企业年金制度仅仅覆盖城镇的企业职工，并不是真正意义上的补充养老保险制度，并不能完全代表养老金体系中的第二支柱。因此，借鉴美国经验，在中国建立多元化的“合格养老金计划”体系，将是中国现行企业年金制度发展的大趋势（见表17－1）。

表 17－1　　中国第二支柱养老保障体系的主要结构

基金管理名称	参考体系（美国）	覆盖区域/人群	状态
个人退休金计划	IRAs	所有劳动者	待建
企业年金	401（k）计划	城镇职工	在建
职业年金	403（b）计划	政府公务员	待建
NPO 年金（非营利机构年金）	457 计划	城镇/农村的非营利机构工作人员（教师、医生、军人为主）	待建
失地农民养老基金	—	征地或工程建设移民	在建
农民养老基金	—	广大农村居民	待建
第一支柱中的个人账户资金	公共养老基金的市场化运营模式	城镇职工	逐步充实
第一支柱中的个人账户资金	公共养老基金的市场化运营模式	农村居民	待建

中国第三支柱养老金发展现状

个人商业养老保险作为养老保障体系的第三支柱，其基本目的是满足劳动者的个性化需求。目前，中国个人商业养老保险（包括团体年金保险、个人年金保险等产品）得到稳步发展，累计余额在 3000 亿元左右。

2008 年 12 月 13 日，国务院办公厅发布了《国务院办公厅关于当前金融促进经济发展的若干意见》（国办发［2008］126 号）文件，并且在“第十六条”中明确：“（十六）积极发展个人、团体养老等保险业务，鼓励和支持有条件企业通过商业保险建立多层次养老保障计划，研究对养老保险投保人给予延迟纳税等税收优惠。推动健康保险发展，支持相关保险机构投资医疗机构和养老实体。提高保险业参与新型农村合作医疗水平，发展适合农民需求的健康保险和意外伤害保险。”

个人商业养老保险一旦得到税收优惠政策的支持，可以预测，其发展速度将突飞猛进，有可能出现后来居上的新局面。

“三支柱”模式发展的国际经验

养老保障体系中的三大支柱，各有职能，各具特色。目前，中国将第一支柱的发展重点界定为：坚持基本养老保险满足退休职工基本生活需要的定位，着重在扩大覆盖面、提高统筹层次上下工夫，逐步将农村居民、城镇个体从业人员等纳入全国统一的基本养老保险制度中去。

笔者认为，第一支柱是基础，第二支柱是发展重点。从美国养老金体系发展经验来看，根据2010年美国投资协会发布的“美国总体退休金市场”简报，计算美国“三支柱”养老保障体系的资产构成可以发现：从1990年到2009年，第一、第二、第三支柱的资产比重基本上维持在1:2.5:0.33的水平上。也就是说，美国第二支柱的养老金资产是第一支柱的2.5倍，第三支柱是第一支柱的1/3。

笔者认为，可以参考美国养老金体系发展的做法，重点发展养老金体系的第二支柱。

养老金发展要成为核心经济政策

简单而言，将养老金发展战略确定为中国核心经济政策，是基于两个方面的考虑：一是应对人口老龄化的需要；二是面向未来的发展需要①。

改革开放30年以来，中国社会经济环境已经出现了一系列的新情况、新变化：如新“四化”和人口老龄化，未富先老与未富高储，社会人口抚养比过高与家庭人口抚养比过重，财政压力过大与金融压力过多，“消失的人口”与“消失的女人”同时出现，全国统筹与全国统一社保同时建设，为财政减负与为金融发展助推，推动投资增长与推动消费增长，等等。中国养老事业必须得到优先发展，现行的经济政策发展需要进行及时和重大调整。

---

① 关于中国养老金发展重要意义的全面梳理，请参见：刘云龙：《养老金帝国Ⅰ——长期资本战略的百年大计》，中国财政经济出版社2011年版。

很显然，未来中国的养老保障发展需要实现重大转型。

从社会稳定器到小康社会建设

中国社会保障体系的稳定器、安全阀的作用主要体现在：首先，为广大人民群众提供适当水平的基本生活保障，增强了抵抗各种社会风险的能力，并且还推动了社会公平的实现。其次，为国有企业改革和进行经济结构战略性调整，提供了基础的社会经济环境。最后，为中国市场化改革和社会主义市场经济体制的建立，提供了基础性的制度安排，社会保障体系已经成为中国社会主义市场经济体制的重要支柱。

经过数十年的探索和发展，中国社会保障体系已经从过去计划经济体制下的“企业保障”、“单位保障”转变为市场经济体制下真正的“社会”保障，社会保障不再是国有企业制度的一部分，而是成为一项社会经济制度。当然，建立完善的社会保障体系需要一个长期的过程。

从国际社会保障发展的历史看，各国社会保障从开始建立到形成完善的体系都有一个逐步发展的过程：由建立单项制度，逐步发展到多项制度，最终形成项目齐全的制度体系；由覆盖少数人口逐步发展到大多数人口，直至覆盖全体居民；保障水平也由初期的仅能维持生存，发展到保障基本生活，最终达到较高的保障待遇。就中国来说，社会保障体系建设也必然经历一个由近及远、由低到高、逐步完善的长期过程。

很显然，仅仅满足于社会保障制度所起到的社会稳定器的作用远远不够，必须把养老保障发展的思想统一到党的十六大提出的小康社会建设上来。“我们要在本世纪头二十年，集中力量，全面建设惠及十几亿人口的更高水平的小康社会，使经济更加发展、民主更加健全、科教更加进步、文化更加繁荣、社会更加和谐、人民生活更加殷实。”按照小康社会建设的目标和要求，我们会发现养老保障体系发展意义十分巨大，空间十分广阔，作用十分显著。

从为国企减负到政府职能转换

20 世纪 90 年代后期，中国宏观经济处于“偏冷”时期，国内投资和消费需求严重不足，从计划经济时代长期的短缺经济转变为过剩经济，以及受东南亚金融危机的影响，国有企业（以下简称“国企”）发展普遍面临很大的问题。这时国有企业改革一改渐进式、增量改革为主的方式，变为比较激进的、以存量改革为主的方式，其中一项重要举措就是实行减员增效、打破铁饭碗。

为了推进国有企业改革，必须对国有企业原来的劳动就业制度进行相关改革，而要改革国企的劳动用工制度，必须建立社会保障制度来加以承接。正是从那时起，整个社会保障事业的发展明显提速，而且取得实质性的进展①。当然，通过建立社会保障制度来减轻企业负担，由政府来承担国有企业改革的转轨成本，本身也符合各国进行社会保障改革的普遍做法。

由政府而不再是企业来承担社会保障责任，标志着中国政府职能的重大转换。市场在资源配置的过程中发挥基础性作用，政府职能在于消除“市场失灵”的影响，弥补市场缺陷，促进经济和社会的协调发展。因此，建立社会保障制度，促进社会公平，实现由过去管理和补贴国有企业转变为投入资金建立社会保障度，体现了市场经济条件下的政府职能②。

现在我们开始熟悉“民生政府”的说法，“民生政府”和“民生国家”就是强调国家和政府在市场经济条件下的社会保障职能和公共管理职能，它与计划经济条件下的“建设性政府”、“投资性政府”、“企业化政府”相对应，体现了经济转型和政府职能转型的需求和特点。

国际经验表明，衡量一个国家是否是“民生政府”、“民生国家”，一个重要标志就是看该国的财政支出结构、社会保障支出在财政总支出中的比重。因此，稳步提高中国社会保障支出在财政总支出中的比重，将是一项十分重要并且需要长期实施的经济政策。

从劳动力流动到企业薪酬福利制度改革

市场经济体系建设的基本要求是生产要素能够自由流动，否则市场机制就难以有效配置资源。相对于产品市场而言，资本市场和劳动力市场的发育相对滞后。让资本和劳动力充分流动起来，是提高市场效率的重要内容。

---

① 蔡昉：《人口结构变化决定社会保障制度改革最终方向》，《工人日报》2007 年 11 月 27 日。

② 2001 年 2 月 15 日，中国发展论坛 2001 年年会在北京香格里拉饭店举行。本次论坛的主题是“新世纪国际经济发展趋势与中国经济结构调整”。劳动和社会保障部副部长王东进发表了题为《完善中国社会保障体系的目标和主要任务》的演讲。

导致国有企业员工流动性差的一个重要原因是国有企业福利的“不可携带性”、“依附性”，如住房、医疗保险、养老保险、职业稳定性、工作上的“清闲”等等都具有“搬不动、带不走”的特征。很显然，包括社会保障在内的社会福利的不可携带性阻碍了劳动力的自由流动，扭曲了劳动力就业结构，需要通过建立和完善社会保障体系，才能有效推动劳动力市场的培育和发展。

随着企业补充养老保险制度的发展，导致对传统的企业福利制度进行根本性改革，一种新型的企业薪酬福利制度开始出现。补充养老保险作为员工福利计划的重要组成部分，它和国有企业经理人员的年薪制、员工持股计划、管理层拥有期权计划、股票增值权计划等其他薪酬福利制度一起，构成了一个完整的薪酬福利体系，成为现代企业制度下的重要制度安排，对于发挥员工积极性和创造性、培养和留住人才、提高企业竞争力具有特别重要的意义。

从减轻财政负担到推动金融发展

减轻财政负担方面：

1995 年 8 月世界银行调查团对中国的养老保险体制进行了调查研究，发现中国的养老保险制度面临两大严峻考验：一是如何有效减轻国有企业养老金负担的短期问题；二是人口快速老龄化导致养老金支付危机的长期问题。而传统的养老保险制度既不能有效解决这些问题，也不适应经济发展的要求。世界银行的专家们建议：尽快实现养老金筹资方式转型，即从现收现付制筹资模式向基金积累制筹资模式过渡；尽快实现从“单支柱”养老保险模式向“三支柱”、“多支柱”养老保险模式转变。世界银行的专家们还设计了过渡机制来解决对退休者和在职职工的隐性养老金债务，并对体制转换的财务状况进行了量化模拟分析。他们在报告中还提醒，如果中国养老金制度的覆盖面不能扩大、遵缴率低或者金融改革和资本市场的发展不能给社会保障储备金提供适当的收益率，社会保障制度改革必将归于失败①。

① 世界银行调查团：《中国：养老保险制度改革报告》，1996 年；参见：世界银行：《老年保障：中国的养老金体制改革》，中国财政经济出版社 1998 年版。

世界银行为中国养老金制度改革开出的药方可以归结为两个方面：一是在社会保障制度内解决养老金不足；二是对养老保障体系进行改革，通过建立多支柱模式来减低基本养老保障作为第一支柱的支付压力。

世界银行关于减轻财政负担的建议，得到了中国高层领导和相关部委的高度重视，也有力地推动了中国养老发展。但是，世界银行同时提出的利用养老基金发展来推动中国金融发展的建议，却一直没有引起足够的关注。在笔者看来，后者对于中国发展而言具有同样深远的意义。

推动金融发展方面：

根据笔者的研究，概括而言，中国养老金发展有利于推动金融深化，完善金融体系；有利于分流银行储蓄，促进社会长期投资；有利于发展直接融资方式，提高金融市场效率。具体而言，可以表述为：

第一，注入长期资金，培育机构投资者，改善金融市场结构。

第二，分流银行储蓄，发展直接融资方式，改善金融资源配置结构。

第三，推动金融创新，发展竞争性金融市场，推动金融改革深化。

关于中国发展养老基金的重大意义，成为笔者提出的"新养老理论"的核心命题。关于中国发展养老基金的制度设计，成为笔者提出的"新养老运动"的核心工程①。笔者认为，认识到养老金改革和发展对于减轻财政负担的意义，固然值得欣喜。但是，没有充分认识到养老基金发展对于推动金融发展的意义，却是最大的遗憾。

从推动投资到推动消费

改革开放以来，中国经济发展取得了30年高速增长的辉煌成就。一方面，养老金在确保中国经济长期持续高速经济增长的过程中，发挥了重要作用，功不可没。另一方面，政府高层和经济决策部门对养老金的长期性投资特征有了相对深刻的认识，他们普遍认为发展养老金是推动投资、实现长期繁荣的重大战略选择。

养老金资金运用通常情况下确实会优先考虑并重点选择长期性投资工具，

① 请参阅本书的第十七章的相关内容。

于是产生了两个重要的经济效应：一是规模庞大的养老金资产被用于长期投资，可以有效促进长期经济增长。二是养老金的长期投资可以获得较高的投资收益，可以确保计划参与者充分分享经济增长的成果，并且有利于吸引越来越多的劳动者参与养老金计划。这两大效果正是政府高层和经济决策部门十分希望并且乐于接受的结果。

但是，中国经济发展中同时也潜伏着一个十分棘手的大问题，就是“热衷于投资，冷落了消费”①。

第一，消费对经济增长的贡献率始终很小，目前最终消费已达到历史最低水平，从20世纪80年代消费占GDP比重的62%下降到2005年的52%，其中居民消费从1991年的48.8%下降到2005年的38%，远远低于同期世界79%的平均消费率。

第二，储蓄率一直居高不下。目前中国储蓄率已接近50%，为世界之最，而美国仅为14%，英国15%，欧元区21%，中东欧19%，西半球和非洲国家21%，独联体国家30%，亚洲新兴国家32%，日本28%，中东国家35%。

第三，经济增长严重依赖出口和投资，外贸依存度逼近80%，为世界之最，而美国、日本、印度、德国等国家基本稳定在20%左右。截至2008年9月，中国外汇储备已高达1.91万亿美元，成为全球最大的外汇持有国，占全球外汇储备的1/3。严重依靠出口和投资拉动的增长方式不利于经济的可持续发展。

随着2007年美国次贷危机爆发进而引发全球经济衰退，基于中美经济结构失衡而得以保持的中美贸易格局被彻底打破，以及人民币对美元的持续升值压力，对中国长期保持的高储蓄、高投资、高出口经济增长造成了前所未有的挑战，经济增长方式的脆弱性开始暴露。在这种全球经济大动荡的背景下，内需不足的问题浮出水面，被认为是严重制约中国经济发展的一个重大障碍。于是，扩大消费、扩大内需，开始成为经济增长方式转变的代名词。

为什么消费不足、为什么内需不旺？

一个重要原因是社会保障体系建设成为一个瓶颈：医疗、养老、教育、住

---

① 郑秉文：《改革开放30年社会保障制度发展历程》，《上海证券报》2008年12月13日。

房这“四座大山”均属于社会保障概念的领域。完善社会保障制度是稳定收支预期的一个重要措施，是促进消费需求和提高消费率的重要条件。社保体系覆盖面越大，制度越完备，功能越完善，居民未来预期中的不确定性就越低，就越能起到降低居民对未来风险的预期和促进即期消费的作用。可见，完善社保制度的一个重要目的就是让城乡居民放心消费、敢于消费、善于消费。难怪中国社会保障专家郑秉文教授大声呼吁：在未来几十年改革中，社保改革要以鼓励消费为制度导向，以拉动内需为客观目标，为加快转变生产方式作出应有的贡献①。

从社会保障改革到统筹发展

建立和完善养老保障体系，一方面需要对原有的社会保障体系进行改革；另一方面需要建立多支柱的养老保障模式，中国政府和相关部门对此认识相对深刻。但是，社会保障体系的改革，养老保障体系的完善，涉及社会经济发展的方方面面，需要统筹考虑和统筹发展。例如，养老保障改革与医疗改革，城镇养老与农村养老，失地农民养老与进城务工农民养老，户籍制度改革与社会保障改革，人口生育政策与社会经济发展政策协调，退休年龄与就业发展，家庭养老与孝道文化，养老发展与养老监管，税收优惠与税收管理，等等。

遗憾的是，中国政府相关部门对养老保障发展需要统筹考虑的这一系列问题，关注相对较少，认识相对不足，措施相对缺乏，严重影响了社会保障改革的整体推进和统筹发展。

从单一筹资到多渠道筹资

资金问题是社会保障制度改革和建设的核心问题。需要从过去的单一筹资进到目前和今后的多渠道筹资。多渠道筹资包括：一是进行社会保障制度改革。一方面建立了国家、企业和个人三方共同承担的筹资机制，另一方面明确了由政府通过其他多种渠道筹措资金来支付资金缺口和承担转轨成本。二是需要变现部分国有资产充实养老金。许多实行社会保障改革的国家，包括部分拉

---

① 郑秉文：《改革开放30年社会保障制度发展历程》，《上海证券报》2008年12月13日。

美国家和东欧前社会主义国家，都采用这种方法来补充改革过程中社会保障资金的不足。而且从理论上说，国有资产的一部分是过去国有企业职工社会保障权益的沉淀，现在用其补偿他们过去的社会保障权益也是合理的。三是发行社会保障专项债券筹集一部分资金。四是开征某些新税种（如遗产税）以及发行彩票等方式来筹集社会保障资金等①。

通过上述种种措施，实现多渠道筹集资金，从而为形成一个稳定、可持续发展、可信赖的社会保障体系打下坚实的经济基础。

① 2001年2月15日，中国发展论坛2001年年会在北京香格里拉饭店举行。本次论坛的主题是“新世纪国际经济发展趋势与中国经济结构调整”。劳动和社会保障部副部长王东进发表了题为《完善中国社会保障体系的目标和主要任务》的演讲。

第十八章
新养老理论与新养老运动①

人口老龄化、刘易斯拐点是中国“千年未有之大变局”！

养老金治国、养老金强国是中国“千年未有之大机遇”！

① 本部分内容改写自：刘云龙：《养老理论与养老运动的剖析与思考》（上、下），《经济要参》2008 年第 15 期，国务院发展研究中心。

工业化、城镇化、市场化和国际化（统称为“新四化”），是中国自改革开放以来社会经济环境发生的重要变化，对中国养老保障体系的建设提出了新的要求。

工业化的深入发展，意味着人们的就业方式、收入获得方式发生了重大变化。同时，工业化的生产方式大大区别于传统的农业生产方式，对劳动年龄、工作时间、身体素质、文化素质提出了新的要求和新的标准。工业化浪潮直接对传统的养老保障方式提出新的挑战。

城镇化的深入发展，意味着人们的生活方式、社会关系、社会生活环境发生了重大变化。目前，中国有1.5亿人以上的进城务工农民和超过4000万人的被征地农民，他们已经接受城市文化和城市文明的影响。持续不断的城镇化趋势和进程直接导致家庭保障功能的弱化。

市场化的深入发展，意味着收入决定方式、养老保障需求的满足方式发生了重大变化。健康服务、养老服务、金融服务等多种养老需要，可以通过市场方式来获得满足；政府与市场、企业与个人，找到了在经济市场化环境下提供养老资源的“兴趣点”和“利益点”，有助于各自在养老责任分担机制中发挥应有的作用；推动人们更加尊重和相信市场力量，通过养老保障体系的建设和完善，有助于推动金融市场发展和长期经济增长。

国际化的深入发展，意味着养老保障体系和养老保障制度，作为市场经济的基础性制度安排，直接成为国家竞争力的重要组成部分。同时，随着大量的跨国企业“走进来”，以及中资企业“走出去”战略的实施，必将推动中国顺应国际养老保障体系改革发展趋势，学习和借鉴养老保障建设新经验，适应国际通行的养老保障准则。国际化浪潮将直接推进中国养老保障体系的建设和完善的步伐。

新的社会经济环境影响新的养老实践，新的养老实践呼唤新的养老理论。

新养老理论的内涵与外延

“新养老理论”作为一个规范的经济学范畴，其内核是：发展养老基金应对老龄化危机。扩展而言，即：发挥金融市场的力量，发展现代养老金融观念、养老金融技术、养老金融工具应对老龄化危机，推动中国金融发展和长期经济增长，实现大国崛起。用一句话概括就是：养老基金发展中国，使中国崛起。

新养老理论的内涵。充分利用人口结构优势向资本力量优势发展的战略机遇期，大力发展养老基金，推动中国金融结构、居民财富结构变迁，加速中国资本市场发展和资本市场国际化进程：保障老年人经济安全，推动消费增长，促进经济增长方式和产业结构转变；改善融资结构，提供长期资本，增强经济活力，开辟出中国由贸易大国向工业强国、金融大国发展的战略通道，实现大国崛起。

新养老理论的外延。建立覆盖城乡居民的统一社会养老保障体系，建立国家、社会、企业、家庭、个人五大主体为全社会养老负责的责任分担机制，借鉴国际经验和发扬传统文化优势，完善多支柱、多层次养老保障体系建设；综合运用财税政策，推动第二、第三支柱养老基金的发展；综合运用金融政策，拓宽养老基金的投资领域，增厚养老基金投资收益，增强养老基金在金融体系中的竞争力；借鉴国际养老基金监管制度和监管政策，研究中国养老基金监管机构设置，提高养老基金公司治理、资金治理水平，确保养老基金运营安全；大力发展养老精算技术，尽快编制养老生命表，实现养老金产品的公平定价；评估现行人口生育政策对社会经济发展的影响，研究人口生育政策调整的时机和空间，利用人口结构变化减轻老龄化冲击；大力开展健康教育，积极实施健康管理，提高全民健康水平，减轻过快的、过大的医疗开支对经济发展的负面影响；大力开展养老教育，养老风险管理内容进入中小学生课本和课堂，提高全社会成员的养老保障意识；编制家庭和谐教育读本，增加全民养老的智慧，实现“老而弥智”；建立家庭冲突解决的民间调解机制、司法救济和司法援助体系，推动养老立法技术和养老司法实践。用一句话概括就是：健康养老、快乐养老、丰裕养老、和谐养老。

新养老理论的理论基础。“新养老理论”作为一个完整的经济学范畴，其理论基础由五大支柱构成：一是制度发展观；二是金融发展观；三是经济发展观；四是社会发展观；五是人生发展观。

新养老理论制度发展观的核心是：养老基金即命运。一条主线是制度和政策发展观，梳理关于养老保障制度选择的 6 大宏观内容、16 大微观内容，根据国际经验和中国发展现状进行分析和选择；另一条主线是对亚洲金融危机的反思，分析欧美国家、东亚国家在养老保障制度设计和养老基金发展方面的差异，从养老基金丰富和完善金融功能、稳定金融体系、对抗金融冲击的角度，来审视和反思亚洲金融危机爆发的深层原因。

新养老理论金融发展观的核心是：养老基金推动金融结构变迁。一条主线是国家发展观，从国家间养老金制度安排差异入手，分析养老基金发展差异和金融结构变迁差异，用国家间养老金制度的差异、养老基金发展的差异来解释金融结构变迁；另一条主线是居民发展观，从居民财富结构、家庭持有金融产品结构入手，通过分析家庭金融资产的配置、持有、收益，用金融产品间的竞争来解释家庭金融资产结构的差异。

新养老理论经济发展观的核心是：养老基金推动中国崛起。一条主线是人口力量观，用养老基金在现在与未来、人口红利期与人口负债期、在职职工与退休职工之间架构起一座桥梁，把人口红利转变为资本红利，推动长期经济增长；另一条主线是资本力量观，把养老基金置入金融发展体系，打通养老基金与资本市场发展、资本市场国际化、金融创新之间的联系，通过发展养老基金来推动大国崛起，推动大国资本市场崛起，推动中国成为全球资本市场的中心。

新养老理论社会发展观的核心是：养老基金推动道德发展。第一主线是养老基金推动道德投资。养老基金通过改善所投资企业的公司治理水平，发展道德投资，推动金融创新，从而推动道德发展。第二条主线是防范道德风险。通过经济金融法律制度建设、运营管理机制设计、信息技术研发来推动养老基金健康、规范发展，避免出现英国麦克斯维尔（Maxwell）丑闻、美国安然事件，从而推动道德发展。第三条主线是推动职业道德发展。由于雇员获得雇主向个人养老金计划缴费，同时由于养老基金会选择本公司发行的股票或企业债券，使得雇员成为本企业的持筹者和利益相关者，有利于雇员积极性和创造性的发挥，从而推动雇员职业道德发展和职业精神培育。第四条主线是养老基金发展有助于弘扬助人为乐的利他主义精神，有助于弘扬慈善捐赠的道德力量。

新养老运动的人生发展观的核心是：养老基金解放老年人。印度经济学家阿蒂亚·森认为“发展是为了自由”，我们认为养老基金发展有助于实现人的全面发展，有助于解放老年人，有助于老年人获得更多的自由。一条主线是财富发展观，分析养老基金发展增加个人的财富积累，实现老年人经济安全，提高老年人经济独立性和消费自主性，试图探寻财富积累增加自由的实现方式。另一条主线是教育发展观，分析现代生育观对现代教育观点影响，探寻养老与养小（即培养子辈、孙辈）之间的内在机理，试图探寻养老基金发展推动全社会人力资本发展、人口素质提高的实现途径。

新养老运动及其十大工程

新养老运动，也可以称之为新养老行动，是指在新养老理论和新养老观念的指导下，推动新养老实践又好又快发展。新养老运动覆盖十大工程：

第一，全国统一社保工程。

第二，个人账户做实工程。

第三，企业年金发展工程。

第四，养老保险发展工程。

第五，养老金融创新工程。

第六，养老基金发展工程。

第七，老年健康管理工程。

第八，生育政策评估工程。

第九，养老教育宣传工程。

第十，家庭和谐管理工程。

全国统一社保工程。支持建立全国统一社保体系的学术观点认为：养老权是公民的基本权利，应该覆盖全体国民；统一社保是建设和谐社会、小康社会的重要标志和经济基础。反对建立全国统一社保体系的学术观点认为：建立全国统一大社保体系，会加重企业经济负担，减弱企业的国际竞争力，容易引致“福利国家”模式，容易导致“福利病”。

新养老理论认为，推进全国统一社保体系建设，还原劳动力的真实成本，短期内会影响企业盈利，但从中长期来看有利于企业在劳动力使用、资本使用、技术使用上的平衡和选择，反而有利于企业提前转变发展方式，增强竞争力；特别是中国在人口红利期的后期，果断启动该项工程显得尤其明智和理性。如果中国经济发展继续延续劳动力的粗放使用，等到中国进入人口负债期再来建立全国统一社保，到那时企业竞争力可能会真正地衰退。而且，从目前开始建设全国统一社保体系，利用养老金支付结余，推动资本市场发展，可以获得金融发展的巨大收益。

与全国统一社保体系建设相关的一个重要问题是关于统筹层级的确定，目前绝大多数观点都支持提高统筹层次。论证提高统筹层次必要性的观点包括：有利于资金安全，有利于养老公平，有利于增强国民的凝聚力和民族国家的认同感（因为统筹层次越高，越有利于增强国民对民族国家的认同感）。

新养老理论认为，建立全国统一社保体系、提高社保统筹层次，目前已经成为国家政策，这是中国社会经济发展历史上一件大事，关键是要扎实推进、知难而进。

个人账户做实工程。关于个人账户制度有利于提供激励机制，有助于提高个人缴费积极性和遵缴率，逐步成为人们的共识。关于基金积累制的优点，以美国经济学家费尔德斯坦为代表进行过充分阐述，其强有力的实证分析表明：基金积累制有助于改善储蓄率，推动美国经济发展。但是，关于做实个人账户的方式、途径，中国学者存在明显的分歧。一种观点认为：可以采用瑞典的记账式个人账户（NDC），既可以保持个人账户责任明确的优点，又可避免基金积累制风险过大的缺陷；既保持了激励机制，又降低了转轨成本。他们不赞成采取基金积累制方式做实个人账户的理由包括：通过基金积累制来做实个人账户，需要提高缴费率或增加中央财政补贴，势必加重个人、企业和政府的负担；个人账户积累的资金投放到目前还不成熟的资本市场，存在巨大的市场风险和管理机构的道德风险；对于像中国这样国民储蓄率已经高达40%以上的国家来说，没有必要通过个人账户来进行强制性积累。

新养老理论认为，中国必须坚定不移地采取基金积累制度来做实个人账户：第一，中国高储蓄背后，一个十分重要的原因是储蓄养老动机。第二，由商业银行来管理居民用于养老的长期储蓄，既导致银行资产负债匹配管理失效，也导致全社会金融资源配置失当和低效率。第三，中国资本市场的市场风险恰恰在于缺乏养老基金这样的长期机构投资者，而且管理机构的道德风险可以通过公司治理、资金治理、信托模式等制度建设来防范。第四，通过基金积累制度做实个人账户，特别是通过选择金融机构进行投资运作等市场化方式进行管理，有助于降低储蓄资产的比重，有助于推动中国金融结构变迁。第五，通过养老基金发展资本市场，并通过资本市场发展为中小企业提供新的融资渠道和融资平台，有助于推动中小企业发展，增强中国经济发展的活力。

新养老理论认为，通过基金积累制度做实个人账户，并通过市场化方式将资金投放资本市场，需要尽快启动，犹豫不得，耽误不得。

企业年金发展工程。随着《企业年金试行办法》、《企业年金基金管理试行办法》自 2004 年 5 月 1 日起正式实施，标志着中国企业年金发展工程正式启动，标志着中国养老保障体系第二支柱的雏形正式形成。企业年金发展工程包括四大子工程：

第一，职业年金发展工程。扩大企业年金制度的覆盖面，争取尽快发展出覆盖公务员、教师、医生等不同职业的职业年金，并统一纳入企业年金制度框架进行管理，研究这方面的工作可以借鉴美国的 IRAs 计划、401(k) 计划、403 (b) 计划、457 计划。第二，全国统一税收待遇工程。税收优惠政策是发展企业年金市场的杠杆，中国需要借鉴国际通行的 EET 税制（即对缴费环节、投资积累环节免税，只对养老金领取环节统一征收个人所得税），推动中国企业年金制度快速发展。第三，企业年金监管工程。完善企业年金监管制度，构建起有利于企业年金健康、快速发展所需要的企业年金监管机构和监管体制。第四，行政运营管理技术发展工程。企业年金制度采用了信托模式，确立了受托管理人、账户管理人、投资管理人、托管人等 4 种相互制衡的角色，建立了个人账户制度，采取缴费确定型的基金积累模式，这些机制对于确保企业年金规范、稳健发展至关重要。

但是，中国企业年金制度在行政运营管理技术要求方面缺乏统一的标准，如权益归属时间的设定、困难取款要求的设置、提前取款的惩罚、个人投资选择权的获取、到期不取款的限制、企业年金基金价值的实时查询等等，实际上严重低估了行政管理技术和标准的价值。企业年金制度的成功运营，既要把企业年金制度打造成滴水不漏的铜墙铁壁，又要把企业年金账户管理得毫厘不差；既要实现企业年金财产的独立性，确保除了托管银行外，其他参与主体对企业年金基金“摸不着”，又要实现企业年金基金离计划参与者零距离，可以贴身携带，随时“看得见”。正是因为养老金对年轻劳动者而言是遥远的财富，所以，难以调动年轻职工参与企业年金计划的积极性，而通过发展行政运营管理技术，增强企业年金基金的“可见性”、“可视性”、“贴身性”，就能够增强所有职工参与企业年金计划的积极性。

新养老理论认为，发展企业年金制度具有十分重要的意义：第一，对第一支柱建设起到补充作用，有利于降低社保的支付压力，减轻政府负担。第二，企业年金制度作为企业薪酬福利制度的重要组成部分，有利于增强企业竞争力。第三，借助于可以携带的个人账户制度设计，有利于建立激励机制，有助于劳动力市场发展。第四，借助于基金积累制、托管机制、信托制度，由信托公司、商业银行、保险公司、证券公司、基金公司等多种不同金融机构参与企业年金市场发展，有利于建立竞争性的金融市场，并有力地推动综合金融发展。第五，有利于实现国民储蓄向社会投资转换，有利于促进长期经济增长。

养老保险发展工程。保险方式和保险技术，是社会风险管理的重要手段，保险业是最早进入养老风险管理的金融产业，是养老保障体系建设的最早参与者。

新养老理论认为，养老保险发展工程包括三大子工程：

第一，年金化领取工程。年金化领取对于养老保障体系的成功运营起到十分重要的作用，近年来许多国家纷纷通过立法来强制实施养老金领取年金化，以确保老年人经济安全。原因在于：如果将个人的养老金一次性支付给受益人，而受益人对其生存期间很难进行正确估计，给其合理安排退休养老计划造成很大的困难，不能够合理地安排消费支出，难以实现养老金的最优化利用。如果生存寿命过长或者将养老金进行高风险的投资失败都将会导致养老金不足，都将给其老年生活带来困难，给社会带来不稳定因素。于是政府不得不对其提供救济，从而增加社会负担。这样将直接影响到养老保障体系运营的效果。

养老金的年金化领取管理服务是一项专业技术要求很高的工作，最重要的是处理养老金领取者的长寿风险和生存余命问题。其核心的内容是要利用人口统计知识，综合考虑利率、通货膨胀等因素，运用精算技术，对养老金资产转化为年金化保险产品进行定价。在这个过程中，精算技术尤其重要。因此，要实现企业年金的年金化领取必须依托于保险公司的精算技术。

目前，中国商业保险公司已经开发的年金化产品主要包括：即期年金、延期年金、永续年金、确定年金、有确定期限的生命年金、递增年金、递减年金、联合生存年金、指数年金等多种年金产品。今后，保险公司需要充分利用多年来经营年金保险产品的经验积累，使其能够为年金化领取提供更加多样化的产品，最大限度地满足养老金年金化领取的需要。

第二，养老生命表编制工程。2005 年，中国保险监督管理委员会在北京组织召开了生命表专家论证会，由人口专家和保险业生命表专家组成的论证会一致通过了《中国人寿保险业经验生命表（2000~2003）》。而且，《中国人寿保险业经验生命表》（以下简称“寿险生命表”）将定期编制。编制寿险生命表的重要意义在于对寿险产品进行公平定价，因为寿险生命表是寿险产品定价的一个重要理论基础和技术基础。

养老生命表不同于寿险生命表，它反映的是人口长寿化趋势和劳动力退休后生存余命的长短，它是养老保险产品定价的重要依据。因此，编制养老生命表，一方面提供了养老保险产品定价的基础，有利于对养老保险产品公平定价；另一方面提供了公共信息，有助于全社会成员对退休后生存余命长短进行科学预期，有利于安排养老阶段的投资、消费、遗产规划。

目前，世界各国都十分重视养老生命表的编制，把它作为一项重大的社会发展工程来进行建设。

第三，延税型商业养老保险发展工程。延税型商业养老保险区别于企业年金制度的关键之处在于：前者采取契约管理模式，后者采用信托管理模式；前者可以采用待遇确定型筹资（即 DB）模式，后者采用缴费确定型筹资（即 DC）模式。延税型商业养老保险发展工程包括延税型商业养老保险计划和延税型契约式补充养老保险计划，前者以个人为主要覆盖对象，后者以企业和其他团体为主要覆盖对象。

延税型商业养老保险计划，是指以提供计划参与人未来养老保障为目的，采用完全基金积累制的个人账户管理模式，通过税收鼓励和投资运作帮助计划参与人有效管理延期收入，实现保障计划参与人养老的基本目的。它是由保险行业共同开发制定并报送中国保险监督管理委员会审批的商业养老保险产品，参与延税型商业养老保险计划销售的各家保险公司采用统一的标准条款。同时，计划上报国家税务总局批准成为合格的延税保险产品，并由国家税务总局发文确认延税资格并颁发税优编号。

延税型契约式补充养老保险计划，是指企业及其职工在依法参加基本养老保险的基础上，自愿建立的补充养老保险制度。采用由保险行业共同开发制定的统一产品，由保险公司与企业及其职工签订合同，为客户提供账户管理、投资管理、精算等一揽子服务，并委托银行托管养老保险基金。

新养老理论认为，充分发挥商业养老保险技术和经验的力量，大力发展延税型商业养老保险，有利于丰富养老风险管理方式选择，有利于满足经济转轨时期不同年龄阶段的劳动力（即“新人”、“中人”、“老人”）对养老保障的差异化需求，特别是保险业利用精算技术、养老生命表、年金产品研发，增强了养老金领取阶段的养老风险管理，有助于国民实现对生命周期全过程的风险管理。

养老金融创新工程。从微观金融层面来看，养老金融创新工程包括：第一，发展逆向按揭贷款制度，推动住宅资产金融化、货币化、保险金化，增强住宅资产的流动性，实现养老收入来源的多样化。第二，发展养老银行、义工银行、道德银行制度，引导劳动力资源在就业与社区、家庭与社区之间进行合理配置，在年轻与年老、奉献与需要之间搭建桥梁。第三，发展与通货膨胀指数挂钩、GDP 增长指数挂钩、长期债券指数挂钩、股票指数挂钩的金融产品。第四，开发长期看护等健康管理、老年服务金融产品。第五，开发配偶连生保险产品，解决夫妻一方死亡后配偶的养老保险问题。

新养老理论认为，养老金融创新活动依赖一定的社会、经济、金融、法律环境，需要得到金融监管部门、经济规划部门、立法和司法部门的支持和鼓励。同时，养老金融创新活动，是一个国家和社会养老风险管理水平、金融技术发展水平、金融市场发展水平的重要标志。通过养老金融创新，推动中国养老金融化、养老社会化、养老基金化。

养老基金发展工程。从宏观金融层面来看，养老基金发展工程包括三大子工程：第一，推动资本市场发展工程。第二，推动资本市场国际化工程。第三，推动金融结构变迁工程。

新养老理论认为，加速资本市场国际化是开辟大国崛起的战略通道。资本市场国际化的意义在于：有利于中国从人口红利向资本红利发展转变，避免资本萎缩与资本耗散，增强人民币资产的潜在价值，增强本土资本力量；有利于中国从贸易大国向金融大国发展，既可以消化和沉淀因为人口红利推动的贸易顺差和外汇储备，管理流动性过剩，又可以减轻人口负债对未来产业发展和贸易发展的冲击，实现长期经济增长的战略目标；有利于通过资本市场崛起来推动大国崛起，利用全球资源管理国内流动性过剩，在全球范围内分散中国的老龄化危机，利用中国人的节俭推动全球经济增长。

新养老理论认为，大力发展养老基金是推动资本市场国际化的必由之路。第一，养老基金是管理流动性过剩的有效工具。养老基金因为其长期性、稳定性、规模性、规范性特点，使它区别于银行储蓄、货币资产、证券投资基金，非常适合作为宏观调控的金融工具。由于养老基金限定为退休领取，使其可以成为巨额民间资金最好的蓄水池，并且通过对其投资行为的调控管理，不仅可以减轻流动性过剩带来资产价格过快上涨等问题，还可以解决流动性不足带来的通货紧缩等问题，使之成为流动性管理乃至宏观调控的重要金融工具。第二，养老基金是资本市场发展最主要的推动力量。一方面，养老基金是资本市场上最重要的机构投资者。在美英等国资本市场上，养老基金是最大的机构投资者，起到了稳定市场、提高市场有效性的作用；另一方面，养老基金是资本市场上最主要的资金提供者。第三，养老基金是确保全球投资者对中国资本市场发展的信心来源。第四，养老基金是保障中国金融安全和国家安全的重要支柱。第五，养老基金是扩大国内消费和推动经济发展方式转型的重要手段。

新养老理论认为，金融结构方面的日德模式与英美模式的差异，与其养老基金的发展差异直接相关，两种金融结构差异的背后，蕴藏着养老金制度及其导致的养老基金发展水平的重大差异。我们的实证分析显示：在三种不同的情况下，养老金制度差异导致金融结构差异比重分别为：24.71%、19.61%、29.82%。

新养老理论认为，养老基金发展工程的核心是大力发展养老基金，推动中国资本市场国际化，尽快把中国建设成为全球资本市场中心，建设成为金融大国。其价值观则是：要算好养老基金推动金融发展这笔大账！

老年健康管理工程。老年健康管理工程包括三大子工程：第一，营养管理工程。中国老年人因为营养不良，导致身体素质下降，医疗开支十分庞大，成为老龄化冲击经济发展的重要标志。迫切需要开展营养教育、营养扶贫、营养管理。第二，习惯和观念纠正工程。不良的饮食习惯、生活习惯，导致某些老年疾病的高发和群发；长期以来形成的“胖文化”，把“胖”视为“发福”，认为是家庭富裕、富贵的标志，导致人为的“老年胖”现象普遍发生。迫切需要对陈旧的习惯和观念进行“纠偏”。第三，健康管理工程。要在城市社区率先建立覆盖家庭和老人的“私人医生”制度，积累经验后逐步向城郊、农村推广，实现健康咨询、健康管理、医疗介入，全面提高老年健康水平和健康管理水平。

新养老理论认为，既要采用先进的营养管理和健康管理机制、管理技术，改变落后的习惯和观念，降低老年医疗开支，又要充分利用和发挥中国传统的中医医疗和医药资源，降低医疗和医药成本。

生育政策评估工程。法国著名社会学家、实证主义之父孔德曾经提出“人口即命运”的命题，把人口发展同国家兴衰联系在一起。我们认为，人口政策与养老政策密不可分，必须高度重视人口生育政策效应的评估。

新养老理论认为，生育政策评估工程建设的要点包括：第一，加强人口学、社会学、金融学等多学科的综合研究，对人口生育政策效应进行整体判断和整体评估，避免单一视角的局限性。第二，认真研究生育政策调整“软着陆”的建议。随着市场经济的发展，市场力量正在推动中国人口生育观的重大改变，为中国生育政策调整“软着陆”准备了条件。

养老教育宣传工程。养老事业要发展，养老教育要先行。养老教育宣传工程包括三大子工程：第一，投资者教育工程。通过各种养老金计划汇集而成养老基金，最终需要将资金投放到资本市场实现保值增值。而随着资本市场的逐步成熟，劳动者对金融投资工具的逐步了解，越来越多的劳动者希望自己拥有投资选择权，这是养老基金投资管理的一个趋势。目前，工业化国家普遍实现由养老金计划参与者选择养老金投资组合，进行养老金资产配置。同时，为了帮助普通劳动者行使好投资选择权，工业化国家以政府法令的形式，要求雇主承担投资者教育责任，要求雇主定期为雇员组织投资教育培训。新养老理论认为，随着中国养老基金投资选择权的个人化，投资者教育工程必须提前启动。第二，养老风险教育工程。经济学研究表明：个人理性有限，难以对各种风险有足够的防范意识。于是，需要由政府、社会和外部组织提供风险教育和风险警示措施。不少国家要求把保险知识、保险理念纳入中小学生课本，以增强全民的保险意识。目前，中国政府已经明确要将风险教育纳入中小学生课堂教育体系。新养老理论认为，养老风险教育要作为风险教育的重点，渗透到中小学生教育中去。第三，尊老敬老宣传工程。中国有着优良的尊老敬老传统，“孝道文化”基础，这是中国开展尊老敬老活动的有利条件。新养老理论认为，中国可以借助体验经济的发展，如通过建立养老博物馆、养老体验馆，开辟养老村镇、老年公寓、老年社区的开放活动，将尊老敬老宣传工程推向一个新的阶段。

家庭和谐管理工程。自古以来，家庭内部矛盾和内部冲突一直困扰着家庭成员，并有“清官难断家务事”的古训。同时，也对家庭和谐寄予很高的期望，并有“家和万事兴”的教诲。目前，世界银行推出的“五支柱”养老模式，就是希望借鉴和推广家庭养老的东方文明，就是试图在市场经济条件下恢复和重建家庭在解决养老难题中的独特功能。

家庭和谐管理工程包括：第一，编制通俗易懂、实用强的家庭和谐教育读本，增加全民养老的智慧。第二，建立覆盖村镇、社区家庭纠纷的民间调解机制。第三，针对贫困老人、贫困老年家庭，建立起司法救济和司法援助体系。第四，针对离婚率上升的社会经济现象，推动养老立法技术和养老司法实践的发展，并借鉴国际经验加快出台类似于美国的《家庭成员确认法》，实现对离婚家庭成员养老金的公平分配。

新养老理论认为，充分发挥社会学、法学、老年学等学科优势，发展养老智慧，实现“老而弥智”，推动家庭和谐管理工程建设。

附录一
公积金制度“济公”新加坡

公积金制度在较长时间里成为亚洲国家的集体选择，尤其以新加坡公积金制度最具代表性，它不仅有效地帮助国家解决养老问题，而且对社会经济稳定发展提供了重要的保证。新加坡公积金制度曾经对中国经济学家和养老保障学家产生过强烈的吸引力，不过后来中国养老保障制度改革和发展的取向还是世界银行倡导的“三支柱”模式。

亚洲国家的集体选择！

公积金制度是由雇主和雇员共同出资为雇员积累养老金的一种方法，从公积金的积累和支付方式来看，它与西方国家较为成熟的年金保险制度有着一定的相似性。

从世界各国选择养老保险模式、实现养老保障责任的方式来看，亚洲国家在过去较长的时间里，一直坚持和偏好以公积金模式来提供养老保险。虽然各国在具体的规则设计上有细微的差别，但是基本上采用雇主与雇员共同出资的公积金保障模式。

亚洲国家公积金模式具有 4 个方面的特征：

一是雇主和雇员强制性供款。

二是公积金投资（中国香港强积金计划除外）往往由公营机构来完成。这样有利于确保公积金从事风险较小的投资活动，有利于实现公积金的安全性。

三是公积金接受财政部和劳动部的监管。

四是传统的公积金往往具有 DB 计划特征。但是近些年来，一些国家的公积金制度开始引入 DC 计划，比如日本、新加坡等。

由于亚洲国家采取政府主导型经济发展的模式，公积金制度可以让政府通过控制公积金的投资方向来配合国家产业政策调整，并支持产业发展和经济发展。在实行公积金制度的国家中，公积金实际上成为政府实施宏观经济管理的一项重要手段和政策工具。尤其是在新加坡，该制度不仅有效地解决了养老难题，而且对社会经济稳定发展提供了重要保证。目前，新加坡模式仍然被认为是亚洲乃至世界范围内养老保险制度成功运营的典范。

新加坡经济调节器

新加坡政府用月收入的多少作为雇员参加养老金计划的条件，这种做法并不多见。其他国家通常的做法是以年龄、服务年限作为参加养老金计划的条件。不过，由于将月收入的标准确定得较低，新加坡的中央公积金计划实际上覆盖了全体职工。

正是因为中央公积金计划的广覆盖，私人退休金计划也就难以发展起来，于是只有新加坡中央公积金制度一枝独秀。实际上，自 1955 年[①]实施以来，它就在较短时间内聚集了大量的养老资金。1995 年，新加坡国民储蓄总额为 GDP 的 51%，而公积金资产则占国民储蓄总额的 93%。

---

① 黄学海：《借鉴新加坡中央公积金制度 推进我国社会保障制度改革》，《当代财经》1996 年第 9 期。

新加坡走出了一条公平与效率兼顾的新路子。中央公积金制度把个人努力程度与本人存款多少和他所享受的待遇紧密地联系在一起，公积金参与者越是努力工作，公积金存款就越多，他所享受养老金、医疗保健等福利待遇也越多。从这一基本点出发，公积金制度具有强烈的激励机制，帮助新加坡建立了一支刻苦工作的劳动者队伍①。

公积金制度所积累的大量资金不仅是新加坡国民的养老保障储备，也是新加坡经济腾飞的动力。在国家经济起飞阶段，基础设施建设需要大量的资金，而此时的国家财政显然没有能力提供足够的资金。但是，养老金具有长期性特点，正好符合基础设施建设周期很长的要求。于是，新加坡政府根据经济发展需要，将庞大的养老金投入到基础设施和房地产行业。

新加坡的公积金制度不仅为国家提供了大量的、可靠的、源源不断的建设资金，而且有利于国家搞好宏观经济调控，起到削峰填谷的作用。在经济过热时，政府可以减少公积金的投资规模，并对其他机构的投资也具有抑制作用；反之，在经济下滑时，加大公积金的投资规模，有针对性地进行投资，对经济具有显著的拉动作用。

“居者有其屋”

值得一提的是，新加坡的中央公积金制度在居民的住房保障方面起到了很大作用。初到新加坡的人大概会感到奇怪，这么个面积狭小却要容纳 400 万人口的国家，竟还保留那么多的原始森林，真不知道他们的老百姓住在什么地方。其实，在英国殖民时期，新加坡的房荒相当严重。1965 年新加坡独立时，人均居住面积还不到 7 平方米。但经过努力，短短的三十几年间，新加坡已基本实现了“居者有其屋”，也算是个不大不小的奇迹，这一奇迹要归功于中央

① 黄学海：《借鉴新加坡中央公积金制度推进我国社会保障制度改革》，《当代财经》1996 年第 9 期。

公积金所积累起的大量资金。

政府设置了一个专门的机构——建屋局，建屋局以雄厚的中央公积金为支撑，着手建设了大量的房屋，以此改善新加坡人的居住环境。组屋，这一具有当地特色的建筑被大量地建设出来。同时，人们也乐于居住组屋，住组屋不仅可以省下一大笔钱，而且乐趣也不少。新加坡的组屋外形和中国的居民楼差不多，建得较早的有五六层楼高，新建组屋一般都是一二十层。外墙颜色极为大胆，红、黄、绿、紫应有尽有，像小孩玩的积木。组屋之间一般有五六层高的停车场，还有小孩玩的滑梯、跷跷板、转椅、篮球场等娱乐设施。组屋的一层多不住人，而是宽敞的水泥空地，居民可以在这里举办红白喜事或其他的节日活动。每栋楼隔两三层设一平台，可供老人户外聊天，观赏周围景物。这些设施在一定程度上减轻了高楼对人的心理压力。组屋里面装修不是很复杂，但是质量很好，墙皮不会轻易脱落，一般装有热水器、煤气灶。组屋附近一般有巴扎（就是我们所说的农贸市场）、超市、医务所、托儿所。当然，公民购买组屋也有不好的地方，因为他们无法知道自己未来的房子究竟在哪里，这完全是抽签决定的①。

---

① 王志岩：《新加坡，公积金建组屋》，《环球时报》2002 年 4 月 22 日。

附录二

全球养老金改革“实验室”

早在20世纪80年代初期，智利就率先启动了养老金改革。当时可谓是石破天惊，一石激起千层浪。智利养老金改革得到了世界银行、国际货币基金组织（IMF）、美洲银行等国际组织的大力支持和广泛宣传，于是“智利模式”名满天下。

智利养老金改革迅速得到包括秘鲁、阿根廷、哥伦比亚、巴西等拉美国家的响应，并纷纷借鉴智利模式对本国的养老金制度进行改革，于是，在全球养老金改革浪潮中就有了“拉美模式”的称呼。

20世纪80年代末期，中欧和东欧国家开始经济转型，不约而同地选择养老金制度改革和发展，并且不约而同地选择智利模式和拉美模式进行参照，当然北欧的瑞典模式也得到人们的重视。这样，智利模式和拉美模式的影响力就进一步扩展了，在欧洲腹地开花结果！

如今，拉美和中东欧地区已经成为全球养老金改革的“实验室”。

开风气之先的“智利模式”

智利的基本养老保险制度是20世纪20年代早期建立起来的。在改革之前，智利的基本养老保险计划名义上都是采取“部分积累”模式，政府只规定了养老保险制度的大体框架，但并没有规定全国统一的养老保险计划实施方案。到1979年，智利全国总共建立了32个养老保险运营机构，社会上有超过100个不同的养老保险计划，相同的缴费额可能与养老保险计划参与人员退休后获得的养老金待遇差别很大。这种制度设计的缺陷，导致部分参保人缴费积极性下降①。

自20世纪70年代初期开始，智利国民经济开始出现滑坡情形。由于财政收支上的失衡，收入分配不公以及低效的管理体制等方面的原因，养老金制度逐步陷入危机。

1973年军政府上台，当时的军政府对智利养老金体系进行改革，调整了不同养老金体系的受益标准、退休年龄、工龄要求和缴费率，统一了退休金和退休年龄的标准。1980年，皮诺切特军政府上台后，智利的养老金改革真正开始。皮诺切特政府实行开放的自由市场经济政策，以私有化为基本特征的养老金改革方案是其中的重要组成部分。

1980年11月，智利政府公布新的养老金制度法案，它废除原来的现收现付制，引入了个人账户制、基金积累制养老金计划。新制度自1981年5月起开始正式实施，它的基本特征为：为每个雇员建立养老金个人账户，雇员10%（占工资收入）的缴费全部存入个人账户；成立单一经营目标的养老基金管理公司（Pension Fund Managers，AFPs），负责养老基金的账户管理和投资管理；雇员自由选择AFPs，退休时养老金给付由账户积累资产转化为年金化领取；成立养老基金监管局（SAFP），对AFPs进行市场监管，并由政府提供最低养老金担保②。

这样，智利养老金改革的主要特点包括：从传统的非基金制计划（即现收现付制）和收益确定型计划（即DB计划）转向基金制计划和缴费确定型计划（即DC计划）；将退休保障的社会资助部分与强制性储蓄部分进行分离，建立个人账户制度；用私人部门管理方式代替公共管理方式，养老金管理公司

---

① Richard Jackson，Rebecca Strauss，Neil Howe：《拉美：全球养老金改革的“实验室”》，《财经文摘》2010年3月。

② 同①。

之间相互竞争；采取年金化领取方式，确保养老金支付细水长流；政府监管，提供最低收益保证，并为养老金体制转轨进行筹资。

智利在1981年实施了养老金改革，这场改革经受了外债冲击，消化了1981～1983年国内银行危机，给智利经济发展带来了良好的经济绩效。智利养老金改革的四大效应被广泛认可：降低了养老金支付的财政压力，养老金支出在GDP中的份额逐渐下降，20世纪80年代该比例是6%，2009年该比例为3%。智利政府认为，下降的趋势将继续保持，到2020年转型完全达成时，养老金支出将仅占GDP的1.6%。通过养老金体制改革，在缴费和收益之间建立起了非常密切的联系，即退休者能够得到的养老金多少，在很大程度上是由个人的缴费所决定的，因此，它改变了传统的非基金制养老金计划对劳动力市场的扭曲（世界银行，1994）；养老金体制改革的方式促进和加速了金融市场的发展，同时也提高了金融资源配置的效率。在过去25年间，智利私营养老基金取得了高额的投资回报。历史上养老基金累计平均每年的投资回报率达到10%。智利养老基金已成为智利国内定期存款、银行债券、政府债券、可抵押债券的最大投资者，是企业债券的第二大投资者（仅次于保险公司）①；养老金体制改革积极地影响了国民储蓄和资本积累，因此推动了经济的长期增长（IMF，1995）。

拉美成为养老金改革“实验室”

20世纪90年代初期，其他拉美国家纷纷仿效智利于1981年实施的养老金改革。首先是秘鲁，紧接着是阿根廷和哥伦比亚。到2009年，12个拉美国家已对各自的养老金体系进行了改革。

尽管每个国家的政策并不完全一样，因为养老金改革需要符合各自的国

① Richard Jackson, Rebecca Strauss, Neil Howe：《拉美：全球养老金改革的“实验室”》，《财经文摘》2010年3月。

情，但是养老金“结构性改革”的核心目标却基本一致：确保养老金制度在财务上具有可持续性；实现对国民养老金支付的公平与公正；建立多支柱养老金制度体系，多渠道提供退休后收入，从而减少职工对公共养老金制度的依赖；建立个人账户制度，提供经济激励，使更多的职工用更长的时间向养老金体系缴费，从而扩大社会保障体系和养老金体系的覆盖范围。

拉美国家养老金制度的改革者和支持者，普遍希望通过养老金制度的变化产生一系列正面的、积极的其他改革效益，诸如：进一步发展国内资本市场，推动国家金融业的发展；设立养老金个人账户，为资本市场提供一个稳定的、长期的资金来源；改善国内金融业发展环境，通过养老基金投资来推动更加有力的金融监管，提高金融市场的透明度。

尽管拉美国家在养老金制度改革上取得了成效，尝到了甜头，积累了经验，但是，拉美国家的养老金制度发展仍然面临一定的挑战。正如世界银行所指出的那样，尽管这些国家朝着正确的改革方向迈出了第一步，但是仍然需要采取更多措施来确保所有退休人员都能够“老有所养”，这些措施包括：确保私人养老金投资高收益，方式多样化；更多的退休职工参加私人养老金计划，继续扩大新制度的覆盖面；侧重使贫困老人实现“老有所养”，帮助他们避免深陷贫困。

实际上，拉美地区过去以高人口出生率、庞大的家族和劳动力的长期过剩而著称，改革的设计者们希望充分利用人口年轻化优势，提高工人生活水平，培育智利资本市场发展，推动经济增长。

但是，今天的拉美地区正在经历重大的人口转型。联合国发布的一份报告指出，未来几十年内65岁及以上老人在拉美国家人口中的比例将增长3倍，从2005年的6.3%将攀升到2050年的18.5%。这意味着，拉美地区将面临全世界最大规模的老龄化浪潮[①]。这样，拉美国家将面临两项挑战：一是未富先老的压力；二是实现经济快速发展的压力。为了应对老龄化挑战，拉美国家已经成为全球养老金改革的“实验室”。

---

① 杨立雄：《利益、博弈与养老金改革：对养老金制度的政治社会学分析》，《社会》2008年第4期。

拉美模式异域扬威

到2005年，除了斯洛文尼亚和捷克共和国之外，已加入或准备加入欧盟的大多数中东欧国家都已实施了养老金制度改革。这些国家包括匈牙利、拉脱维亚、波兰、爱沙尼亚、保加利亚、克罗地亚、斯洛伐克、立陶宛和罗马尼亚等。

中东欧国家的养老金改革处于社会经济体制整体转型的大背景之中，因此养老金改革的目标包括：

一是要建立适合市场经济体制的社会保障制度。经济转型后，养老金制度需要承担其他保障项目应该承担的社会功能。

二是要减少政府在养老金制度中的责任。经济转型前后，部分国家经济发展停滞不前甚至倒退，财政负担已经十分严重。

三是要应对人口老龄化的挑战。中东欧国家不同于拉美国家，人口老龄化程度高，社会保障体系的支付压力更大。

四是要通过养老金改革来发展国内金融市场。转型之前，中东欧国家的金融体系普遍不发达，金融部门在经济发展中的作用相对滞后。

在20世纪80~90年代，以法国和德国为代表的欧盟成员国，仍然固守现收现付制度，只有瑞典正在探索“名义账户制”新模式。很显然，尽管欧洲各国的人口状况相似，但是中东欧国家不可能仿照西欧国家来建立和改革养老金制度。如果继续实行现收现付制度，意味着这些转型国家需要承担高额的养老金隐性负债。而且实行现收现付制度，这些转型国家的金融市场难以发展起来。这样，养老金改革的主要目的就达不到。

于是，中东欧国家养老金改革的主要参照对象就是拉美模式和瑞典模式，改革的共同特点包括：削减公共养老金；建立多支柱养老金体系；采用基金积累制和个人账户制；养老金资产投资于资本市场。其中玻利维亚、哈萨克斯坦等国选择了类似智利、墨西哥等国完全私有化的做法；匈牙利和波兰等国选择了类似阿根廷、乌拉圭等国从公共养老金和私人养老金两个体系中领取养老金的做法。

后　　记

我负养老

2004年人民文学出版社出版了由我国当代著名画家、美术教育家、散文家吴冠中先生的自传《我负丹青》一书，书中有一篇叫做《我负丹青，丹青负我》的文章。对此，他这样解释："这是从鲁迅那儿得来的，鲁迅先生的作品既有思想又有感情，具有唤醒中国人灵魂的震撼力量。因为我想在丹青里面做到像鲁迅那样大的社会功力，但是做不到，所以我负了丹青。但是如果我学文学，或搞别的，也许我可以做得更好，这样丹青就负我了。"

吴冠中先生是我十分敬佩和景仰的老人，借用吴老"我负丹青"的表述方式，笔者以"我负养老"为题，表明以推动中国养老事业发展为重负，以推动中国老百姓幸福养老为己任，表达"我对中国养老事业有个梦"的追求。

"劳社部网上发现的专家"

2002年5~6月间，我在办公室突然接到一个电话："你好，请问是刘云龙吧，我是劳动和社会保障部（以下简称"劳社部"），基金监督司，我们在研究养老保险方面的课题，我们想邀请您参加我们的研讨会。"也许是太突然的缘故，我连对方的名字也未来得及问，就把我的联系方式告诉了他，并且连连表示可以参加。

大概2个月以后，我正式接到他们的通知，第一次参加在劳社部大院里召开的小型讨论会。从此开始，我与中国企业年金制度设计结下了不解之缘。

后来才知道，打电话给我的是基金监督司的王强先生（如今他是人力资源和社会保障部基金监督司的处级巡视员，企业年金基金管理方面的专家）。

他后来在讲到企业年金制度设计之初的艰难时，总会讲起关于我的故事，总会讲这样一句话：云龙是我们劳社部从互联网上海选到的专家。

实际上，早在2001年前后，劳社部基金监督司就已经开始大力推动企业年金制度设计，最早只有2～3位人员参与该项理论研究和制度设计工作，力量相对薄弱，主要借助高校教师的力量来开展工作。为了听取来自市场一线的专家意见，当时的基金监督司司长孙建勇先生便安排王强去找人，好长一段时间之后，王强从互联网上看到我在《管理世界》杂志2002年第4期上发表的文章：《中国企业年金发展与税收优惠政策支持》。于是，他就从大海捞针走向按图索骥：先是向《管理世界》编辑部打听我的联系方式，遗憾没有结果，但是他没有放弃；由于我以中南财经大学博士后流动站作为工作单位，于是王强选择从中南财经大学入手，他先找到中南财经大学从事社会保障研究颇有成就的赵曼老师，然后找到我在文章中提到需要感谢的中南财经大学副校长张中华老师，最后从张中华老师那里得知我在北京的工作单位，于是将电话打到我的办公室。这样，就有了前文中提到的我们之间的第一次电话联系。

大家都知道，建立一项新制度往往涉及部委之间方方面面的利益关系，从制度设计到制度出台往往十分艰难和漫长，企业年金制度同样如此。出人意料的是，这项制度竟然在磕磕碰碰、跌跌撞撞中终于走通了。企业年金制度的出台，凝聚了主要当事人纵横捭阖、合纵连横的智慧。

当然，从现在的情况来看，初始的制度设计中还存在一些偏差，还有不少需要完善和改进的地方。但是，中国的企业年金制度毕竟建立了，企业年金政策毕竟出台了，企业年金市场毕竟启动了，企业年金观念毕竟培育了。客观地讲，企业年金制度作为养老保险体系的重要组成部分，从破土而出发芽到生根，也是中国养老保障制度改革和发展的一大成就。

由于从2003年初到2004年上半年，我被抽调到“中国人寿股份制改革办公室”，参与中国人寿在纽约和中国香港两地的首次公开发行股票（即IPO）工作。尽管工作十分忙碌，但是我对企业年金的热情丝毫不减。后来在《企业年金基金管理指引》（中国财政经济出版社2005年版）这份纲领性政策文件的研究过程中，我担任了四大子课题之首的“企业年金发展意义”子课题的负责人，在武汉大学经济学院刘昌平博士的大力支持下，我们共同完成了课题研究任务。

现在来看，我们对企业年金制度在金融体系中的重要地位和意义的阐述，仍然十分响亮，相当全面。

发表在《管理世界》杂志2002年第4期上的长文《中国企业年金发展与税收优惠政策支持》，是我在博士后出站报告《企业年金发展与税收优惠政策》的基础上修改而成的，后来转载于人大复印资料《社会保障》2002年第7期，该文被有关学者认为是中国研究企业年金制度与税收政策的第一篇文献，目前仍然保持较高的引用率。

2003年，由我主笔完成的另外一篇长文《我国企业年金发展与监管政策选择》发表在《经济研究参考》2003年12月号上，该文对于中国企业年金制度的财政属性和金融属性的区分、6大宏观制度和16大微观机制的阐述，对于制度完善和监管指向提供了有益的启示。

在此，我感谢企业年金制度，感谢劳动和社会保障部。

“保监会编制外的专家”

我于1998年进入保险行业，到2008年已经在这个行业里整整工作了10个年头。我参加过中国保险监督管理委员会（以下简称“保监会”）组织的关于团险和养老保险的几乎所有重大课题研究工作，参加了保监会组织的关于团险和养老保险几乎所有重要会议的材料起草工作。保监会或者保险行业内的不少领导偶尔开玩笑说我是“逢会必到的秀才”、“保监会编制外的专家”。

如果从这10年的工作时间来看，我前前后后大概有20%的时间和精力贡献给了保监会组织的各项活动，也许他们的说法是准确的。

关于中国保监会“10000亿元企业年金规模”预测数据的来龙去脉，我以后将另撰文介绍。在这里，我简单地介绍关于“延税型契约式养老保险产品”（包括团体和个人两类产品）发展的始末。

随着2005年由劳社部主导的企业年金制度出台，保险行业内从上到下普遍产生了非常强烈的失落和郁闷的情绪。因为，企业年金制度的前身是“企业补充养老保险”，当时的主要经办主体是地方劳动和社会保障部门、行业统筹单位（如中国石油、中国石化等）、中国人民保险公司。按照1998年国务院下发的28号文，企业补充养老保险属于商业保险，它同时意味着前二者将逐步退出该领域的经营管理活动，这样保险行业就可以“一统江湖”了。

但是，由劳社部主导的企业年金制度却偏偏把银行业、证券业也纳入其中，允许银行、证券、保险企业以不同的角色参与企业年金基金管理工作，同台竞争。这样，对保险行业而言，真是“煮熟的鸭子飞了”、“到嘴边的美味被大家分享了”，自然十分苦闷。

当时，整个保险行业上下普遍唉声叹气，保监会领导也觉得十分棘手，颇感压力。

怎么办?

2005 年年底前后，我大胆地提出了“大力发展延税型契约式养老保险产品”的建议。当时，有暗暗叫好之声，也有不以为然之音。

这个建议被我戏称为:“退两步、进一大步”的合纵连横之策。

说它是对策，因为它直接针对的是企业年金制度。说它是“合纵连横之策”，因为它一旦得到税收优惠政策支持，将对信托型企业年金制度发展产生颠覆性的影响。“退两步”和“进一大步”是该对策的两大支撑点。

为什么需要“有退有进”呢? 这是该对策的智慧所在!

第一，我偏好和偏爱信托模式。尽管我非常清楚信托模式的高成本特征，但是我始终认为信托理念、信托精神、托管制度不可偏废，不可放弃。在我看来，它既是全球养老金发展的一般规律，也是确保养老金发展长治久安的重要屏障。我对此深信不疑。

第二，我始终坚定不移地认为，不管是养老保险制度还是养老保险产品，都必须坚持“以养老为目的”的第一原则，保险行业必须在养老金管理上打造出一道铜墙铁壁式的万里长堤。因此，保险公司必须主动禁止养老保险产品“退保自由”、“资金自由进出保险公司”的业务管理现象。

第三，国家给予养老保险产品发展的税收优惠政策，必须以行之有效地实施税收管理为前提，不能出现税收流失现象。如果不能塑造好养老保险产品的税收待遇管理能力，就不具备申请税收优惠政策覆盖的前提条件。

根据我自己对管理养老保险业务的认识和经验，我认为必须尽快地对保险行业现有养老保险产品进行大刀阔斧的改造，必须刮骨疗毒，必须“置之死地而后生”。而且，我还认为，保监会在规范保险行业发展养老保险产品上，绝不能心慈手软，姑息溺爱，必须大公无私，必须手起刀落。

在养老保险产品的改造过程中，应该向谁看齐呢?

这是一个方向性的大选择，是一个战略性的大部署！

应该向信托型企业年金制度看齐！

“这里就是陀罗斯，就在这里跳舞吧！”

用契约式养老保险产品来竞争和挑战信托型企业年金制度，不是要把标准和门槛降低，依靠“劣币驱逐良币”的初级策略，而是要靠“知耻而后勇”、“知难而进”的上乘精神，制定出更加严格和严密的管理要求。高标准，带来大发展。至少，也要与企业年金制度保持标准一样、规则相似，只不过减少信托模式下的多角色，减少多环节下的交易费用。在我看来，只有坚持公平竞争，只有坚持公平正义，才能带来良好的制度演进和制度变革。

我当时的看法是：要把信托型企业年金制度的所有优点，全部嫁接到养老保险产品身上。也就是说，养老保险产品与企业年金计划在发展模式上有差异，但是在运营管理上无差异，二者具有完全的“可比性”。

我当时同样认为：养老保险产品与企业年金计划，是两个“可比的”、“竞争的”、“可选择的”制度安排，最终由消费者自由选择、自主选择，由消费者说了算。

可见，两种制度之间的“可比性”就成了制度设计的关键点。实际上，它就是我前面提到的“退两步”战略的关键点。养老保险产品“退两步”，就是需要提高业务管理标准，就是为了找到与企业年金制度平起平坐的“可比性”。

很显然，我已经找到了契约式养老保险产品发展的出发点！

那么，什么是“进一大步”的关键点呢？

就是争取税收优惠政策的平等覆盖、平等对待。

这正是我要为契约式养老保险产品谋求大发展的落脚点。落脚点就是税收优惠政策，就是要把“契约式养老保险产品”提升为“延税型”“契约式养老保险产品”。

说直白一点，就是要为“契约式养老保险产品”带上一顶红帽子，要让其成为“红顶商人”，成为财政部和国家税务总局用税收优惠政策来支持发展的“官方指定产品”，这样的产品当然会有巨大的市场竞争力，当然会对“延税型信托式企业年金计划”产生巨大的冲击力，直至替代后者（当然不可能实现）。

这样看来，整个思路就清晰了：“退两步”的目的是要“进一大步”，就是为了获得针对养老保险产品的税收优惠政策。

在此之前，商业性养老保险产品并不享受税收优惠政策。但是，企业年金制度出台后，国家给予了税收优惠政策。自然，商业养老保险产品的发展空间就立刻被大大压缩了，企业纷纷“弃商业养老保险而选择企业年金”。

如果商业养老保险产品也能够获得与企业年金制度一样的税收待遇，自然商业养老保险产品发展的空间就立刻被打开了。

今天看来，上面的分析逻辑和分析过程应该是清晰的，是有一定的说服力的。但在当时，它何尝不是一团乱麻，何止千百遍地在我的脑海里萦绕，既挥之不去，又朦朦胧胧。

直到有一天，我忽然在网上看到美国斯坦福大学为教师们选择和建立的“延税型年金保险计划”（Tax - defered Annuity，Standford University）。它属于契约式养老保险产品，但是同样享受税收优惠政策，只不过针对该产品的管理要求与401（k）计划、403（b）计划完全一致。

那一刻，我真有豁然开朗的快慰，真有妙手偶得的兴奋，真有“山穷水复疑无路，柳暗花明又一村”的幸运。

确实，我在摸索中得到的认识和提出的建议，其实早在美国推而广之了，早就成为美国多层次、多支柱养老保险体系发展的历史经验了。于是，我更加有底气，更加理直气壮了。

2007年5~9月，我有幸被保监会抽调参加为期3个月的“专题研究小组”，进一步整理关于延税型个人养老保险产品发展的思路，并且推动该产品在天津、上海、江苏进行试点。目前，该产品正在上海市进行试点。

2008年11月份，我再次参加保监会组织的《关于发展延税型养老保险的请示》文件的起草工作。

2008年12月13日，《国务院办公厅关于当前金融促进经济发展的若干意见》（国办发［2008］126号）采纳了保监会提出的有关建议，并且在“第十六条”中明确：“（十六）积极发展个人、团体养老等保险业务，鼓励和支持有条件企业通过商业保险建立多层次养老保障计划，研究对养老保险投保人给予延迟纳税等税收优惠。推动健康保险发展，支持相关保险机构投资医疗机构和养老实体。提高保险业参与新型农村合作医疗水平，发展适合农民需求的健康保险和意外伤害保险。”

这样，个人之见、书生之见，得到了部委和国务院的采纳。至此，我感受到了前所未有的知遇之恩，也激发了继往开来的上进之心！

在此，我感谢养老保险，感谢保监会，感谢国务院。

我为什么偏爱养老基金

保险业本来是操作性、实务性非常强的金融行业，再加上中国保险业资产规模相对银行而言十分微小，因此行业影响力相对受限。当然，这种状况对包括我在内的保险从业人士而言有所不利。

但是就我个人而言，偏偏对经济学、财政学、金融学的研究课题十分偏好。很显然，我面对的是一个不太理想的环境。尽管个人研究激情似火，但是行业规模无人问津。

“守得云开见月明”！

也许是这句古语，让我坚守下来，让我小中见大，让我见微知著。

于是，我选择从团险和养老金领域着手，无怨无悔开展学术研究和政策研究。

意想不到的奇妙景象终于出现了！

当我一步步深入养老金领域时，我立刻被其色彩斑斓、富丽堂皇的建筑架构所吸引，尤其是当我发现养老基金竟然是这座金融殿堂的支柱时候，我就油然而生无限的热爱之情。

当我为信托型企业年金制度建立奋笔疾书时，当我为延税型养老保险发展而殚精竭虑时，当我为谋划中国“伟大的养老基金新时代”而夙兴夜寐时，我都是在为发展养老基金而奋不顾身。

在我提出的新养老理论、长期资本战略中，养老基金处于核心地位，我把“新养老理论”的核心观点表述成“发展养老基金应对老龄化危机”，我用六大转变来描述“伟大的养老基金新时代”的崭新格局，我用九大发展机遇来论证“发展养老基金天地宽”的光明前景，我用三大战略转变来开辟“养老基金崛起中国”的战略通道。到目前为止，我已经专门为养老基金撰写了5篇论文和5部著作，尽写我对养老基金的一往情深和深情厚谊。已经发表的5篇论文分别是：

刘云龙：《养老基金、税收待遇与金融结构变迁：一个基于美国私人退休金制度的分析框架》，中国社会科学院经济学部、中国博士后科学基金主编：《全球化下的中国经济学2006》，社会科学文献出版社2006年11月版。

刘云龙、肖志光：《养老金制度、养老基金与金融结构变迁——对美英德日四国的比较研究》，《中国企业年金规范与发展》，中华工商联合出版社2007年6月版。

刘云龙：《加速资本市场国际化，大力发展养老基金，到2015年把我国初步建设成为全球资本市场中心》，《经济要参》2007年第63期，国务院发展研究中心。

刘云龙：《养老理论与养老运动的剖析与思考》（上、下），《经济要参》2008年第15期，国务院发展研究中心。

刘云龙：《现代化与老龄化的百年战争》，"经济复苏期的中国保险市场研讨会"，北京工商大学经济学院主办。

在这5篇论文中，值得一提的是《加速资本市场国际化，大力发展养老基金，到2015年把我国初步建设成为全球资本市场中心》一文，从发表之初就引起较大的反响，后来该文还被提炼成一份内部报告呈送有关领导参阅。我真诚地希望，这篇文章关于中国养老基金发展和资本市场国际化的观点，能够早日成为中国建立金融大国、长期资本帝国的战略思想。

我为养老基金奉献的5部著作分别是：

刘云龙、傅安平：《企业年金——模式探索与国际比较》，中国金融出版社2004年版。

刘云龙：《企业年金理论与实务》，中国保险行业养老金从业人员资格考试用书，2006年。

刘云龙、肖志光：《养老金通论——人口结构、养老金制度、金融结构变迁的一般理论》，中国财政经济出版社2011年版。

刘云龙：《养老金帝国Ⅰ——长期资本战略的百年大计》，中国财政经济出版社2011年版。

刘云龙：《养老金帝国Ⅱ——长期资本战略的百年传奇》，中国财政经济出版社2011年版。

在《养老金通论》（或者称之为《养老基金发展与金融结构变迁》）一书

中，我和肖志光博士跳出银行和资本市场的二维分析思路，建立了包括养老基金在内的三维分析体系：

养老基金对商业银行有影响，因为它分流银行储蓄，推动商业银行成为短期货币资金的汇聚者和管理者，并把养老基金自己变成长期资金的汇聚者和管理者。同时，养老基金乂对资本市场发展产生影响，由于养老基金是资本市场上最重要的机构投资者和长期资金提供者，它成为资本市场发展的奠基石和垫脚石。资本市场和商业银行之间，同样存在力量的此消彼长关系，资本市场融资规模的扩大，意味着银行贷款规模的萎缩。

在这样一个三维空间中，我们非常清晰地刻画出养老基金发展改变金融结构和资本结构的路径：

百年以来，从人口结构变迁开始，经过养老金制度变迁，经过金融结构变迁，经过资本结构变迁，最后导致国家竞争力兴衰变迁。

百年以来，人口与资本的关系以一种崭新的姿态出现在世人面前：一端是人口老龄化汹涌澎湃，另一端是以养老金为代表的长期资本日积月累。

人口与资本是我们理解当今世界发展变化的一把金钥匙，几乎可以打开社会经济迷宫的每一扇门和每一扇窗。

而且，我们使用养老基金化比率这一关键性指标，来构建养老基金推动金融结构变迁的分析框架，并且把分析养老基金推动金融结构变迁的时间历程刻画得一目了然。我们的实证分析结果显示：

从养老基金占 GDP 的比重、银行资产占整体金融资产的比重、银行资产占股票市场总价值的比重来看，它们都是显著相关的，表明养老基金规模对一个国家的金融结构产生显著影响：养老基金发展的规模越大，银行资产占金融总资产的比重和银行资产占股市总市值的比值都下降。

具体而言，养老基金资产占 GDP 的比重每提高 1 个百分点，银行资产与股市市值的比值将降低 0.15 至 0.3 个百分点，银行信贷与股市交易额的比值将降低 0.2 至 0.4 个百分点。它表明一国养老基金规模越大，银行在金融市场中的地位越低。这个结论同时意味着，随着一个国家养老基金规模的不断壮大，该国金融结构将逐步从银行主导型向市场主导型转变。最后，我们把美国、英国、日本、德国分类成 2 个组别，用养老金制度差异来解释养老基金发展水平的差异，用养老基金发展水平的差异来解释金融结构差异。通过计量经济学方法进行处理，我们发现：在三种不同情况下，德国和美国的养老金制度差异可以解释其金融结构差异比重为19.53%、27.60%、34.86%。

客观地讲，这部著作具有一定的原创性和学术价值，它是我在养老金融海洋中的一次艰难的学术游弋。

最近这些年，我利用一切机会向我周围的领导们、朋友们、学生们热情洋溢地介绍养老基金未来发展的广阔前景，孜孜不倦地阐述中国发展养老基金的伟大意义。

在宏观层面，我认为：面对全球性的老龄化浪潮和老龄化危机，养老基金救世界，养老基金发展世界。

在微观金融层面，我认为：养老基金是中国未来金融业皇冠上的明珠，金融机构"得养老金市场者得天下"。目前，养老基金发展领域的拓荒者，未来一定会成为巨大金矿山上的掘金者。

不少次，我的朋友们开玩笑说，"云龙，你对养老基金发展的一往情深，可以称得上是养老基金他哥!"

我有自知之明，说我对养老基金一往情深我完全接受，说我是"养老基金他哥"则是谬奖，我倒是非常愿意成为"养老基金之友"。

因为喜好和研究养老基金课题的缘故，我还结识了不少志趣相投的新朋友，这是我非常引以为傲的事情。

在此，我感谢养老基金，感谢养老金融。

我们每个人都负养老!

最近十年来，由于工作的原因，我每天都要处理企业年金和养老保险的相关事务；由于对养老事业和养老基金的热爱，我几乎每天都在思考中国养老制度和养老金融发展的问题。

由于人微言轻，难以有大学者一呼百应的社会影响力，难以有大官员一锤定音的政策决断力，我主要通过自己深深的思考、默默的探索，以文章和著作来表达我的想法和认识。

当然，这也是一场十分艰难的努力。

最近10年来，我仅仅在养老保障领域公开发表的论文就将近20篇，出版的关于养老保障的专著和合著就有5部，文字总量在150万字左右。如果算上在劳动和社会保障部、中国保监会、工作单位组织的课题研究中承担的撰写任务，以及岗位工作中需要承担的撰写任务，以及参与编撰的其他养老金著作，文字总量也许会超过300万字。

"为伊消得人憔悴"，也许是我最近10年来读书写作的真实写照。

我先后两次因为劳累而导致尾椎峡部裂，分别卧床休息数周时间；因为伏案写作时间过长，导致颈椎和腰椎都不好，直到今天还没有来得及抽出时间到医院治疗；在将本套丛书书稿送交出版社之际，又明显感觉到眼睛受到了很大的伤害；因为需要利用周末和节假日加班加点阅读和写作，错过了与我的女儿刘勤一建立感情的最好时间；我至今已连续16个春节都没有回湖南老家与父母姐弟们团聚，连续5年都没有见到父母亲了。我也忽略了与身边新老朋友、新老同事、新老领导本该保持的沟通联系、聚会畅谈。我好多次拿起电话想给大家一一问好，或者登门拜访，心里总是在说再等一等，等书稿出版后再安排吧，没有想到这三部书稿一写就是10多年。

在此，我向我的家人、朋友、老师们说声抱歉。

在此，我也特别感谢我的单位、领导和同事们。

其实，我把大家的每一条短信、每一次问候、每一句祝福，都珍藏在心。我是真的热爱大家，正如大家关心我一样。我的下一部书，书名就叫做《孝爱是一条河》，书中的主角就有您们大家。

我负养老，我负大家，我也负了自己。

未来的岁月中，我相信自己仍然会笔耕不休，不过文字撰写的数量可能会减少，主要是因为颈椎、腰椎、视力实在不支持、不配合。我想，今后主要的研究方向将投放到养老基金的投资管理方面，希望能够探索到具有养老基金特点的投资管理方式和投资管理理念，推动我国养老基金价值投资、长期投资、道德投资、绿色投资的发展之路。

我将从自己做起，每年捐助一笔资金用于创建养老公益基金，并推动我国养老公益基金事业的发展。同时，我将积极参与组织养老保障相关的学术和政策研究工作，推动"中国养老金融学"学术发展和"中国新养老运动"实践发展。

以"我负养老"为题来撰写后记，我也伤透了脑筋，后来一咬牙还是决定把它写下来。我想，我在这里撰写自己与养老的故事，目的在于抛砖引玉。

我希望，我也相信，我们每个人都负养老。我们每一个人都有，或者即将有为中国养老事业发展做贡献的经典故事、精彩故事。

我衷心地希望能够汇聚我们全社会每一个人的力量，推动中国养老事业获得前所未有的大发展、大进步。

致　谢

本书的写作得到了众多师长的关心，他们是：北京国民经济研究所所长樊纲研究员，中共中央党校副校长石泰峰教授、教务部主任王东京教授，国务院发展研究中心副主任刘世锦研究员、宏观经济研究部副部长魏加迎研究员，中国社会科学院副院长李扬研究员、金融研究所所长王国刚研究员和王松奇研究员，新华社副总编辑、欧洲分社社长刘江教授，新华社对外编辑部严文斌主任，国家外汇管理局副司长邓先宏教授，全国人大常委会委员、中国人民大学郑功成教授，财政部财政科学研究所所长贾康研究员、副所长刘尚希研究员和白景明研究员，人力资源和社会保障部基金监督司陈良司长，中国证监会研究中心祁斌主任，中国社会科学院经济研究所张曙光研究员、胡家勇研究员，中国社会科学院拉丁美洲研究所所长郑秉文研究员，北京大学经济学院院长孙祁祥教授、经济学院于小东教授，清华大学社会政策研究所所长杨燕绥教授，中国人民大学统计学院党委书记王晓军教授、公共管理学院院长董克用教授、公共管理学院李珍教授，北京师范大学经济学院院长赖德胜教授、管理学院执行院长唐任伍教授，浙江大学公共管理学院院长姚先国教授，厦门大学经济学院院长张馨教授，中央财经大学财经研究院院长王雍君教授，中国政法大学法律硕士学院院长费安玲教授，对外经贸大学中小企业研究中心主任林汉川教授，武汉大学副校长吴俊培教授，武汉大学社会保障研究中心邓大松教授，中南财经政法大学党委副书记张中华教授、经济学院院长卢现祥教授，湖北警官大学唐立芳教授，西南财经大学林义教授，南开大学经济学院副院长李秀芳教授，首都经济贸易大学金融学院庹国柱教授，北京工商大学副校长谢志华教授、经济学院院长杨德勇教授、保险系主任王绪瑾教授，湖南大学法学院副院长曲茂辉教授、孙昌军教授，邵阳学院政法系主任刘放鸣教授，中国科学技术信息研究所副所长赵志耘博士、国务院发展研究中心《经济要参》杂志社副社长何玉兴博士，中国经济体制改革研究会邵志光先生，中国少儿出版社副社长申平华教授，泰康人寿保险股份有限公司陈东升董事长，中国金币总公司邵长年董事长，中铁保险经纪公司魏同伟董事长，勤益投资执行董事郑文平博士，中信银行苏国新副行长，中国人保健康保险公司总裁李玉泉博士、中国财产再保险公司总裁何春雷博士、中国人保资产管理公司副总裁石新武博士、中国人保寿险公司副总裁傅安平博士。

中国社会科学院金融研究所赵培德主任、郭金龙博士、刘菲博士、曹红辉博士、阎建军博士，世界经济与政治研究所何帆博士、姚枝仲博士、张斌博士，经济研究所张晓晶博士，北京师范大学钟伟博士、罗楚亮博士，北京大学中国教育财政科学研究所刘明兴博士，武汉大学社会保障研究中心刘昌平博士，《华夏时报》财经部主任李春喜先生，我的朋友李保平博士、潘前进博士、欧明钢博士、朱书红博士、罗钢博士、江旭东博士、武剑博士、姚勇博士、马栓友博士、梅红博士、李洪斌博士、卢晓峻博士、邵明博士、汪泽博士、诸建芳博士、陈湘永博士、王强博士、段家喜博士、李航博士、谢旭博士、田向阳博士、蒋羽扬博士、石葛铭先生、静毅男先生、张昕先生、朱英桃先生、王新祥先生、邹谷林先生、方林先生、杨学连先生、高菁先生、陈征阳先生、王炼文先生、龚刚先生、贺雪云女士、陶冶女士、江如圭女士、胡砚女士、谷晓燕女士、高松凡先生、向世华先生、杨剑平先生、汪洋先生、杨长明先生、陈中华先生、邓志敏先生等，他们为我完成本书的写作提供了大量的帮助，我从他们的研究和帮助中受益匪浅。

中国保监会人身险监管部、资金运用监管部、政策研究室，人力资源与社会保障部基金监督司、社会保险研究所，中国证监会研究中心，给我提供了许许多多交流和沟通的机会。

中国财政经济出版社的张立宪副总编、刘五书博士、林治滨先生、卢关平先生，为“长期资本战略”系列书稿的出版鼎力相助、倾力谋划。作为出版人，他们对我有知遇之恩，他们对养老金发展有先见之明。

北京工商大学硕士研究生杨雨亭、骆俊峰、赵鹏、王鹏程，在交流观点、整理数据、校对内容等方面提供了大量的帮助，在此表示衷心感谢。

特别的感谢送给待我如师长如兄长的傅安平先生，十多年来他为我的学习和工作提供了太多的支持和帮助。

最后，向所有关心和帮助过我的老师、领导和朋友，表示衷心的感谢。

刘云龙

2011 年 9 月